国家社科基金重点项目
"法律规制视域下中国档案工作规范体系建设研究"
（项目编号：17ATQ012）

郑州大学厚山人文社科文库
ZHENGZHOU UNIVERSITY HOUSHAN
HUMANITIES & SOCIAL SCIENCES LIBRARY

中国档案工作规范体系建设研究

陈忠海　常大伟　吴雁平　刘东斌　◎著

中国社会科学出版社

图书在版编目（CIP）数据

中国档案工作规范体系建设研究／陈忠海等著.--北京：中国社会科学出版社，2024.10

（郑州大学厚山人文社科文库）

ISBN 978-7-5227-3639-6

Ⅰ．①中… Ⅱ．①陈… Ⅲ．①档案工作—研究—中国 Ⅳ．①G279.21

中国国家版本馆 CIP 数据核字（2024）第110706号

出 版 人	赵剑英
责任编辑	刘 艳
责任校对	陈 晨
责任印制	郝美娜

出　　版	中国社会科学出版社
社　　址	北京鼓楼西大街甲158号
邮　　编	100720
网　　址	http://www.csspw.cn
发 行 部	010-84083685
门 市 部	010-84029450
经　　销	新华书店及其他书店

印　　刷	北京君升印刷有限公司
装　　订	廊坊市广阳区广增装订厂
版　　次	2024年10月第1版
印　　次	2024年10月第1次印刷

开　　本	710×1000　1/16
印　　张	19.5
字　　数	287千字
定　　价	118.00元

凡购买中国社会科学出版社图书，如有质量问题请与本社营销中心联系调换

电话：010-84083683

版权所有　侵权必究

郑州大学厚山人文社科文库
编委会

主　　任：别荣海　李　蓬

副 主 任：刘春太

委　　员：（以姓氏笔画为序）
　　　　　王海杰　汪流明　张世勋
　　　　　和俊民　周　倩　樊红敏

丛书主编：周　倩

总　　序

哲学社会科学是人们认识世界、改造世界的重要工具，是推动历史发展和社会进步的重要力量。习近平总书记指出："一个没有发达的自然科学的国家不可能走在世界前列，一个没有繁荣的哲学社会科学的国家也不可能走在世界前列。""高校是我国哲学社会科学'五路大军'中的重要力量。"充分肯定了高校的地位和作用。郑州大学哲学社会科学面临重大机遇。

一是构建中国特色哲学社会科学的机遇。历史表明，社会大变革的时代，一定是哲学社会科学大发展的时代。党的十八大以来，以习近平同志为核心的党中央高度重视哲学社会科学。习近平总书记在全国哲学社会科学工作座谈会上的重要讲话为推动哲学社会科学研究工作提供了根本遵循。《关于加快构建中国特色哲学社会科学的意见》为繁荣哲学社会科学研究工作指明了方向。进入新时代，我国将加快向创新型国家前列迈进的步伐，构建中国特色自主知识体系成为高校的重要使命。站在新的历史起点上，更好进行具有许多新的历史特点的伟大斗争、推进中国特色社会主义伟大事业，需要充分发挥哲学社会科学的作用，需要哲学社会科学工作者立时代潮头、发思想先声，积极为党和人民述学立论、建言献策。

二是新时代推进中原更加出彩的机遇。推进中原更加出彩，需要围绕深入实施粮食生产核心区、中原经济区、郑州航空港经济综合实验区、郑洛新国家自主创新示范区、中国（河南）自贸区、中国（郑州）跨境电子商务综合试验区、黄河流域生态保护和高质量发展等重大国家战略开展研究，为加快中原城市群建设、高水平推进郑州国家中心城市建设出谋划策，为融入"一带一路"国际合作和推进乡村振兴、推动河南实现改革开放、创新发展，提供智力支持。同时，需要注重成果转化和智库建设，使智库真正成为党委、政府工作的"思想库"和"智囊团"。因此，站在中原现实发展的土壤之上，我校哲学社会科学必须立足河南实际、面向全国、放眼世界，弘扬焦裕禄精神、红旗渠精神、愚公移山精神、大别山精神和中原文化的优秀传统，建设具有中原特色的学科体系、学术体系，构建具有中原特色的话语体系，为经济社会发展提供理论支撑和智力支持。

三是加快世界一流大学建设的机遇。学校完成了综合性大学布局，确立了综合性研究型世界一流大学的办学定位，明确了建设一流大学的发展目标，世界一流大学建设取得阶段性、标志性成效，正处于转型发展的关键时期。建设研究型大学，哲学社会科学承担着重要使命，发挥着关键作用。为此，需要进一步提升哲学社会科学解决国家和区域重大战略需求、科学前沿问题的能力；需要进一步提升哲学社会科学原创性、标志性成果的产出质量；需要进一步提升社会服务水平，在创新驱动发展中提高哲学社会科学的介入度和贡献率。

把握新机遇，必须提高学校的哲学社会科学研究水平，树立正确的政治方向、价值取向和学术导向，坚定不移实施以育人育才为中心的哲学社会科学研究发展战略，为形成具有中国特色、中国风格、中国气派的哲学社会科学学科体系、学术体系、话语体系做出贡献。

"十三五"时期以来，郑州大学科研项目数量和经费总量稳步增长，走在全国高校前列。高水平研究成果数量持续攀升，多部作品入选《国家哲学社会科学成果文库》。社会科学研究成果奖不断取得突破，获得教育部第八届高等学校科学研究优秀成果奖（人文社会科学类）一等奖1项，二等奖2项，三等奖1项。科研机构和智库建设不断加强，布局建设11个部委级科研基地。科研管理制度体系逐步形成，科研管理的制度化、规范化、科学化进一步加强。哲学社会科学团队建设不断加强，涌现了一批优秀的哲学社会科学创新群体。

从时间和空间上看,哲学社会科学面临的形势更加复杂严峻。我国已经进入中国特色社会主义新时代,开始迈向以中国式现代化全面推进中华民族伟大复兴新征程,逐步跨入高质量发展新阶段;技术变革上,信息化进入新一轮革命期,元宇宙、云计算、大数据、移动通信、物联网、人工智能日新月异。放眼国际,世界进入到全球治理的大变革时期,面临百年未有之大变局。

从哲学社会科学研究本身看,重视程度、发展速度等面临的任务依然十分艰巨。改革开放40多年来,我国已经积累了丰厚的创新基础,在许多领域实现了从"追赶者"向"同行者""领跑者"的转变。然而,我国哲学社会科学创新能力不足的问题并没有从根本上改变,为世界和人类贡献的哲学社会科学理论、思想、制度性话语权、中国声音的传播力、影响力还很有限。国家和区域重大发展战略和经济社会发展对哲学社会科学提出了更加迫切的需求,人民对美好生活的向往寄予哲学社会科学以更高期待。

从高水平基金项目立项、高级别成果奖励、国家级研究机构建设上看,各个学校都高度重视,立项、获奖单位更加分散,机构评估要求更高,竞争越来越激烈。在这样的背景下如何深化我校哲学社会科学体制机制改革,培育发展新活力;如何汇聚众智众力,扩大社科研究资源供给,提高社科成果质量;如何推进社科研究开放和合作,打造成为全国高校的创新高地,是我们面临的重大课题。

为深入贯彻习近平新时代中国特色社会主义思想和习近平总书记关于哲学社会科学工作重要论述以及《中共中央关于加快构建中国特色哲学社会科学的意见》等文件精神,充分发挥哲学社会科学工作者"思想库""智囊团"作用,更好地服务国家和地方经济社会发展,推动学校哲学社会科学研究的繁荣与发展,郑州大学于2020年度首次设立人文社会科学标志性学术著作出版资助专项资金,资助出版一批高水平学术著作,即"厚山文库"系列图书。

厚山是郑州大学著名的文化地标,秉承"笃信仁厚、慎思勤勉"校风,取"厚德载物""厚积薄发"之意。"郑州大学厚山人文社科文库"

旨在打造郑州大学学术品牌，集中资助国家社科基金项目、教育部人文社会科学研究项目等高层次项目以专著形式结项的优秀成果，充分发挥哲学社会科学优秀成果的示范引领作用，推进学科体系、学术体系、话语体系创新，鼓励学校广大哲学社会科学专家学者以优良学风打造更多精品力作，增强竞争力和影响力，促进学校哲学社会科学高质量发展，为国家和河南经济社会发展贡献郑州大学的智慧和力量，助推学校世界一流大学建设。

"厚山文库"出版资助的程序为：学院推荐，社会科学处初审，专家评审。对最终入选的高水平研究成果进行资助出版。

郑州大学党委书记别荣海教授，郑州大学校长李蓬院士，郑州大学副校长刘春太教授等对"厚山文库"建设十分关心，进行了具体指导。学科与重点建设处、高层次人才工作办公室、研究生院、发展规划处、学术委员会办公室、人事处、财务处等单位给予了大力支持。国内多家知名出版机构提出了建设性的意见和建议。在这里一并表示衷心感谢。

我校哲学社会科学工作处于一流建设的机遇期、制度转型的突破期、追求卓越的攻坚期和风险挑战的凸显期。面向未来，形势逼人，使命催人，需要我们把握学科、学术和研究规律，逆势而上，固根本、扬优势、补短板、强弱项，努力开创学校哲学社会科学发展新局面。

周　倩

2024 年 01 月 01 日

目 录

前 言 ………………………………………………………………（1）

第一章 总 论 ……………………………………………………（1）
  第一节 概述 ……………………………………………………（1）
  第二节 档案治理语境下的档案法治 …………………………（7）
  第三节 档案工作规范体系建设的基本内容 …………………（11）

第二章 档案法律对档案工作的规范 ……………………………（19）
  第一节 档案法律的分析与解读 ………………………………（19）
  第二节 档案法律与档案工作规范体系建设的思考 …………（42）

第三章 档案行政法规对档案工作的规范 ………………………（70）
  第一节 档案行政法规及其研究现状 …………………………（70）
  第二节 档案行政法规的作用与影响 …………………………（73）
  第三节 档案行政法规的体系化 ………………………………（92）

第四章 档案标准对档案工作的规范 ……………………………（98）
  第一节 档案标准的分析与解读 ………………………………（98）
  第二节 档案标准对档案工作规范的影响 ……………………（144）
  第三节 档案标准与档案工作规范体系建设 …………………（152）

第五章　档案规范性文件对档案工作的规范 ……（158）

第一节　对档案规范性文件的分析与解读 ……（158）
第二节　部门规章对档案工作的规制及具体表现 ……（168）
第三节　档案规范性文件与档案工作规范体系建设 ……（176）

第六章　档案业务指导对档案工作的规范 ……（185）

第一节　对档案业务指导规范档案工作的分析解读 ……（185）
第二节　档案业务指导对规范档案工作的影响 ……（194）
第三节　对档案业务指导影响档案工作规范体系建设的思考 ……（206）

第七章　档案行政监督对档案工作的规范 ……（225）

第一节　对档案行政监督规范档案工作的分析解读 ……（226）
第二节　档案行政监督对规范档案工作的影响 ……（233）
第三节　对档案行政监督影响档案工作规范体系建设的思考 ……（244）

第八章　总结与展望 ……（258）

第一节　研究结论 ……（258）
第二节　研究展望 ……（260）

参考文献 ……（282）

后　记 ……（296）

前　言

中国档案工作规范体系建设，在依法治国、依法治档的语境下，可以称之为"档案法律规范的体系化"。

"体系化是指对法律规范的集合、分类、整理。"[①] 就档案法律规范而言，"体系化"可以分为"结构体系化"和"功能体系化"两种。结构体系化是指通过立改废释等方式，构建全面完整的自然保护地立法框架[②]；功能体系化是指将"各项法律功能分配给相应的法律法规，该功能的实现需要在自然保护地内部法律法规之间进行合理配置，也需要与外部相关法律之间形成有效衔接"[③]。"结构体系化"是"形"，"功能体系化"是"神"。

1987年《中华人民共和国档案法》颁布，标志着我国档案法律规范的体系化进程开启，取得了长足进步，并仍在持续成长。在"结构体系化"方面，基本形成了由档案法、档案行政法规、部门档案规章、地方性档案法规、档案标准、档案规范性文件构成的，基本覆盖各类档案、档案机构和档案工作各环节的，结构较为完整的档案法律规范体系。

应当看到，现有的档案法律规范体系与"学法知法懂法，夯实法治基础；立法执法司法，全方位依法规制；建归收管用销，全过程依法规

---

① 甘强：《体系化的经济法理论发展进路——读〈欧洲与德国经济法〉》，《政法论坛》2018年第5期。
② 秦天宝、刘彤彤：《自然保护地立法的体系化：问题识别、逻辑建构和实现路径》，《法学论坛》2020年第2期。
③ 秦天宝、刘彤彤：《自然保护地立法的体系化：问题识别、逻辑建构和实现路径》，《法学论坛》2020年第2期。

制；记录文件档案，全要素依法规制；上下左右条块，全网络依法规制；国家企业个人，全权属依法规制；陆地海洋天空，全疆域依法规制；短期长期永久，全时序依法规制；涉人涉物涉事，全类型依法规制；金石竹纸磁电，全载体依法规制"的目标，仍然存在一定的差距，还有待进一步完善。

可以谓之："形"已初成，欲善待整。

在"功能体系化"方面，"依据什么样的标准来对纷繁复杂的法律规范进行归集"①，充分有效地在档案事业发展和档案工作实践中发挥档案法律规范的功能，成为实现档案法律规范"体系化"的关键。这个标准就是档案工作实践，主要体现在档案业务指导和档案行政监督实施效果两个方面。它是档案工作规范可操作性的实践验证系统和信息反馈系统，其实际运行的效能、经验和遇到的难题，可以为各种规范的立改废释提供实践依据，对推动"档案法律规范的体系化"，特别是"功能体系化"具有十分重要的现实价值和长远的历史意义。它与"结构体系化"成果一起，构成具有相辅相成关系的档案工作规范体系建设内容的有机整体。

具体地说，档案工作规范体系是指导、鼓励、调节和保障档案工作的规制系统，包含档案成文规则系统和档案成文规则落实推进系统两个部分。前者表现为档案法律规范等"硬法"和公共政策、民间规则、专业标准等"软法"；后者表现为档案业务指导和档案行政监督等档案成文规则落实推进性工作。其建设内容包括两个部分：一是档案成文规则系统建设，也就是所谓的档案法律制度建设，即档案法律、档案行政法规、部门档案规章、地方性档案法规及其他档案规范性文件的创制，具有系统性、层级性和实用性的特征，是档案工作，特别是档案行政管理工作开展的依据和指南。二是档案成文规则落实推进系统建设，也就是所谓的档案行政管理能力或档案治理能力建设，即

---

① 甘强：《体系化的经济法理论发展进路——读〈欧洲与德国经济法〉》，《政法论坛》2018年第5期。

档案业务指导和档案行政监督工作的转型与效能提升，它们分别具有助成性与强制性的特征，是档案成文规则可操作性的实践验证系统和信息反馈系统。档案成文规则系统与档案成文规则落实推进系统建设相辅相成，共同推动着档案工作的发展和进步。档案工作基本矛盾的动态发展性，决定了档案工作规范体系建设是一个动态的、持续的和长期的变革与完善的过程。

从法律的立法—执法—守法—司法循行路径看，本书研究主要对应的是守法，即档案法律关系中行为主体的行为。在"有法可依、有法必依、执法必严、违法必究"社会主义法制建设16字方针的基础上，中国共产党第十八次全国代表大会提出"科学立法、严格执法、公正司法、全民守法"新的16字方针，表明我国社会主义法治建设进入了新阶段。在这个新阶段，从档案工作，特别是省级以下档案工作的实践出发，怎样完成从"档案法律规范"到"档案工作规范"的嬗变，使得档案法律规范"形神兼备"，既是本书研究的方向，又是本书研究的主要内容。

可以谓之："神"存于心，而成于"行"。

从研究的体系化看，"中国档案工作规范体系建设研究"既是档案法治研究主题的重要组成部分，又是研究团队既往研究的续章。表0-1是"中国档案工作规范体系建设研究"从法律循行路径（方向）和法律位阶（层级）两个维度，在档案法治研究主题中所处的位置。

本课题的构架：研究课题＝路径＋位阶＋环节，即"中国档案工作规范体系建设研究"的构架＝横向（守法）＋纵向（法律、法规、规章、标准、规范性文件）＋档案工作环节（建、归、管、用、开、销）。具体研究内容共八章，分别是：第一章总论；第二章档案法律对档案工作的规范；第三章档案行政法规对档案工作的规范；第四章档案标准对档案工作的规范；第五章档案规范性文件对档案工作的规范；第六章档案业务指导对档案工作的规范；第七章档案行政监督对档案工作的规范；第八章总结与展望。

表 0-1　　　　　　　　档案法治研究主题矩阵

法律位阶（层级）↓	已经完成的研究主题（1）、（2）、（3）和拟开展的研究主题（4）			
法律	（1）档案法立法研究（2007—2011年）	（2）依法治档研究（2013—2017年）	（3）法律规制视域下中国档案工作规范体系建设研究（2017—2022年）	（4）档案监督研究
行政法规	～	～	～	～
部门规章、地方性法规	～	～	～	～
标准	～	～	～	～
规范性文件	～	～	～	～
法律循行路径（方向）→	立法（有法可依）并（科学立法）	执法（执法必严）并（严格执法）	守法（有法必依）并（全民守法）	司法（违法必究）并（公正司法）

　　研究报告基于档案法律规制视角，旨在构建新的档案工作规范体系，阐述其内涵，提出相应的建设内容，形成系统的知识体系。同时，指出档案立法工作和档案行政管理工作存在的问题，探讨解决的路径和方式方法，为促进档案法制的完善和推动档案治理能力的提升提供参考。

　　课题实施周期，恰好处在一个承前启后的重要时间"节点"，研究对象和研究环境都发生了重大变化。一是2018年开始的机构改革，档案管理体制由"局馆合一"改为地方各级"局馆分设"，综合档案馆重新成为独立法人机构；二是2020年新的《中华人民共和国档案法》修订颁布，2021年1月1日施行，档案行政法规、部门档案规章、地方性档案法规及其他档案规范性文件，开始进入新一轮的全面修订周期；三是2021年中共中央办公厅、国务院办公厅印发《"十四五"全国档案事业发展规划》，档案事业在新的档案法律环境下，开启了"转型升级"的新模式。这些重大变化，在为课题研究提供清晰的体制框架、明确的法律依据、具体的目标任务、丰富的研究素材和参与其中的机会的同时，持续对既定的研究思路、内容、方法等产生影响，倒逼着课题组成员不断进行动态调整，更新法律依据、充实研究样本、变更报告结构、修正研究结论，可谓"机遇与挑战并存"。报告完成之时，既兴奋又忐忑，希望在达成既定研究目标的同时，为下一步该领域的研究奠定基础，创造条件。

第一章 总 论

通过回答治什么、依据什么治、怎么治三个问题，阐明法律规制、档案治理、档案工作规范体系之间的关系。首先，回答治什么的问题。以法律的作用为切入点，阐明档案法律规范本质是平衡社会各种档案利益关系。认为档案工作规范体系是指导、鼓励、调节和保障档案工作的规制系统，由档案法律规范等"硬法"和公共政策、民间规则、专业标准等"软法"档案成文规则系统和档案成文规则落实推进系统两个部分构成，具有具体化和实践化的特征，是用以调整社会档案法律关系的行为规范及其主要的实现路径。提出档案工作基本矛盾——源于档案有限性的本质与个体获取信息欲望的无限扩张，化解于利益关系平衡的观点。其次，回答依据什么治的问题。依法治档是档案治理在档案事业宏观层面的表述，依法管档、依法用档是档案治理在档案工作微观层面的表述，档案工作法治化是档案治理在档案工作全领域全过程中的表述。档案法治是档案治理的根本依据。最后，回答怎么治的问题。从档案工作规范体系的建设、应用、完善三个方面，通过层级性、实践性和动态性三个特征，阐述档案工作规范体系是档案治理在行为层面的依据与规则。

第一节 概 述

回答治什么的问题。以法律的作用为切入点，阐明档案法律规范本质是平衡社会各种档案利益关系。认为档案工作规范体系是指导、鼓励、调节和保障档案工作的规制系统，由档案法律规范等"硬法"和公共政策、民间规则、专业标准等"软法"档案成文规则系统和档案成文规则落实推进系统两个部分构成，具有具体化和实践化的特征，是用以调整社会档案法律关系的行为规范及其主要的实现路径。提出档案工作的基本矛盾——源于档案有限性的本质与个体获取信息欲望的无限扩张。

一 档案成文规则系统

法律是用来平衡社会各种利益关系的规范，其作用表现为"对人们的行为、社会生活和社会关系发生的影响"[①]。可以将"法"分为两大类：第一大类为硬法，指正式的法律规范体系，如法律、行政法规、地方性法规以及自治条例和单行条例、规章；第二类为软法，指不属于上述传统法范畴的规则体系。[②]

（一）硬法

硬法就是我们所说的档案法律规范。档案法律规范属于硬法，是用来平衡社会各种档案利益关系的准则，"它用法律形式将党和国家有关档案工作的方针、政策和多年来的实践经验固定下来，对发展档案事业的一系列重大问题作了明确规定"[③]。以《中华人民共和国档案法》（以下简称《档案法》）为核心的档案法律规范是用以"调整档案部门与其他部门及利用者之间和调整国家机关、社会组织和公民三者在档案方面关系的法律规范"[④]，对规范档案工作、提升档案信息化水平、协调档案社会关系、促进档案事业发展有着重要作用。档案法律规范既是我国社会主义法制建设的组成部分，也是社会主义法治不断深化与完善的重要体现。

（二）软法

按照法的宽泛理解，软法是相较于硬法而言的，是指国家法之外的、具有相当于或类似于法律约束力的行为规范体系[⑤]，主要有公共政策、

[①] 严峰：《论法律的作用》，《新疆教育学院学报》2005年第3期。
[②] 程信和：《硬法、软法与经济法》，《甘肃社会科学》2007年第4期。
[③] 沈毅：《浅谈〈中华人民共和国档案法〉的地位和作用》，《法学评论》1991年第4期。
[④] 沈毅：《浅谈〈中华人民共和国档案法〉的地位和作用》，《法学评论》1991年第4期。
[⑤] 程信和：《硬法、软法与经济法》，《甘肃社会科学》2007年第4期。

民间规则、专业标准等。

1. 国家法之外的、属于公共政策的正式规范

此处所称规范，非指针对一时一事的行政指令，而是具有一定普遍适用性的规范性文件。

（1）执政党和政府的政策

政策往往作为立法的指南和先导。比如，中国共产党中央委员会作出的解决农业、农村、农民问题的系列决定，国务院关于产业调整、区域协调、保护环境、利用外资的各项政策[①]。

（2）国家机构的其他规范

中共中央办公厅、国务院办公厅印发的《"十四五"全国档案事业发展规划》，国家档案局公布的《重大活动和突发事件档案管理办法》，国家档案局印发的《加强机关业务系统电子文件归档与管理工作的通知》，等等均属于此类。

2. 非国家法的民间社会自治规则

我国的组织体系分为国家机关、社会团体、企业、事业组织。后三类组织涉及民间社会自治问题，可以在法律规定的范围内以自己的权力和规则来管理自己[②]。

（1）社会团体的规范

就经济领域而言，社会团体中发挥作用最为突出的当数行业组织。作为公共治理的主体，行业组织享有一定的自主权，表现之一就是制定自治规范，如行业协会章程、行业自律公约等[③]。

（2）企业、事业组织的规范

例如，公司章程、企业生产守则、高等院校财务管理规定等。

（3）基层自治组织的规范

例如，城市居民委员会的居民公约、村民委员会的村规民约等。

3. 专业标准

标准是衡量事物的准则。就国内而言，标准可分为国家标准、行业标

---

① 程信和：《硬法、软法与经济法》，《甘肃社会科学》2007年第4期。
② 程信和：《硬法、软法与经济法》，《甘肃社会科学》2007年第4期。
③ 程信和：《硬法、软法与经济法》，《甘肃社会科学》2007年第4期。

准、地方标准以及企业标准。其中,国家标准、行业标准适用于全国范围,按其效力分为强制性标准和推荐性标准[①]。档案行业也有自己的标准,如国家档案局发布的《实物档案数字化规范》《电子档案单套管理一般要求》《档案著录规则》等行业标准。由于专业标准的制定主体、实施效力不尽相同,专业标准有一部分可归入硬法即国家法,大部分可归入软法[②]。

上述行为规则以各自独特的内容和方式,调整社会关系、确定组织结构、规范人们的行为,从而成为社会治理中的硬法机制和软法机制[③]。

二 档案成文规则落实推进系统

档案成文规则落实推进系统是指档案业务指导和档案行政监督实施系统,它们分别具有助成性与强制性的特征,是档案成文规则可操作性的实践验证系统和信息反馈系统。二者主要通过档案业务指导和档案业务评估等途径贯彻档案成文规则,促进档案工作的发展与进步,同时积累经验,为档案成文规则的废改立释提供实践依据。

三 档案工作基本矛盾及解决路径

档案工作基本矛盾——源于档案有限性的本质与个体获取信息欲望的无限扩张。

(一)档案工作基本矛盾是一个动态发展的矛盾

1961年9月,中国人民大学历史档案系举行第四次科学讨论会,吴宝康作了《关于档案工作矛盾问题的探讨——学习毛泽东同志的矛盾论笔记》的学术报告,最早提出档案工作基本矛盾的问题,指出档案工作的基本矛盾是"档案文件的收藏(收集、保藏)和人们的利用需要之间的矛盾"[④]。强调收集与利用的矛盾,实质是解决"有没有"什么可用的矛盾。这一阶段的档案利用主体基本上是党政机关工作人员。

---

① 程信和:《硬法、软法与经济法》,《甘肃社会科学》2007年第4期。
② 程信和:《硬法、软法与经济法》,《甘肃社会科学》2007年第4期。
③ 程信和:《硬法、软法与经济法》,《甘肃社会科学》2007年第4期。
④ 王德俊:《中国人民大学档案系历次科学讨论会简介》,《档案学通讯》1984年第6期。

1980年，邹家炜、王传宇提出"档案的管理与利用的矛盾是档案工作的基本矛盾"①。1984年12月，中国档案学会理事长裴桐指出：档案工作的"基本矛盾是安全保管与方便利用之间的矛盾"②。这期间强调的是管理与利用的矛盾，实质是安全与方便的矛盾。完成了从"有没有"到"快不快"的问题转换，实现了档案工作基本矛盾的第一次转变。这一时期的档案利用主体不仅有党政机关工作人员，还有企业、事业单位工作者。整体上"体制内"人员仍然是档案利用的主体。

1988年，学界提出"档案工作的基本矛盾是日益增长的档案的社会需求与有限的档案服务之间的矛盾"③。档案工作基本矛盾再一次发生转变，强调的是增长的社会需求与恒定的档案服务的矛盾，实质是有限的档案与无限的需求的矛盾。从"快不快"向"全不全"转变。这期间档案利用者构成成分发生了很大的变化，向多元利益主体转变，即党政机关和企业、事业单位的档案利用依然是主流，但比重有所下降，私营部门和公民个人利用者的利用明显增加，而且增势不减。

档案工作基本矛盾的转换过程是动态的，处在持续变化更新当中。

(二) 档案工作基本矛盾随着国家社会基本矛盾的变化而变化

档案工作基本矛盾有其内在决定性因素，也受外在环境因素影响。一般情况下，档案工作基本矛盾是随着国家社会基本矛盾的变化而变化的。中华人民共和国成立后，我国社会主要矛盾经过了三次变化。

1956年，中国共产党第八次全国代表大会提出：我国社会的主要矛盾是落后的农业国与先进的工业国之间、人民日益增长的物质文化需要与落后的社会生产之间的矛盾。

1981年，中国共产党第十一届六中全会提出：我国社会的主要矛盾是人民日益增长的物质文化需要与落后的社会生产之间的矛盾。

---

① 邹家炜、王传宇：《关于社会主义档案工作基本规律的探讨》，《档案学通讯》1980年第3期。
② 王德俊、冯惠玲：《中国人民大学档案系举行第十二次科学讨论会》，《档案学通讯》1985年第3期。
③ 李华：《应重新探讨我国社会主义档案工作的基本矛盾》，《档案》1988年第2期。

2017年，中国共产党第十九次全国代表大会提出：我国社会的主要矛盾是人民日益增长的美好生活需要与不平衡不充分的发展之间的矛盾。

中国社会主要矛盾的变化，同样对档案工作的基本矛盾产生影响。新中国成立后社会主要矛盾的三次变化，与档案工作基本矛盾的三次转换在时间上和内容上都有很高的契合度。

因此，分析和寻找档案工作基本矛盾，要紧扣我国社会主要矛盾这个主题进行思考，着眼点不能偏，思路不能窄。

（三）档案工作基本矛盾的核心是档案"供""需"两方利益关系的平衡问题

2021年1月，新修订《中华人民共和国档案法》（以下简称新《档案法》）开始施行。新《档案法》的亮点之一在于维护机构和公民依法利用档案的权利，并将这一思想落实在具体的法律条文中。如第二十七条规定："县级以上各级档案馆的档案，应当自形成之日起满二十五年向社会开放。"将档案开放的期限从三十年调整为二十五年，缩短了档案开放的时限；第二十八条规定："档案馆不按规定开放利用的，单位和个人可以向档案主管部门投诉，接到投诉的档案主管部门应当及时调查处理并将处理结果告知投诉人。"明确了有关组织和个人利用应开放档案权利受阻状态下的救济途径。

国家综合档案馆（以下简称档案馆）馆藏档案的开放利用既是一项重要的业务工作，也是档案法律规范下的依法行使职权、履行职责的行为；既关系着有关单位和个人档案利用权利的落实，也关系着国家利益、集体利益、个人利益的需求平衡。

概括地说，档案工作基本矛盾——归根结底，源于档案有限性的本质与个体获取信息欲望的无限扩张，化解于利益关系的平衡。这一基本矛盾的解决，需要档案法律法规作出顶层设计，需要档案政策作出具体要求和安排，更需要档案主管部门对档案法律法规与档案政策实施的有力推动和档案管理部门及其他相关方面的积极配合。

（四）若干值得特别关注和研究的问题

1. 平衡各方利益的档案接收、保管期限划定、开放、公开鉴定的档案鉴定委员会如何构成？如何运行？

2. 在处理和看待查档利用者个人和服务人民群众的关系时，应当考虑到"人民群众"是一个集合概念，并不是特指某个查档利用者个人。

3. 正确看待法理档案的有限性和学理档案的无限性。

4. 理性看待馆藏档案的有限性与利用者个体获取信息欲望的无限扩张性。

5. 档案所有者权益与档案利用者权益的平衡。

6. 公民权、知情权、隐私权、国民待遇等权益的适用。

7. 档案封闭期问题。

8. 有限性是不是档案的基本属性。

9. 档案情报价值在档案开放鉴定中的体现。

……

第二节 档案治理语境下的档案法治

回答依据什么治的问题。依法治档是档案治理在档案事业宏观层面的表述，依法管档、依法用档是档案治理在档案工作微观层面的表述，档案工作法治化是档案治理在档案工作全领域全过程中的表述。依法行事是档案治理的根本所在。

一 档案治理

（一）治理

治，多义词。从水从台（胎的本字）。自水的初始处、基础、细小处开始，以水的特征为法，进行的修整、疏通，是为治。其义一：整理，如治河、治水。其义二：安定，如治世、治安（社会的秩序）、天下大治。

理，本义为在作坊将山上挖来的璞石加工成美玉，使之成器，有形有款；引申之义为治理、料理；引申之义又有条理、纹理、道理等。

"治理"符合水之性，通过顺着事物天然具备的纹理而整治，顺应其本身的能量动势与趋向进行正向性的疏导，随圆就方，直能就曲，从而引导事物顺应先天客观规律而归正，这就是治理。

治理的要义是疏，是导，是顺势，是应和规律。

（二）档案治理

档案治理，就是在档案工作中，改变以往以管束、限制为特征的管理理念和管理模式，从档案工作的基本矛盾着眼，按照档案工作的内在规律，因势利导地开展工作。档案治理的本质就是明确档案事业中的各种利益关系，界定相关利益主体的权利和责任，并满足其利益诉求[①]。

从系统论角度来讲，档案治理是一个体系化的系统工程。档案治理体系建设是一个多层次、多角度、全方位的建设。从个人视角看，就是要完善自身素养，规范个人行为；从机构视角看，就是完善法制，做好顶层设计，协调好全社会的档案工作；从国际视角看，就是创造性开展有中国特色的档案治理，为全球档案事业提供可行的中国方案。[②]

一句话：档案治理就是档案行政管理的法治化、制度化[③]。

如果非要在档案治理与档案管理之间找出一些区别的话，我们认为，大致可以做如下理解：管理是按照意志办事，强势行事；治理是按照规律办事，顺势而为。在档案治理的过程中，需要重点厘清并处理好档案法治与档案治理，依法管档、依法用档与档案治理，档案工作法治化与档案治理这三对关系。

二 档案法治与档案治理

在档案治理的语境下，依法治档是档案治理在档案事业宏观层面的表述。

广义上的档案工作是指整个国家档案事业，包括档案馆工作、机关档案室工作、档案事业管理工作、档案教育工作、档案科学研究工作、档案宣传和出版工作。[④] 因此，档案事业也可做"档案的宏观管理"来

[①] 陈忠海、宋晶晶：《论国家治理视域下的档案治理》，《档案管理》2017年第6期。
[②] 吴雁平、刘东斌：《全方位多视角下的档案治理探析》，《档案管理》2019年第2期。
[③] 刘东斌：《档案治理概念辨析》，《档案管理》2019年第1期。
[④] 邓绍兴：《〈新编档案管理学〉自学辅导材料（一）》，《湖南档案》1986年第5期。

表述，即"指国家及各级政府的档案主管部门对档案事业在法规、方针政策、管理体制、发展战略、方向、目标任务、档案馆布局、宣传、教育、科研等方面所进行的统筹、协调和管理"①。

也就是说，在档案的宏观管理上，要依法治理，就需要对整个国家档案事业的各个领域或者各个方面进行统筹、协调和管理。负责统筹、协调和管理的主体是档案工作体系中的各级档案主管部门和专业档案主管部门。档案事业的主要内容由法律、行政法规调整，部分内容由部门规章和地方性法规调整。这部分规定属于政策性、方向性的原则要求，需要有关部门和人员脑中有数、心里清楚，重在内化于心。

三 依法管档、依法用档与档案治理

在档案治理的语境下，依法管档、依法用档是档案治理在档案工作微观层面的表述。简单地说，就是依法开展档案业务工作，如依法接收档案、依法征集档案、依法整理档案、依法管理档案、依法利用档案、依法鉴定档案、依法开放档案、依法销毁档案等。

档案工作内容，狭义上是指"档案业务工作，即档案的收集、整理、鉴定、保管等"。②通俗地讲，就是档案馆、档案室的工作。在档案工作体系中是指各级各类档案馆和各机关、企业、事业单位、社会团体内设档案室（机构）开展的工作。从另一个角度讲，档案工作也可用"档案的微观管理"来表述。档案工作的相关规定体现在部门规章、地方性法规、标准和规范性文件当中，其主要内容由标准、规范性文件调整，部分内容则由部门规章和地方性法规调整。这部分规定属于执行性、准则性的行为规范，需要"溶化在血液中"，"落实在行动上"，重在外化于行。

四 档案工作法治化与档案治理

在档案治理的语境下，档案工作法治化是档案治理在档案工作全过

---

① 江宗臣：《基层档案行政管理部门加强宏观管理的探讨》，《四川档案》1989年第3期。
② 邓绍兴：《〈新编档案管理学〉自学辅导材料（一）》，《湖南档案》1986年第5期。

程、全领域的表述。

（一）"化"是表述由旧状态向新状态转变

在档案信息化、档案数字化这一类表述中，信息化、数字化表达的是由一种旧的非信息化、非数字化状态向新的信息化、数字化状态的转变。这里的"化"字表达的就是这种由一种旧的状态向另一种新的状态的转变。

同理，档案工作法治化指的就是档案工作由非法治化的状态向法治化的状态的转变。档案工作法治化的"化"字，表达的就是这种由非法治化旧的状态向法治化新的状态的转变。

（二）"化"是表述由旧状态向新状态转变的全过程

在档案信息化、档案数字化这一类表述中，信息化、数字化表达的不仅是一种状态，还是一个转变的全过程。这里的"化"字表达的就是由一种旧的状态向另一种新的状态转变的全过程。

同理，档案工作法治化指的就是档案工作由非法治化的旧状态向法治化的新状态转变的全过程。

（三）"化"是表述由旧状态向新状态的全域转变

档案工作法治化的"化"，不仅表示的是档案工作由非法治化的旧状态向法治化的新状态转变的全过程，还表示这种转变发生在档案工作的各个领域，即这种转变不仅发生在档案工作的局部，还发生在档案工作的全部领域。

五　若干值得特别关注和研究的问题

1. 国家所有档案的界定。
2. 对国家和社会有保存价值档案的界定。
3. 国家所有档案与对国家和社会有保存价值档案的关系。
4. 国家档案主管部门与业务主管部门在档案工作中的关系。
5. 国家档案主管部门与地方档案主管部门的关系。
6. 地方各级档案主管部门与地方各级各类国家档案馆的关系。
7. 地方各级各类国家档案馆与所在行政辖区各机关、企业事业单位、人民团体档案室的关系。

8. 地方各级档案主管部门、各级各类档案馆、所在行政辖区各机关、企业事业单位、人民团体档案室与档案服务企业的关系。

9. 各级国家综合档案馆的主体地位。

10. 电子文件、数据、多媒体等材料的归档规制缺位问题。

11. 档案馆鉴定认为可以销毁的档案，是否需要会同档案形成单位或者移交单位鉴定的问题。

12. 档案馆审核开放包不包括审核延期向社会开放档案的问题。

13. 如果档案形成单位或者移交单位认为到期仍不宜开放的档案，而档案馆认为可以开放，开放权限由谁裁定的问题。

14. 提前开放的档案需不需要审核？应提前多少年？审核提前开放的档案需不需要档案馆会同档案形成单位或者移交单位审核的问题。

15. 移交电子档案或者传统载体档案数字化成果，档案数字化后的档案原件与电子档案同时形成的纸质档案是否一并移交的问题。

……

这一部分所要强调的核心思想是：在档案治理的语境下，虽然依法治档、依法管档、依法用档，档案工作法治化是在档案事业、档案工作宏观或微观不同层面，或是在档案事业、档案工作全领域、全过程中的不同表述，但依法行事是档案治理的根本。

需要强调的是，在思想上明确"法无授权不可为，法无禁止皆可为"；在言行上说标准话，按标准行；在研究上，除非研究法律法规修改补充，应当避免无理由无根据地轻易发表与现行法律法规相悖的观点，随意使用与现行法律法规相左的表述。

第三节　档案工作规范体系建设的基本内容

回答怎么治的问题。就档案工作规范体系建设而言，它包含建设、应用和完善三个部分，这三个部分不是分阶段进行的，而是相互交织、互为影响、彼此发挥作用的，都存在特定的问题和建设任务。就共同建设而言，独立表述的建设是指档案治理制度建设，即档案成文规则系统建设；独立表述的应用是指档案治理能力建设，即档案成文规则落实推进系统履职能力建设；独立表述的完善是指档案治理目标建设，即全过程、全领域的档案工作法治化。为表述的方便，拟以档案工作规范的建设、应用和完善为题，通过层级性、实践性、动态性三个特征，阐述档案工作规范体系是档案治理在行为层面的依据与规则。

一　档案工作规范的建设

档案工作规范的建设，在档案治理的语境下，对应的是档案治理制度建设或档案成文规则系统建设，即档案法律、行政法规、部门规章、地方性法规及规范性文件的创制。

因为档案工作规范具有系统性、层级性和实用性，所以档案工作规范的建设就必然呈现出系统性、层级性和实用性的特征。

（一）档案工作规范的系统性建设

依据系统论的观点，可以将档案工作系统分为管理子系统（原称行政管理系统）、业务子系统、辅助子系统等，也可分为主管部门子系统（原称档案行政行管理系统）、档案馆子系统、档案室子系统、档案教育子系统、档案服务子系统等。每个系统又可以再划分成若干个子系统。档案工作规范系统由人、财、物、数据等各种要素构成，并受到相关要素的影响。这一部分的基本要求是：有大局观、思路清晰、逻辑性强。

1. 大局观

大局观就是整体观。要求设计者、组织者、操作者都要从宏观的、整体的、全局的视角看待档案工作，即立足档案工作的使命、宗旨、地位、作用，从服务党和国家工作大局出发，根据《中华人民共和国立法法》和《中华人民共和国档案法》授予的权限，在法定职责范围内依照法定程序开展工作。这一点，对设计者尤为重要。

2. 思路清晰

思路清晰是指在档案工作规范创制过程中，设计者、组织者、操作者都要清楚档案工作的目标、面对的状况、需要解决的问题、可以调动的资源、与友邻的边界等，要求不缺位也不越位。这一点，对组织者尤为重要。

3. 逻辑性强

逻辑性强是指在档案工作规范创制过程中，设计者、组织者、操作者对工作的操作流程和规范要烂熟于心，先做什么、再做什么、后做什么，清晰明了。不仅清楚做什么，还清楚怎么做。这一点，对操作者尤为重要。

(二) 档案工作规范的层级性建设

从法的位阶来看，档案工作规范可以分为档案法律、档案行政法规、部门档案规章、地方性档案法规、地方政府规章、档案行政性规范性文件等。

1. 职权法定

档案工作规范的层级性，决定了其效力层次和效力范围，但首先取决于产生它的有相应职权的层级机构。

职权法定是法治的基本原则，指行政机关所行使的职权必须由法律规定，任何机关不得超越法律的授权。这一原则也适用于档案法律规范的制定。

2. 层级事定

档案法律规范的制定，遵循相应的层级原则，即一定的层级制定的法律法规有确切的要求与规定。这些要求在《中华人民共和国宪法》《中华人民共和国地方各级人民代表大会和地方各级人民政府组织法》《中华人民共和国国务院组织法》《中华人民共和国立法法》《中华人民共和国档案法》《行政法规制定程序条例》《规章制定程序条例》《国务院办公厅关于加强行政规范性文件制定和监督管理工作的通知》《中华人民共和国村民委员会组织法》中有明确规定。

3. 新事比照定

新事是指档案工作中出现的新事物、新情况、新问题，没有现成的法律法规及规章可供依据和参考。比如，《"十四五"全国档案事业发展规划》大面积写入"数据归档"任务，表明"数据"继文件、科技文件材料之后，已经成为档案的第三大来源。在这种情况下，制定相应的行政法规是必要和适当的。可以依据《中华人民共和国档案法》《中华人民共和国数据安全法》《中华人民共和国个人信息保护法》，比照《科学技术档案工作条例》《机关档案工作条例》制定《数据档案工作条例》，或者称《档案数据工作条例》。

4. 跨界共定

跨界是指涉及档案行业之外的其他行业、专业的档案工作时，应当由档案主管部门与其他行业主管部门，依据《中华人民共和国档案法》和其他行业法律，比如《中华人民共和国会计法》《中华人民共和国农业法》等共同制定。

5. 边角授权定

对于那些不具普遍性、适用范围狭小，但又必须规制的内容，可以通过必要的程序，授权相应的机构进行制定。

（三）档案工作规范的实用性建设

档案工作规范重在实用。制定档案工作规范需要把握如下原则：

1. 因需而制

因需而制是指档案工作规范的制定，要根据档案事业、档案工作发展的实际需要，不能为制定而制定，不能搞政绩工程。比如，在档案利用服务方面，客观对待资源问题，切勿实际问题态度化，搞成能力不济，口号山响。解决之法是实行利用服务经费"先垫后报"和困难地区国家统一转移支付，解决不同地区因财政支付能力差距造成的设备、耗材短缺问题。

2. 听庶所言

在制定档案工作规范时，一些学院派专家会告诉档案工作规范制定者，如何应用立法技术、如何应对未来的挑战等。但档案工作者却常常发现，这些专家的地位虽很高，但却往往缺乏档案工作实践的基本常识。迷信或听信他们的说法，可能会让档案工作规范的制定事倍功半。所谓的常识，往往是那些必须遵守的基本规则，如果方法背离了常识，看似合理的做法其实就是错误的。犯这种错误的原因，是他们看不到档案工作规范在应用过程中存在的困难、看不到档案工作规范在执行中遇到的麻烦。因为他们以为：只要理论上明白了，道理上清楚了，直接用就可以了……

档案工作常识很重要，但认识档案工作常识并不容易。我国不少学院派专家对档案工作实践接触不多，对档案工作的历史和现状可能存在理解不全面、不深刻的问题，但他们具有一定的对档案工作的解释权、话语权，在一定程度上影响到档案工作规范的制定，这种现象其实也不符合常识。

在制定档案工作规范时，组织者应当多听一听基层档案工作者的声音，了解基层档案工作的真实情况，以提高规范制定的针对性和可操作性。

3. 高位低就

高位低就，是指在制定高位阶的档案工作规范时，由于使用范围大，必须慎重考虑其要求的可执行性、可实现性。法律要求是保底或画出底线。如果法律法规要求的事情多数人都达不到，出现大面积违法情况，也就失去了制定法律规范的意义。比如，在档案利用问题上，服务不统一只是表象，根源则是缺少利用服务规范标准，基层档案馆无所遵循。解决之法是具体问题具体对待，制定并颁布最低限度的档案利用服务标准。

4. 低位高企

低位高企，是指在制定低位阶的档案工作规范时，由于使用范围小，可以在资源条件允许的情况下，提高规范的标准要求。同时，要注意处理好共性问题和个性问题的关系，提高对共性问题标准的要求。比如在档案利用服务上，坚持服务方式服务于服务内容。在档言档，用档案人的眼光看待档案利用服务，用档案人的立场办理档案利用服务，用档案人的方式处理档案利用服务事务，用档案人的智慧处理形式与内容的关系。

二　档案工作规范的应用

档案工作规范的应用，在档案治理的语境下，对应的是档案治理能力建设，即全面提升档案成文规则落实推进系统履职能力和自我变革与发展能力。档案工作规范的应用就是通过档案业务指导和档案行政监督的实施，规范和提升档案工作的过程，重在指导和评估。档案业务指导要应用档案工作规范，是档案工作规范的运行部分。档案工作评估要运用档案工作规范，是档案工作规范应用结果的反馈部分。

就指导和评估而言，二者在于解决档案工作规范落实的"最后一公里"问题。

档案的价值在于利用，通过档案利用可以解决机构、团体、个人的不确定问题。

档案工作规范的价值也在于应用，通过对档案工作规范的应用，规范解决机构、团体、个人的档案行为，消除因为不确定性而导致的"熵"值，降低档案工作系统的无序化或提高档案工作系统的有序化。

没有指导和评估，档案工作规范就无法实现与档案工作实践的"无缝对接"；要实现档案工作规范与档案工作实践在任何场景下的交汇对接，就必须重视档案业务指导和评估。

（一）档案业务指导

档案治理语境下的档案业务指导，不是局馆合一体制下那种大包大揽、越俎代庖式的指导，而是以行政建议方式进行的非强制性指导，是档案主管部门依照法定职权，在履行职责时采用的一种行政行为。这种行政行为虽是非强制性的，但具有一定的权威性。

（二）档案业务评估

档案治理语境下的档案业务评估，是档案主管部门对档案馆、档案室等档案保管利用机构进行的行政监管和督察，是档案主管部门履行法定责任的一种方式。同时也是档案行政主管部门的一种行政行为，具有明显的行政性、权威性。档案主管部门对其实施的业务评估，负有相应的行政责任。档案业务评估在时间上具有周期性，在内容上具有标准性，在结果反馈上具有及时性的特点。

三　档案工作规范的完善

档案工作规范的完善，在档案治理的语境下，对应的是档案治理目标建设，这个目标就是贯穿全过程和全领域的档案工作法治化。

（1）档案工作规范体系建设是动态的，不可能一劳永逸，需要不断完善。档案业务指导和档案行政监督对档案工作的规范，也是动态和需要不断完善的。

（2）档案工作业务指导既是档案工作规范落实的有效方法，也是发现档案工作规范缺失、短板的有效途径。

（3）档案工作业务评估既是检查档案工作规范落实情况的方法，也是检视档案工作规范效用的标尺。

（4）档案工作业务指导与档案工作业务评估是档案工作规范实施过程中的"车之两轮，鸟之双翼"，相辅相成，互为犄角。

（5）在档案法律法规全面修改、完善，档案局馆分设，办公厅（室）档案局合一，互联网办公普及和全面深化档案治理的时代背景下，档案业务指导和档案行政监督的内容、方式方法已经发生并将继续发生符合时代要求的变革与转型。

四 若干值得持续关注和研究的问题

1. 综合档案馆是否具有档案行政指导权。
2. 综合档案馆是否可以对档案移交单位进行业务指导。
3. 档案行政指导主体是否有权委托其他非行政指导主体开展档案行政指导或档案业务指导。
4. 档案行政指导主体委托其他非行政指导主体开展档案行政指导或档案业务指导的依据。
5. 档案行政指导主体委托其他非行政指导主体开展档案行政指导或档案业务指导应当遵循的程序和履行的手续。
6. 受委托从事档案行政指导的非行政指导主体是否能够成为档案行政指导行为的投诉对象。
7. 第三方从事档案馆、档案室业务评估的可行性。
8. 第三方从事档案馆、档案室业务评估应当具备的条件。
9. 第三方从事档案馆、档案室业务评估的授权主体。

10. 第三方从事档案馆、档案室业务评估的资格获得。

11. 第三方从事档案馆、档案室业务评估的监管。

12. 档案馆、档案室业务评估常态化应当具备的条件。

13. 档案监督权的行使主体是否应当具备行政主体资格。

14. 档案行政主管部门对同级综合档案馆的监督属于档案行政指导，还是档案业务指导？

……

第二章　档案法律对档案工作的规范

档案法律是由全国人民代表大会和全国人民代表大会常务委员会、最高人民法院、最高人民检察院制定颁布的，与档案、档案工作、档案事业相关或涉及档案、档案工作、档案事业的法律和司法解释。就档案法律与档案工作规范体系建设关系而言，明晰法定档案对规范档案工作具有重要的意义，做好档案法律建设工作是规范档案工作的基础和前提，贯彻落实档案法律是规范档案工作的根本。研究分析的结果将为档案主管部门贯彻档案法律规范档案工作，档案馆贯彻档案法律做好本职工作，机关、团体、企业事业单位和其他组织贯彻档案法律建章立制，发挥档案作用服务单位工作尽职尽责等方面谋划思路、规划路径、提供方法。

第一节　档案法律的分析与解读

一　档案法律概述

档案法律是指由全国人民代表大会和全国人民代表大会常务委员会、最高人民法院、最高人民检察院制定颁布的，与档案、档案工作、档案事业相关或涉及档案、档案工作、档案事业的法律和司法解释。

（一）档案法律

我国现有档案法律一部，即《中华人民共和国档案法》。该法自1987年颁布，至今已经过两次修正和一次修订，并于2021年1月实施生效。

（二）涉及档案的法律

我国现有涉及档案的法律 48 部，见表 2-1。

表 2-1　　　　我国现有涉及档案的法律列表

序号	标题	制定机关	法律性质	时效性	公布日期
1	中华人民共和国公职人员政务处分法	全国人民代表大会常务委员会	法律	有效	2020/6/20
2	中华人民共和国村民委员会组织法	全国人民代表大会常务委员会	法律	有效	2018/12/29
3	中华人民共和国领事特权与豁免条例	全国人民代表大会常务委员会	法律	有效	1990/10/30
4	中华人民共和国外交特权与豁免条例	全国人民代表大会常务委员会	法律	有效	1986/9/5
5	中华人民共和国商标法	全国人民代表大会常务委员会	法律	有效	2019/4/23
6	中华人民共和国消费者权益保护法	全国人民代表大会常务委员会	法律	有效	2013/10/25
7	中华人民共和国生物安全法	全国人民代表大会常务委员会	法律	有效	2020/10/17
8	中华人民共和国档案法	全国人民代表大会常务委员会	法律	有效	2020/6/20
9	中华人民共和国基本医疗卫生与健康促进法	全国人民代表大会常务委员会	法律	有效	2019/12/28
10	中华人民共和国社区矫正法	全国人民代表大会常务委员会	法律	有效	2019/12/28
11	中华人民共和国药品管理法	全国人民代表大会常务委员会	法律	有效	2019/8/26
12	中华人民共和国疫苗管理法	全国人民代表大会常务委员会	法律	有效	2019/6/29
13	中华人民共和国行政许可法	全国人民代表大会常务委员会	法律	有效	2019/4/23
14	中华人民共和国民办教育促进法	全国人民代表大会常务委员会	法律	有效	2018/12/29
15	中华人民共和国环境影响评价法	全国人民代表大会常务委员会	法律	有效	2018/12/29

续表

序号	标题	制定机关	法律性质	时效性	公布日期
16	中华人民共和国公共图书馆法	全国人民代表大会常务委员会	法律	有效	2018/10/26
17	中华人民共和国野生动物保护法	全国人民代表大会常务委员会	法律	有效	2018/10/26
18	中华人民共和国土壤污染防治法	全国人民代表大会常务委员会	法律	有效	2018/8/31
19	中华人民共和国国家情报法	全国人民代表大会常务委员会	法律	有效	2018/4/27
20	中华人民共和国精神卫生法	全国人民代表大会常务委员会	法律	有效	2018/4/27
21	中华人民共和国文物保护法	全国人民代表大会常务委员会	法律	有效	2017/11/4
22	中华人民共和国公证法	全国人民代表大会常务委员会	法律	有效	2017/9/1
23	中华人民共和国律师法	全国人民代表大会常务委员会	法律	有效	2017/9/1
24	中华人民共和国核安全法	全国人民代表大会常务委员会	法律	有效	2017/9/1
25	中华人民共和国测绘法	全国人民代表大会常务委员会	法律	有效	2017/4/27
26	中华人民共和国电影产业促进法	全国人民代表大会常务委员会	法律	有效	2016/11/7
27	中华人民共和国食品安全法	全国人民代表大会常务委员会	法律	有效	2021/4/29
28	中华人民共和国反间谍法	全国人民代表大会常务委员会	法律	有效	2014/11/1
29	中华人民共和国环境保护法	全国人民代表大会常务委员会	法律	有效	2014/4/24
30	中华人民共和国非物质文化遗产法	全国人民代表大会常务委员会	法律	有效	2011/2/25
31	中华人民共和国防震减灾法	全国人民代表大会常务委员会	法律	有效	2008/12/27
32	中华人民共和国消防法	全国人民代表大会常务委员会	法律	有效	2021/4/29

续表

序号	标题	制定机关	法律性质	时效性	公布日期
33	中华人民共和国科学技术进步法	全国人民代表大会常务委员会	法律	有效	2007/12/29
34	中华人民共和国旅游法	全国人民代表大会常务委员会	法律	有效	2018/10/26
35	中华人民共和国电子商务法	全国人民代表大会常务委员会	法律	有效	2018/8/31
36	中华人民共和国会计法	全国人民代表大会常务委员会	法律	有效	2017/11/4
37	中华人民共和国网络安全法	全国人民代表大会常务委员会	法律	有效	2016/11/7
38	中华人民共和国资产评估法	全国人民代表大会常务委员会	法律	有效	2016/7/2
39	中华人民共和国种子法	全国人民代表大会常务委员会	法律	有效	2015/11/4
40	中华人民共和国广告法	全国人民代表大会常务委员会	法律	有效	2021/4/29
41	中华人民共和国畜牧法	全国人民代表大会常务委员会	法律	有效	2015/4/24
42	中华人民共和国矿产资源法	全国人民代表大会常务委员会	法律	有效	2009/8/27
43	中华人民共和国社会保险法	全国人民代表大会常务委员会	法律	有效	2018/12/29
44	中华人民共和国职业病防治法	全国人民代表大会常务委员会	法律	有效	2018/12/29
45	中华人民共和国特种设备安全法	全国人民代表大会常务委员会	法律	有效	2013/6/29
46	中华人民共和国劳动合同法	全国人民代表大会常务委员会	法律	有效	2012/12/28
47	中华人民共和国军人保险法	全国人民代表大会常务委员会	法律	有效	2012/4/27
48	中华人民共和国人民调解法	全国人民代表大会常务委员会	法律	有效	2010/8/28

（三）涉及档案的司法解释

我国现有涉及档案的司法解释11部，见表2-2。

表2-2　　　　我国现有涉及档案的司法解释列表

序号	标题	制定机关	法律性质	时效性	公布日期
1	最高人民法院关于人民法院办理海峡两岸送达文书和调查取证司法互助案件的规定	最高人民法院	司法解释	有效	2011/6/14
2	最高人民法院关于审理侵犯专利权纠纷案件应用法律若干问题的解释	最高人民法院	司法解释	有效	2009/12/28
3	最高人民法院关于审理企业破产案件若干问题的规定	最高人民法院	司法解释	有效	2002/7/30
4	最高人民法院关于审理劳动争议案件适用法律问题的解释（一）	最高人民法院	司法解释	有效	2020/12/29
5	最高人民法院关于互联网法院审理案件若干问题的规定	最高人民法院	司法解释	有效	2018/9/6
6	最高人民法院关于人民法院庭审录音录像的若干规定	最高人民法院	司法解释	有效	2017/2/22
7	最高人民法院关于人民法院特邀调解的规定	最高人民法院	司法解释	有效	2016/6/28
8	最高人民法院关于审理政府信息公开行政案件若干问题的规定	最高人民法院	司法解释	有效	2011/7/29
9	最高人民法院关于审理行政许可案件若干问题的规定	最高人民法院	司法解释	有效	2009/12/14
10	最高人民法院、最高人民检察院关于办理与盗窃、抢劫、诈骗、抢夺机动车相关刑事案件具体应用法律若干问题的解释	最高人民法院、最高人民检察院	司法解释	有效	2007/5/9
11	最高人民法院关于行政诉讼证据若干问题的规定	最高人民法院	司法解释	有效	2002/7/24

二　档案法律研究述评

（一）数据来源与指标

档案法律研究，是了解并掌握档案法律订立、执行、改订情况的途径与窗口。

1. 检索词

以《中华人民共和国档案法》1个规范的法律名称，《档案法》、档案法、档案法律3个与《中华人民共和国档案法》相关，但使用不规范的关键词，作为检索词。

2. 数据来源

以知网数据库（https：//www.cnki.net/）、中国人大网国家法律法规数据库（https：//flk.npc.gov.cn/fl.html）、中国裁判文书网（https：//wenshu.court.gov.cn/）为样本来源。

其中知网数据库涉及：中国学术期刊网络出版总库、中国博士学位论文全文数据库、中国优秀硕士学位论文全文数据库、中国重要会议论文全文数据库、国际会议论文全文数据库、中国重要报纸全文数据库、中文图书、国家标准全文数据库、中国行业标准全文数据库、中国标准题录数据库、职业标准全文数据库、国家科技成果数据库和中国学术辑刊全文数据库。

3. 检索指标项

分别以篇名、主题、关键词、摘要、全文、被引文献、立法及制定法规规章依据（简称立法依据）、司法法律依据（简称司法依据）为检索指标项。

其中，篇名、主题、关键词、摘要、全文划入研究类，被引文献、立法依据、司法依据划入应用类。这样划分虽然不尽准确，但大体能够说明整体情况与趋势。

4. 检索年限

不限。

5. 检索时间

2021年6月27日。

6. 研究维度

从整体、研究、应用三个维度展开。

(二) 档案法律理论研究及应用研究整体情况

档案法律理论研究及应用研究文献量,见表 2-3。

表 2-3　　档案法律理论研究及应用研究文献量总表

序号	检索词	理论研究类					应用研究类		
		篇名	关键词	摘要	主题	全文	被引文献	司法依据	立法依据
1	《中华人民共和国档案法》	302	161	2307	888	19353	1734	2	1
2	《档案法》	2298	6608	7263	13046	70621	2672	0	1
3	档案法	2303	1586	7263	8817	70621	2762	183	1
4	档案法律	187	23	1057	3643	18994	429	0	0
合计		5090	8378	17890	26394	179589	7597	185	3
说明	①《》为现行法律名称及简称。②没有《》为法律名称的不规范使用,依照与研究主题相关度强弱排序。								

从表中文献量数据可以得出如下四个结论:

1. 理论研究类高于应用研究类

无论是纵向的全名、简称、检索词,还是横向的检索项,理论研究类文献数量大都超过应用研究类文献数量。理论研究强于应用研究,务虚超过务实,是档案法律研究的整体状态。

2. 自拟高于自动提取

无论是全名还是简称,自拟性的题名、摘要、关键词项文献数量要少于自动提取主题或是全文项。这种情况在理论研究和应用研究中同时存在。趋之浅泛,避之深专,这也是档案法律研究的特点之一。

3. 简称及不规范表述高于全名项

从数据量看,简称、不规范表述多高于全称表述。无论在理论研究,还是在应用研究中,都存在大量使用简称或不规范表述的情况,这表明档案法律理论研究及应用研究的规范性还有待提高。

4. "档案法律"几乎全项垫底

"档案法律"无论在理论研究的各项中，还是在应用研究的各项中；无论在具名中，还是在不规范表述中，数量几乎都是最少的，这表明"档案法律"主题在整个档案法律理论研究与应用研究中使用最少或应用最弱。

三 对档案法的具体分析

《档案法》是我国档案事业的根本法律，它历经数十载起草、修改才得以公布实施。在起草过程中，"根据宪法的规定，遵照党中央和国务院确定的有关档案工作的方针、政策和原则，并参阅外国一些档案立法的做法，在总结经验、着眼改革的基础上，经过广泛地调查研究和反复修改，先后共形成近30稿"[1]。1987年9月，该法由第六届全国人民代表大会常务委员会第22次会议通过并于1988年1月开始施行。《档案法》首次将规制档案工作提升到法律的高度。"《档案法》制定是有深厚的档案工作实践基础的。这部《档案法》的制定是从我国国情出发，是从我国档案工作的实际出发，是总结了我国30多年来档案工作经验的，因而它具有强大的力量，而且符合时代要求和改革的需要。"[2]

随着时代的发展和全面依法治国的推进，对依法治档提出了更高的要求，同时档案工作实践中也出现了一些突出的问题亟待解决。1996年《档案法》第一次修正，其目的是适应社会主义市场经济条件下档案管理出现的新情况，强调档案利用，突出国家档案馆在档案开放中的职责，强化档案部门的行政手段。2016年第二次修正，主要内容包括取消出卖、转让集体所有个人所有以及其他非国家的对国家和社会具有保存价值或应当保密的档案审批事项；增加严禁将档案卖给、赠送外国组织的规定。2007年，国家档案局启动了《档案法》修订工作，开展了大量的

---

[1] 韩毓虎：《国家档案局关于〈中华人民共和国档案法（草案）〉的说明》，《档案工作》1987年第10期。

[2] 吴宝康：《〈中华人民共和国档案法〉的理论意义》，《档案学研究》1988年第1期。

调查研究。在此期间，国家档案局在全国档案界召开了多次不同层次、不同行业的《档案法》修订座谈会，几易其稿。1987 版（1996 年和 2016 年修正）的《档案法》条文是 6 章 27 条，2015 年的《〈中华人民共和国档案法〉修订草案（送审稿）》是 9 章 88 条，2020 年 6 月全国人大常委会最终通过修订的《中华人民共和国档案法》条文是 8 章 53 条。

2015 年的《〈中华人民共和国档案法〉修订草案（送审稿）》增加与修订的内容较多，如鼓励和支持档案中介服务、缩短进馆时间（市级为满 10 年、县级为满 5 年）、档案的信息化建设、缩短开放时间为满 20 年等。除此之外，还增加了档案的权属和处置、档案信息化与电子档案管理、档案工作的监督与管理三章内容。

2020 版的《中华人民共和国档案法》（以下简称新《档案法》）则对 2015 年的《〈中华人民共和国档案法〉修订草案（送审稿）》进行了大量的删改，删除了"档案的权属和处置"一章及其条款共计 35 条，最终确定为 8 章 53 条。

（一）对新《档案法》规制档案工作内容的分析

1. 规制的内容

（1）规制法定档案的概念

所谓法定档案，指的是档案法所称的"档案"，也就是新《档案法》第二条的规定："本法所称档案，是指过去和现在的机关、团体、企业事业单位和其他组织以及个人从事经济、政治、文化、社会、生态文明、军事、外事、科技等方面活动直接形成的对国家和社会具有保存价值的各种文字、图表、声像等不同形式的历史记录。"[①] 这与 1987 年颁布的档案法以及分别于 1996 年、2016 年修正的档案法所称"档案"的表述基本一致。虽然新《档案法》将"国家机构、社会组织"改为"机关、团体、企业事业单位和其他组织"，这只是对产生档案单位名称的改变，不是档案核心内容的改变。增加了"社会、生态文明、外事"，去掉了

---

① 《中华人民共和国档案法》，2020 年 6 月 20 日，http：//www.npc.gov.cn/npc/c30834/202006/14a5f4f6452a420a97ccf2d3217f6292.shtml，2021 年 9 月 5 日。

"宗教"，这只是对产生档案的领域做了一些修订，也不属于档案核心内容的改变。档案的核心内容，也就是其核心限定词没有变化，仍然是"对国家和社会具有保存价值的"，也就是说，法定档案指的是"对国家和社会具有保存价值的"档案。

新《档案法》规制档案的核心限定词是"对国家和社会具有保存价值的"，这是档案法律一以贯之的原则和要求。也就是说，凡是"对国家和社会具有保存价值的"档案就是法定意义上的档案，就是档案法规制的档案；反之，凡不是"对国家和社会具有保存价值的"档案，就不属于法定意义上的档案，也就不是档案法规制的档案。

（2）规制法定档案的范围

旧档案法虽然规制了法定"档案"的概念，但是，对于什么是"对国家和社会具有保存价值的"档案，并没有具体的解释，也没有具体的范围，这是其存在的缺陷。新《档案法》弥补了旧档案法这一缺陷，专门用一条来进行规制，即新《档案法》第十三条规定："直接形成的对国家和社会具有保存价值的下列材料，应当纳入归档范围：（一）反映机关、团体组织沿革和主要职能活动的……"[①] 这条规定就是法定档案的具体范围和内容，除此之外其他的档案都不属于档案法调整的范围。

（3）规制对法定档案的管理

新《档案法》对档案管理工作的主要环节进行了具体规制。

①收集。新《档案法》涉及"收集"一词的条款有9处9条，如新《档案法》第十条规定："中央和县级以上地方各级各类档案馆，是集中管理档案的文化事业机构，负责收集、整理、保管和提供利用各自分管范围内的档案。"[②]

②鉴定。新《档案法》第二十一条规定："鉴定档案保存价值的原则、保管期限的标准以及销毁档案的程序和办法，由国家档案主管部门

[①] 《中华人民共和国档案法》，2020年6月20日，http://www.npc.gov.cn/npc/c30834/202006/14a5f4f6452a420a97ccf2d3217f6292.shtml，2021年9月5日。

[②] 《中华人民共和国档案法》，2020年6月20日，http://www.npc.gov.cn/npc/c30834/202006/14a5f4f6452a420a97ccf2d3217f6292.shtml，2021年9月5日。

制定。"①

③整理。新《档案法》涉及"整理"一词的条款有 11 处 10 条，如新《档案法》第十条规定："……档案馆……负责收集、整理……档案。"②

④保管。新《档案法》涉及"保管"一词的条款有 10 处 8 条，如新《档案法》第三十九条第三款规定："档案馆可以对重要电子档案进行异地备份保管。"③

⑤编研。新《档案法》第三十三条第二款规定："档案馆应当配备研究人员，加强对档案的研究整理，有计划地组织编辑出版档案材料，在不同范围内发行。"④

⑥利用。新《档案法》涉及"利用"一词的条款有 31 处 24 条，并专列一章"第四章档案的利用和公布"对档案利用进行规制。如新《档案法》第四条规定："档案工作实行统一领导、分级管理的原则，维护档案完整与安全，便于社会各方面的利用。"⑤

（4）规制法定档案的信息化

新《档案法》专门设置"档案信息化建设"一章共 7 条，对于做好档案信息化工作，促进档案信息化建设具有积极的作用和意义。

①加强档案信息化建设，保障档案信息安全。新《档案法》第三十五条第二款规定："档案馆和机关、团体、企业事业单位以及其他组织应当加强档案信息化建设，并采取措施保障档案信息安全。"⑥

②推进电子档案管理信息系统建设，促进其与办公业务系统相互衔

---

① 《中华人民共和国档案法》，2020 年 6 月 20 日，http：//www.npc.gov.cn/npc/c30834/202006/14a5f4f6452a420a97ccf2d3217f6292.shtml，2021 年 9 月 5 日。

② 《中华人民共和国档案法》，2020 年 6 月 20 日，http：//www.npc.gov.cn/npc/c30834/202006/14a5f4f6452a420a97ccf2d3217f6292.shtml，2021 年 9 月 5 日。

③ 《中华人民共和国档案法》，2020 年 6 月 20 日，http：//www.npc.gov.cn/npc/c30834/202006/14a5f4f6452a420a97ccf2d3217f6292.shtml，2021 年 9 月 5 日。

④ 《中华人民共和国档案法》，2020 年 6 月 20 日，http：//www.npc.gov.cn/npc/c30834/202006/14a5f4f6452a420a97ccf2d3217f6292.shtml，2021 年 9 月 5 日。

⑤ 《中华人民共和国档案法》，2020 年 6 月 20 日，http：//www.npc.gov.cn/npc/c30834/202006/14a5f4f6452a420a97ccf2d3217f6292.shtml，2021 年 9 月 5 日。

⑥ 《中华人民共和国档案法》，2020 年 6 月 20 日，http：//www.npc.gov.cn/npc/c30834/202006/14a5f4f6452a420a97ccf2d3217f6292.shtml，2021 年 9 月 5 日。

接。新《档案法》第三十六条规定："机关、团体、企业事业单位和其他组织应当积极推进电子档案管理信息系统建设，与办公自动化系统、业务系统等相互衔接。"①

③推进档案数字化，妥善保管其原件。新《档案法》第三十八条规定："国家鼓励和支持档案馆和机关、团体、企业事业单位以及其他组织推进传统载体档案数字化。已经实现数字化的，应当对档案原件妥善保管。"②

④移交电子档案，确保其真实安全。新《档案法》第三十九条规定："电子档案应当通过符合安全管理要求的网络或者存储介质向档案馆移交。档案馆应当对接收的电子档案进行检测，确保电子档案的真实性、完整性、可用性和安全性。档案馆可以对重要电子档案进行异地备份保管。"③

⑤建设数字档案馆，推进档案信息共享利用。新《档案法》第四十条规定："档案馆负责档案数字资源的收集、保存和提供利用。有条件的档案馆应当建设数字档案馆。"

（5）规制法定档案的安全管理

新《档案法》提高了对法定档案的安全管理要求。新《档案法》用了大量的篇幅对档案安全进行了规制，其中涉及"安全"一词的有24处，涉及条款达13条之多，可见新《档案法》对档案安全规制的重视程度。

新《档案法》对档案安全进行了全面的规制，表现在制度、硬件、能力、保障、监管五个方面。

①档案安全制度与机制建设。如新《档案法》第十九条规定："档案馆以及机关、团体、企业事业单位和其他组织的档案机构应当建立科学的管理制度，便于对档案的利用；按照国家有关规定配置适宜档案保

---

① 《中华人民共和国档案法》，2020年6月20日，http://www.npc.gov.cn/npc/c30834/202006/14a5f4f6452a420a97ccf2d3217f6292.shtml，2021年9月5日。

② 《中华人民共和国档案法》，2020年6月20日，http://www.npc.gov.cn/npc/c30834/202006/14a5f4f6452a420a97ccf2d3217f6292.shtml，2021年9月5日。

③ 《中华人民共和国档案法》，2020年6月20日，http://www.npc.gov.cn/npc/c30834/202006/14a5f4f6452a420a97ccf2d3217f6292.shtml，2021年9月5日。

存的库房和必要的设施、设备,确保档案的安全。"①

②档案安全"硬件"建设。如新《档案法》第十九条规定:"配置适宜档案保存的库房和必要的设施、设备,确保档案的安全;采用先进技术,实现档案管理的现代化。"②

③档案安全风险管控能力建设。如新《档案法》第十九条第二款规定:"加强档案安全风险管理,提高档案安全应急处置能力。"③

④保障档案安全。保障档案安全主要有两个方面:一是保障档案实体的安全;二是保障档案信息的安全。在保障档案实体的安全方面,如新《档案法》第四十四条规定:"档案馆和机关、团体、企业事业单位以及其他组织发现本单位存在档案安全隐患的,应当及时采取补救措施,消除档案安全隐患。发生档案损毁、信息泄露等情形的,应当及时向档案主管部门报告。"④ 在保障档案信息的安全方面,如新《档案法》第二十条规定:"涉及国家秘密的档案的管理和利用,密级的变更和解密,应当依照有关保守国家秘密的法律、行政法规规定办理。"⑤

⑤档案安全监管。档案安全监管工作也是档案安全体系建设的重要环节,法律规制的档案安全监管工作涉及五个方面的内容:一是对档案信息化建设中安全的监管;二是对档案安全隐患的监管;三是对非国有档案安全的监管;四是对档案外包服务的安全监督;五是对档案安全事故的查处。

(6)对档案主管部门工作的规制

①对档案主管部门工作范围的规制。按照新《档案法》的规定,档案主管部门的工作范围是产生或保存有"对国家和社会具有保存价值

---

① 《中华人民共和国档案法》,2020年6月20日,http://www.npc.gov.cn/npc/c30834/202006/14a5f4f6452a420a97ccf2d3217f6292.shtml,2021年9月5日。

② 《中华人民共和国档案法》,2020年6月20日,http://www.npc.gov.cn/npc/c30834/202006/14a5f4f6452a420a97ccf2d3217f6292.shtml,2021年9月5日。

③ 《中华人民共和国档案法》,2020年6月20日,http://www.npc.gov.cn/npc/c30834/202006/14a5f4f6452a420a97ccf2d3217f6292.shtml,2021年9月5日。

④ 《中华人民共和国档案法》,2020年6月20日,http://www.npc.gov.cn/npc/c30834/202006/14a5f4f6452a420a97ccf2d3217f6292.shtml,2021年9月5日。

⑤ 《中华人民共和国档案法》,2020年6月20日,http://www.npc.gov.cn/npc/c30834/202006/14a5f4f6452a420a97ccf2d3217f6292.shtml,2021年9月5日。

的"档案的"档案馆和机关、团体、企业事业单位以及其他组织""非国有企业、社会服务机构等单位和个人"。

②对档案主管部门工作内容的规制。档案主管部门工作内容主要是对产生或保存有"对国家和社会具有保存价值的"档案的"档案馆和机关、团体、企业事业单位以及其他组织""非国有企业、社会服务机构等单位和个人"所涉及的档案和档案工作进行监管。

③对档案主管部门工作行为的规制。如新《档案法》第四十七条规定:"档案主管部门及其工作人员应当按照法定的职权和程序开展监督检查工作,做到科学、公正、严格、高效,不得利用职权牟取利益,不得泄露履职过程中知悉的国家秘密、商业秘密或者个人隐私。"①

(7)对档案馆工作的规制

1987版档案法共26条,明指档案馆的有10条,占38.46%。暗指档案馆的,即没有直接提及"档案馆",但实际指的是档案馆的或主要指的是档案馆的有7条。如第四条"维护档案完整与安全,便于社会各方面的利用",能够向社会各方面提供利用的主要是档案馆。它们的占比是26.92%,与"明指"的合计共17条,两项合计占比是65.38%。新《档案法》总共53条的条文中,提及"档案馆"的就有25条,占47.10%。没有直接提及"档案馆"的,但实际指的是档案馆的或主要指的是档案馆的有10条,占比是18.86%,与"明指"的合计共35条,两项合计总占比是66.03%。从中可以看出,涉及档案馆的条款比重很大,占到了总条款的近2/3。新旧档案法中涉及档案馆的条款如此之多,可以说档案法是一部以监管档案馆为主的行政法,也是一部调整档案馆与其他有关方面各种关系的法律。

①对档案馆保管档案范围的规制。新《档案法》规制的档案馆保管档案的范围可以分为两部分:一是核心部分,即档案馆按照新《档案法》第十五条规定的范围接收档案;二是补充部分,即按照新《档案

---

① 《中华人民共和国档案法》,2020年6月20日,http://www.npc.gov.cn/npc/c30834/202006/14a5f4f6452a420a97ccf2d3217f6292.shtml,2021年9月5日。

法》第十七条规定的范围收集档案作为档案馆馆藏的补充。尽管这一部分的数量很少，但因其是"对国家和社会具有保存价值的"，对丰富馆藏档案具有不可或缺的积极意义。档案馆不能随意扩大或者缩小保管档案的范围，必须依法依规接收和征集，因为《中华人民共和国档案法实施办法》第二十六条规定对于"违反国家规定擅自扩大或者缩小档案接收范围的"[①] 要给予处罚。

②对档案馆工作内容的规制。新《档案法》对档案管理工作主要环节内容的规制，同样适用于档案馆工作。

③对档案馆其他方面的规制。2018年档案机构改革，档案局馆分设，地方同级档案局和综合档案馆从局馆合一的机构，分别成为具有档案行政管理权限的档案主管部门和具有独立法人资格专门管理档案的文化事业单位。新《档案法》在第四十二条、第四十四条等内容中对此给予了明确的法定身份，并对其各自履行的职能和关系进一步做出了具体的规制，明确了档案主管部门与档案馆的监督与被监督的关系。档案主管部门是档案行政管理者、监督者，而档案馆则是档案行政相对人，是被管理者、被监督者。

（8）对机关等单位档案工作的规制

①对机关等单位保管档案范围的规制。机关、团体、企业事业单位和其他组织保管档案范围，按照新《档案法》第九条"机关、团体、企业事业单位和其他组织应当确定档案机构或者档案工作人员负责管理本单位的档案"，第十三条、第十四条"应当归档的材料，按照国家有关规定定期向本单位档案机构或者档案工作人员移交"[②] 的规定，就是本单位保管档案的范围。

②对机关等单位档案工作内容的规制。新《档案法》对档案管理工作主要环节内容的规制，同样适用于机关、团体等单位的档案工作。

[①] 《中华人民共和国档案法实施办法》，1990年11月19日，https：//flk.npc.gov.cn/detail2.html?ZmY4MDgwODE2ZjNjYmIzYzAxNmY0MTAxYmIwZTExMDU，2021年8月1日。

[②] 《中华人民共和国档案法》，2020年6月20日，http：//www.npc.gov.cn/npc/c30834/202006/14a5f4f6452a420a97ccf2d3217f6292.shtml，2021年9月5日。

③对机关等单位赋予相对权力的规制。一是赋予档案移交权；二是赋予档案开放审核权；三是赋予安全保密权。"当然，机关也不可滥用这种安全保密权，只要档案主管部门符合安全保密要求，机关则需要无条件的配合。"①

（9）对档案服务企业的规制

新《档案法》第二十四条规定："档案馆和机关、团体、企业事业单位以及其他组织委托档案整理、寄存、开发利用和数字化等服务的，应当与符合条件的档案服务企业签订委托协议，约定服务的范围、质量和技术标准等内容，并对受托方进行监督。受托方应当建立档案服务管理制度，遵守有关安全保密规定，确保档案的安全。"② 这一条规定了档案服务企业的服务内容和相关要求。

（二）存在的不足

对于新《档案法》存在的不足，徐琳、王和民认为新《档案法》在内容与形式上仍有一定程度的不足与欠缺，依法行政与依法治档的理念未全面有效地结合，较少关注档案使用者或第三方的合法权益③。孙大东认为新《档案法》对当前法学界重点关注的法律域外适用以及事关民生的私人档案及其监管、已公开信息的开放等三个问题的解决并不彻底④。孟祥喜认为新《档案法》存在七大问题：一是档案馆设立要求、程序不明确，导致机关档案部门性质不一，档案馆设立、运行无章可循；二是中央国家机关档案部门权力设置矛盾，导致赋权不清晰；三是未对"属于国家所有档案"进行解释、界定，导致部分法条有成为"口袋罪"的可能；四是档案公布、开放授权上瓶颈依然存在，导致档案开放利用受限；五是未涉及档案域外适用条款，导致中方企业、个人所有的档案在国外受到非法侵害时维权方式有限；六是违法成本低，导致对档案违

---

① 瞿静：《谈新〈档案法〉对机关档案工作规范的新特点》，《档案管理》2021年第1期。
② 《中华人民共和国档案法》，2020年6月20日，http：//www.npc.gov.cn/npc/c30834/202006/14a5f4f6452a420a97ccf2d3217f6292.shtml，2021年9月5日。
③ 徐琳、王和民：《行政法视角下的档案立法探讨》，《档案学通讯》2020年第5期。
④ 孙大东：《新〈档案法〉尚需彻底解决的三个问题》，《档案管理》2021年第1期。

法行为主体的威慑力有限；七是部分条款的违法行为无对应处罚措施，导致相关法条难以有效执行①。

除了上述不足，从总体上看，新《档案法》的定位并不明确。如果将新《档案法》作为母法，那么一些规定不够原则，比如电子档案和档案信息化建设的表述就过于具体。

档案法是综合法吗？看似像综合法，其中规范的有档案主管部门，档案馆，机关、团体、企业事业单位和其他组织的档案机构，非国有企业、社会服务机构等单位和个人形成的对国家和社会具有重要保存价值或者应当保密的档案，以及档案服务企业等，似乎面面俱到。但也存在畸轻畸重的问题，如对档案馆的规范占比很高，旧档案法中涉及档案馆的条款占比为65.38%，新《档案法》中涉及档案馆的条款占比达到了66.03%。而畸轻的如档案教育，仅有一款"国家采取措施，加强档案宣传教育，增强全社会档案意识"，而且这一款是规范社会公众的，而不是档案队伍的学历教育和继续教育，可以说后者就是档案法的空白。同时，新《档案法》作为宏观综合法的面也不够宽，不然就不会有40多部其他法律出现那么多有关档案的规定。所以，如果说新《档案法》是综合法的话，显然名不副实。

档案法是行政法吗？似乎也不是。虽然新《档案法》专门增加了一章6条来规范档案行政监督检查工作，但比起规范档案馆的条款就显得过于单薄了。

档案法是档案馆法吗？新《档案法》中规范档案馆的条款占比达66.03%，从这一数字来看，真像档案馆法。但作为专业法既不够专业也不够细致，它不是对档案馆专业系统的专门规制。

从微观上来看，新《档案法》增加一章"档案信息化建设"，这也是其亮点之一。从新增的"档案信息化建设"看，确实是对信息技术时代对档案工作挑战的回应，"新《档案法》突出档案信息化建设的要求，既反映了新技术环境下档案工作的现实走向，又扫清了实践发展中各领

---

① 孟祥喜：《新〈档案法〉存在的若干问题分析》，《档案学通讯》2020年第6期。

域的相关阻碍,体现了立法科学性和先进性的统一。"① 但也应当看到,现在是一个信息技术迅速发展迭代的时代,而新《档案法》规范的档案信息化建设内容,可能还没有建设普及就会被更新的技术所替代,这样新《档案法》看似有前瞻性,实际上很难赶上技术发展的速度。新《档案法》对于"档案信息化建设"用了大量不确定的词语表述,如"推进""鼓励""可以""有条件""应当""推进""推动"等,都不是肯定和强制性的词语。法律既是强制性的,又是"底线"性的,而不是鼓励性的。将大量希望做的和准备做的档案工作写入法律,一是降低了档案法的权威性,二是并不一定能起到促进档案信息化建设的作用。此外,新《档案法》还存在一些空白,如既没有列入发展方向的档案单套制问题,又没有列出档案信息化(电子档案、数字化档案)与纸质档案是什么关系等问题。

  增加"监督检查"一章,也是新《档案法》的亮点之一。其将档案馆列入监督检查对象,是解决多年来存在的"对档案馆的执法就几乎成为档案行政执法的空白处,甚至可以说档案馆一直游离在档案法治之外"② 现象的重要措施。"新《档案法》明确档案主管部门的监督检查职权。一方面,是档案工作坚持总体国家安全观的具体体现,传递了以确保档案安全为首要目标的档案工作观念。另一方面,再次体现了档案机构改革后局馆的职能划转,并以法律的形式明确和巩固了档案主管部门的行政管理职责。既有助于确保档案主管部门在履行相应职责时执行有力,又能避免在履职过程中越位、错位或缺位现象的出现。"③ 但是,这一规范似乎又存在有没有授权之嫌。因为,在新《档案法》第二章"档案机构及其职责"中的第八条第二款的规定是"县级以上地方档案主管部门主管本行政区域内的档案工作,对本行政区域内机关、团体、企业事业单位和其他组织的档案工作实行监督和指导"④。其中并没有规定对

---

① 嘎拉森:《新〈档案法〉的进步性》,《档案学通讯》2020 年第 6 期。
② 刘东斌:《依法行政,局馆分设后地方档案行政管理部门的当务之急与需补之课——新旧体制转换地方同级档案局馆定位与关系研究之三》,《档案管理》2020 年第 6 期。
③ 嘎拉森:《新〈档案法〉的进步性》,《档案学通讯》2020 年第 6 期。
④ 《中华人民共和国档案法》,2020 年 6 月 20 日,http://www.npc.gov.cn/npc/c30834/202006/14a5f4f6452a420a97ccf2d3217f6292.shtml,2021 年 9 月 5 日。

本行政区域内的档案馆实行监督和指导。第二章"档案机构及其职责"应该看作是机构授权条款，如果这里没有授权，那么就没有这种权力。这就出现了一个尴尬现象，如果按照第八条第二款的授权条款，档案主管部门没有对本行政区域内的档案馆实行监督和指导的权力；而如果按照第六章"监督检查"条款的规定，档案主管部门虽有对本行政区域内的档案馆实行监督检查的权力，但没有行政指导的权力。

四 对涉及档案的法律的具体分析

涉及档案的法律有 48 部之多，关联许多行业，其共同点是内容大都涉及各种专业档案，是对专业档案或行业与档案有关工作的规制，但规制的内容又各不相同。

（一）规制的内容

1. 规制具体举例型档案概念、监管主体和监管处罚等内容

所谓具体举例型档案概念，就是通过列举档案组成部分的事物和具体范围来确定其概念。

如《中华人民共和国畜牧法》第四十一条规定："畜禽养殖场应当建立养殖档案，载明以下内容：（一）畜禽的品种、数量、繁殖记录、标识情况、来源和进出场日期……"①

2. 规制建档、监管主体和监管处罚等相关内容

如《中华人民共和国文物保护法》第七十五条规定："有下列行为之一的，由县级以上人民政府文物主管部门责令改正：……（五）文物收藏单位未按照国家有关规定建立馆藏文物档案、管理制度，或者未将馆藏文物档案、管理制度备案的。"②

3. 规制具体建档内容

如《中华人民共和国村民委员会组织法》第三十四条规定："村务档

---

① 《中华人民共和国畜牧法》，2005 年 12 月 29 日，http://www.npc.gov.cn/npc/c198/200512/2c70bb602fd1400cb8cb4988f3c72f58.shtml，2021 年 8 月 11 日。

② 《中华人民共和国文物保护法》，1982 年 11 月 19 日，http://www.npc.gov.cn/npc/c198/200712/f490060ab8ab4713b5fc9237ef42dbb0.shtml，2021 年 8 月 11 日。

案包括：选举文件和选票，会议记录，土地发包方案和承包合同……"①

4. 规制建档要求

如《中华人民共和国非物质文化遗产法》第十二条规定："文化主管部门和其他有关部门进行非物质文化遗产调查，应当对非物质文化遗产予以认定、记录、建档，建立健全调查信息共享机制。"②

5. 对档案法规定的具体细化

如《中华人民共和国电影产业促进法》第四十六条规定："县级以上人民政府电影主管部门应当加强对电影活动的日常监督管理，受理对违反本法规定的行为的投诉、举报，并及时核实、处理、答复；将从事电影活动的单位和个人因违反本法规定受到行政处罚的情形记入信用档案，并向社会公布。"③

6. 关联档案法等法律

如《中华人民共和国公共图书馆法》第十条第二款规定："馆藏文献信息属于文物、档案或者国家秘密的，公共图书馆应当遵守有关文物保护、档案管理或者保守国家秘密的法律、行政法规规定。"④

7. 对利用档案作出规定

如《中华人民共和国国家情报法》第十六条规定："国家情报工作机构工作人员依法执行任务时，按照国家有关规定，经过批准，出示相应证件，可以进入限制进入的有关区域、场所，可以向有关机关、组织和个人了解、询问有关情况，可以查阅或者调取有关的档案、资料、物品。"⑤

（二）存在的不足

1. 规范专业档案种类少

涉及档案的法律大部分是规范专业档案工作的，虽然法律有48部之

---

① 《中华人民共和国村民委员会组织法》，1998年11月4日，http：//www.npc.gov.cn/npc/c30834/201901/188c0c39fd8745b1a3f21d102a57587a.shtml，2021年8月11日。

② 《中华人民共和国非物质文化遗产法》，2011年2月25日，http：//www.npc.gov.cn/npc/c12488/201102/ec8c85a83d9e45a18bcea0ea7d81f0ce.shtml，2021年8月11日。

③ 《中华人民共和国电影产业促进法》，2016年11月7日，http：//www.npc.gov.cn/zgrdw/npc/xinwen/2016-11/07/content_2001625.htm，2021年8月11日。

④ 《中华人民共和国公共图书馆法》，2017年11月4日，http：//www.npc.gov.cn/npc/c12435/201811/3885276ceafc4ed788695e8c45c55dcc.shtml，2021年8月11日。

⑤ 《中华人民共和国国家情报法》，2017年6月27日，http：//www.npc.gov.cn/npc/c30834/201806/483221713dac4f31bda7f9d951108912.shtml，2021年8月11日。

多，涉及的专业档案种类有 21 种，但其中只有 7 种是国家基本专业档案目录中的专业档案，与国家基本专业档案目录中的 100 种专业档案相比，还存在较大的差距，空白点很多。

2. 规范具体专业档案工作少

有 21 部法律直接涉及档案和档案工作，但内容大都是简单的建档要求，并没有具体的内容和监管措施。有归档的具体内容、监管的方法、具体处罚规定的规范只有两三部。

3. 不同法律在法律责任设置上存在不一致

涉及档案的法律之间在法律责任的设置上存在着不一致的现象。例如，对于未建档违法行为的法律责任，《中华人民共和国特种设备安全法》第八十三条规定是："逾期未改正的，责令停止使用有关特种设备，处一万元以上十万元以下罚款。"[①] 而《中华人民共和国畜牧法》第六十六条规定是："违反本法第四十一条规定……，可以处一万元以下罚款。"[②] 两者的处罚相差悬殊。

五 对涉及档案的司法解释的具体分析

涉及档案的司法解释有 11 部，其中一部是关于与档案法律协调的解释，一部是关于证据效力的解释，其他的都是对具体档案的归档、管理和利用等问题的解释。

其规制的内容如下：

（一）与档案法和相关法规协调的解释

与档案法和相关法规协调的司法解释是《最高人民法院关于审理政府信息公开行政案件若干问题的规定》，其第七条规定："政府信息由被告的档案机构或者档案工作人员保管的，适用《中华人民共和国政府信息公开条例》的规定。政府信息已经移交各级国家档案馆的，依照有关

[①]《中华人民共和国特种设备安全法》，2013 年 6 月 29 日，http：//www.npc.gov.cn/npc/c12488/201306/27f90eb695784986be68532371faf143.shtml，2021 年 8 月 11 日。

[②]《中华人民共和国畜牧法》，2005 年 12 月 29 日，http：//www.npc.gov.cn/npc/c198/200512/2c70bb602fd1400cb8cb4988f3c72f58.shtml，2021 年 8 月 11 日。

档案管理的法律、行政法规和国家有关规定执行。"① 它不仅界定了《中华人民共和国政府信息公开条例》与档案法的管辖范围，也解决了一些学者认为的"文件在政府机关已经予以公布，待归档保存一定年限移交档案馆后反倒要经历'形成满30年'的考察，从逻辑推理上似乎具有讽刺意义，从现实执行上似乎也存在程序矛盾"②的现象。新《档案法》也采纳了《最高人民法院关于审理政府信息公开行政案件若干问题的规定》第七条规定，增加了相同规定内容的条款。

（二）关于证据效力的解释

关于证据效力的解释是《最高人民法院关于行政诉讼证据若干问题的规定》，其第六十三条规定："证明同一事实的数个证据，其证明效力一般可以按照下列情形分别认定：……（二）鉴定结论、现场笔录、勘验笔录、档案材料以及经过公证或者登记的书证优于其他书证、视听资料和证人证言。"③

（三）对具体档案的归档、管理和利用等问题的解释

《最高人民法院关于人民法院办理海峡两岸送达文书和调查取证司法互助案件的规定》第二十七条规定："人民法院在办理海峡两岸司法互助案件中收到、取得、制作的各种文件和材料，应当以原件或者复制件形式，作为诉讼档案保存。"④

《最高人民法院关于审理侵犯专利权纠纷案件应用法律若干问题的解释》第三条规定："人民法院对于权利要求，可以运用说明书及附图、权利要求书中的相关权利要求、专利审查档案进行解释。说明书对权利

---

① 《最高人民法院关于审理政府信息公开行政案件若干问题的规定》，2010年12月13日，https：//www.court.gov.cn/shenpan-xiangqing-3111.html，2021年8月11日。
② 陈永生：《从政务公开制度反思档案开放——档案开放若干问题研究之二》，《浙江档案》2007年第7期。
③ 《最高人民法院关于行政诉讼证据若干问题的规定》，2002年10月1日，https：//flk.npc.gov.cn/detail2.html？NDAyODgxZTQ1ZmZiYmU0MTAxNWZmYzNIZDYwZTA32TA，2021年8月11日。
④ 《最高人民法院关于人民法院办理海峡两岸送达文书和调查取证司法互助案件的规定》，2010年12月16日，https：//flk.npc.gov.cn/detail2.html？NDAyODgxZTQ2MDA1MjMwZDAxNjAwNWI0ZmQyNDA3OTY，2021年8月11日。

要求用语有特别界定的，从其特别界定。"①

《最高人民法院关于审理企业破产案件若干问题的规定》第五十条规定："清算组的主要职责是：（一）接管破产企业。向破产企业原法定代表人及留守人员接收原登记造册的资产明细表、有形资产清册，接管所有财产、账册、文书档案、印章、证照和有关资料。破产宣告前成立企业监管组的，由企业监管组和企业原法定代表人向清算组进行移交……"②

《最高人民法院关于审理劳动争议案件适用法律问题的解释（一）》规定："（四）劳动者与用人单位解除或者终止劳动关系后，请求用人单位返还其收取的劳动合同定金、保证金、抵押金、抵押物发生的纠纷，或者办理劳动者的人事档案、社会保险关系等移转手续发生的纠纷……"③

《最高人民法院关于互联网法院审理案件若干问题的规定》第二十一条规定："互联网法院应当利用诉讼平台随案同步生成电子卷宗，形成电子档案。案件纸质档案已经全部转化为电子档案的，可以电子档案代替纸质档案进行上诉移送和案卷归档。"④

《最高人民法院关于人民法院庭审录音录像的若干规定》第五条规定："人民法院应当使用专门设备在线或离线存储、备份庭审录音录像。因设备故障等原因导致不符合技术标准的录音录像，应当一并存储。庭审录音录像的归档，按照人民法院电子诉讼档案管理规定执行。"⑤

《最高人民法院关于人民法院特邀调解的规定》第十条规定："人民

---

① 《最高人民法院关于审理侵犯专利权纠纷案件应用法律若干问题的解释》，2009 年 12 月 21 日，https：//flk. npc. gov. cn/detail2. html？ NDAyODgxZTQ2MDAwZTI3OTAxNjAwMTcwMzFiYzA0YjA，2021 年 8 月 11 日。

② 《最高人民法院关于审理企业破产案件若干问题的规定》，2002 年 9 月 1 日，http：//www. njgl. gov. cn/ztzl47815/yhyshjzc/fy/202112/t20211220_ 3235931. html，2021 年 8 月 11 日。

③ 《最高人民法院关于审理劳动争议案件适用法律问题的解释（一）》，2020 年 12 月 25 日，https：//www. court. gov. cn/fabu/xiangqing/282121. html，2021 年 8 月 11 日。

④ 《最高人民法院关于互联网法院审理案件若干问题的规定》，2018 年 9 月 3 日，https：//flk. npc. gov. cn/detail2. html？ MmM5MGU1YmE2NWM2OGNmNzAxNjdmMmU1NDRmZjUwMTI，2021 年 8 月 11 日。

⑤ 《最高人民法院关于人民法院庭审录音录像的若干规定》，2017 年 1 月 25 日，https：//flk. npc. gov. cn/detail2. html？ NDAyODgxZTQ1ZmZiYmU0MTAxNWZmYmY1MTQzZjAyYzQ，2021 年 8 月 11 日。

法院应当建立特邀调解组织和特邀调解员业绩档案，定期组织开展特邀调解评估工作，并及时更新名册信息。"①

《最高人民法院关于审理行政许可案件若干问题的规定》第十二条规定："被告无正当理由拒绝原告查阅行政许可决定及有关档案材料或者监督检查记录的，人民法院可以判决被告在法定或者合理期限内准予原告查阅。"②

《最高人民法院、最高人民检察院关于办理与盗窃、抢劫、诈骗、抢夺机动车相关刑事案件具体应用法律若干问题的解释》第三条规定："依照刑法第三百九十七条第一款的规定，以滥用职权罪定罪，处三年以下有期徒刑或者拘役……（三）违规或者指使他人违规更改、调换车辆档案的……"③

第二节　档案法律与档案工作规范体系建设的思考

档案法律在档案工作规范体系建设中是规范档案工作的重要原则和基础。

一　法定档案与学理档案辨析

档案法律要规范档案工作，先要明确档案法律规范中的档案是什么，这是档案法律规范档案工作的基础。档案法律不可能规范所有的档案和档案工作，其规范的范围是有限的。因此，档案法律必须明晰其规范档

---

① 《最高人民法院关于人民法院特邀调解的规定》，2016 年 5 月 23 日，https：//flk. npc. gov. cn/detail2. html? NDAyODgxZTQ1ZmZiYmU0MTAxNWZmYmNkMDgxMDAwNWY，2021 年 8 月 11 日。

② 《最高人民法院关于审理行政许可案件若干问题的规定》，2009 年 11 月 9 日，https：// flk. npc. gov. cn/detail2. html? NDAyODgxZTQ1ZmZiYmU0MTAxNWZmYmNkMDgxMDAwNWY，2021 年 8 月 11 日。

③ 《最高人民法院、最高人民检察院关于办理与盗窃、抢劫、诈骗、抢夺机动车相关刑事案件具体应用法律若干问题的解释》，2007 年 5 月 9 日，https：//www. spp. gov. cn/tzggl/200705/t20070511_ 21524. shtml，2021 年 8 月 11 日。

案的范围，而这个范围就是法定档案。

所谓法定档案，指的是档案法中所称的档案，确切地说就是法定档案的范围，而不是学理档案。法定档案与学理档案是不同的。所谓学理档案，指的是档案学研究中所说的档案。这两种档案称谓相同，但各自的内涵、外延有所差别，适用范围也不一样。打个比方，就是同名同姓不同人。然而，学界对这两种同名档案的差别及适用却研究不多，甚至说基本上没有研究，不少学者将二者混为一谈，最典型的就是用学理档案概念来研究档案法律或档案法规制下的档案工作，导致研究失范和档案工作无所适从。探讨法定档案与学理档案的区别，不只是辨析两种同名档案的概念定义问题，它既涉及了档案法律的贯彻执行，又涉及了档案学基础理论的研究。为此，在贯彻档案法律规范档案工作时，就必须明晰法定档案，厘清法定档案与学理档案的区别。

（一）法定档案与学理档案定义概念的区别

法定档案，指的是档案法所称的档案，也就是新《档案法》第二条规定的："本法所称档案，是指过去和现在的机关、团体、企业事业单位和其他组织以及个人从事经济、政治、文化、社会、生态文明、军事、外事、科技等方面活动直接形成的对国家和社会具有保存价值的各种文字、图表、声像等不同形式的历史记录。"[1] 这与1987年颁布的档案法以及分别于1996年、2016年修正的档案法所称的"档案"基本一致。法定档案指的是"对国家和社会具有保存价值的"档案。

学理档案，指的是档案学研究中所说的档案，也就是档案学理论定义的档案。对于学理档案概念，见仁见智，没有一致认可的结论。这里选取了几个相对权威的观点进行分析。

1988年由吴宝康主编的《档案学概论》把档案定义为："档案是国家机构、社会组织和个人在社会活动中形成的，保存备查的文字、图象、声音及其各种形式的原始记录。"[2] 这个学理档案概念的核心限定词是保

---

[1] 《中华人民共和国档案法》，2020年6月20日，http://www.npc.gov.cn/npc/c30834/202006/14a5f4f6452a420a97ccf2d3217f6292.shtml，2021年9月5日。

[2] 吴宝康主编：《档案学概论》，中国人民大学出版社1988年版，第32页。

存备查。所谓保存备查，也就是只有有保存价值的档案才会保存备查，保存备查的档案，就相当于有保存价值的档案，至于对谁有保存价值，可能是个人，也可能是一个单位；可能是一个地区，也可能是国家或者社会。这里的对谁有保存价值是不确定的。这种学理档案概念，明确所有保存备查的都是档案，或者说是所有有保存价值的都是档案。

2006年由冯惠玲、张辑哲主编的《档案学概论（第二版）》将档案定义为："档案是社会组织或个人在以往的社会实践活动中直接形成的具有清晰、确定的原始记录作用的固化信息。"[①] 这个学理档案概念的核心限定词是清晰、确定的，也就是只要是清晰、确定的固化信息就是档案，至于有没有价值或者说保存价值不在其限定范围内。

2014年由丁海斌、方鸣、陈永生主编的《档案学概论》认为："档案的定义可以简洁地表述为：人们有意识保存起来的原始性符号记录；也可以表述为：人们有意识保存起来的人类活动的原始性符号记录。"[②] "只有那些具有长期保持价值的符号记录，在被人们有意识地保存起来后，才能成为档案。即符号记录只有在成为档案管理的对象时，才能成为真正的档案。"[③] 这个学理档案概念的核心限定词是有意识保存起来的。所谓有意识地保存起来，也就是只有那些具有长期保持价值的符号记录，才会被有意识地保存起来。简单地说，就是有意识保存起来的档案，相当于有保存价值的档案，至于对谁有保存价值，或者由谁有意识保存起来的则未界定，不甚明了。

从上述分析可以看出，吴宝康的观点与丁海斌等的观点基本是一致的，吴宝康的观点强调的是保存档案的结果"备查"，丁海斌等的观点强调的是保存档案的动机"有意识"，其实质是一样的，没有根本的区别。与吴宝康、丁海斌等的观点相比，冯惠玲等认为的档案概念范围更为宽泛。

就法定档案与学理档案的定义概念区别而言，法定档案是"对国家

---

① 冯惠玲、张辑哲主编：《档案学概论（第二版）》，中国人民大学出版社2006年版，第6页。
② 丁海斌、方鸣、陈永生主编：《档案学概论》，辽宁大学出版社2014年版，第8—9页。
③ 丁海斌、方鸣、陈永生主编：《档案学概论》，辽宁大学出版社2014年版，第8—9页。

和社会具有保存价值的"档案，而学理档案是"有保存价值"的档案，或者说是"清晰、确定的""固化信息"。就"有保存价值"档案的对象来说，法定档案是清晰明确的，且有明确的主体，而学理档案则是不清晰、不明确的，甚至连是否被保存都不确定。

（二）法定档案之有限与学理档案之无限

从上述分析可以看出，就档案概念所概括的范围来说，法定档案概念比学理档案概念要小很多，从某种意义上说法定档案是有限的，而学理档案是无限的。

对于法定档案来说，首先，区域的有限性。从《中华人民共和国档案法》名称看，它分为三个部分：第一部分中华人民共和国，反映适用区域，表示在中华人民共和国境内有效；第二部分档案，反映主要内容，表示规范的是与档案相关的主客体关系；第三部分法，反映效力等级，表示是法律。其中适用区域就是一种范围上的有限。

其次，总体范围的有限性。表现在第二条中"对国家和社会具有保存价值的"档案的表述，除此之外的档案就不属于法定档案的范围。对于学理档案来说，按照吴宝康、丁海斌等的观点，其范围是有保存价值的档案。仅凭有保存价值档案的范围作比较，法定档案的范围是有限的，而学理档案的范围则是无限的。如果与冯惠玲等"清晰、确定的""固化信息"的范围作比较，法定档案的范围更是有限的，而学理档案的范围更是无限的。

最后，具体范围的有限性。法定档案不仅在概念中确定了其有限的范围，即"对国家和社会具有保存价值的"档案，而且在新《档案法》中进一步确定了具体的范围。新《档案法》第十三条规定："直接形成的对国家和社会具有保存价值的下列材料，应当纳入归档范围。"① 新《档案法》第十三条规定的归档范围就是法定档案的具体范围，超出这个范围的档案就不属于法定档案。

---

① 《中华人民共和国档案法》，2020 年 6 月 20 日，http：//www.npc.gov.cn/npc/c30834/202006/14a5f4f6452a420a97ccf2d3217f6292.shtml，2021 年 9 月 5 日。

对于学理档案的范围，之所以说是无限的，是因为其概念的范围是不确定的，没有十分清晰明确的限定。按照吴宝康、丁海斌等的观点，其范围是有保存价值的档案。而其中的"有保存价值"没有形成主体，对谁有保存价值不确定，只要不确定其有保存价值的主体，就无法确定其范围，因此从某种意义上说其范围可能就是无限的。如果按照冯惠玲等的观点，其范围就是"清晰、确定的""固化信息"，有没有保存价值都不在其限定之内，其范围就更不确定了。

（三）法定档案之具体与学理档案之抽象

法定档案范围不仅是有限的，而且是具体的，对其管理的要求体现在档案法规制的档案工作的各个环节。

法定档案的概念不仅是明确的，而且随着时代的发展越来越具体化，这可以从档案法修订的内容中看出来。新《档案法》将"国家机构、社会组织"改为"机关、团体、企业事业单位和其他组织"，其对产生档案单位名称的改变，就是将产生档案的单位具体化了，由原来相对抽象或者说相对概括的产生档案单位名称改为相对具体的名称。对档案的属概念也采用了相对具体的概念"历史记录"，所谓历史记录就是过去的记录，相对比较具体。在第十三条规定中将历史记录进一步具体化为五个方面的归档材料。按照《档案法实施办法》第二条规定："《档案法》第二条所称对国家和社会有保存价值的档案，属于国家所有的，由国家档案局会同国家有关部门确定具体范围；属于集体所有、个人所有以及其他不属于国家所有的，由省、自治区、直辖市人民政府档案行政管理部门征得国家档案局同意后确定具体范围。"[1] 对于法定档案的具体范围，国家档案局还要会同国家有关部门以及各省档案行政管理部门确定更加具体的规定。相信随着新《档案法》的颁布实施，新修订的《档案法实施条例》将会规定更为具体的法定档案范围，国家档案主管部门也会出台细则，进一步细化法定档案范围及所包含的内容，如国家所有档

---

[1] 《档案法实施办法》，1990年11月19日，https://www.saac.gov.cn/daj/xzfg/199906/dbbaa89751f8473ea5e6d4f51576a0ce.shtml，2021年8月1日。

案的范围，非国有企业、其他社会组织形成的对国家和社会有保存价值档案的范围，等等。

法定档案的具体化还体现在档案法规制的档案工作的各个环节中。例如，新《档案法》第二十一条规定："鉴定档案保存价值的原则、保管期限的标准以及销毁档案的程序和办法，由国家档案主管部门制定。"① 这是对档案工作鉴定环节的规定，而开展鉴定档案保存价值的工作就需要对一份份具体的法定档案进行甄别和判定。再如，新《档案法》第二十七条规定："县级以上各级档案馆的档案，应当自形成之日起满二十五年向社会开放。经济、教育、科技、文化等类档案，可以少于二十五年向社会开放；涉及国家安全或者重大利益以及其他到期不宜开放的档案，可以多于二十五年向社会开放。"② 这是对档案工作开放环节的规定，而开展开放档案工作，不管是到期档案的开放，还是少于二十五年的开放，或者是多于二十五年的延期开放，对开放档案的鉴定也是需要对一份份具体的待开放法定档案进行甄别和判定。

学理档案的范围不仅是无限的，而且是抽象的、不具体的。其所指的并非现实世界中某一类或某一份具体档案，而是抽象的、概念中的档案。

学理档案的概念不仅指的是抽象的档案，而且随着时代的发展越来越抽象化。这可以从上述几个有代表性的学理档案概念中看出来。吴宝康的观点是 1988 年提出的，对比一下同时期档案法中的法定档案的属概念，吴宝康的观点是"原始记录"，而档案法是"历史记录"，比较这两个属概念，"原始记录"就比"历史记录"要抽象。到 2006 年冯惠玲等的观点又进一步抽象化，档案形成者由吴宝康的"国家机构、社会组织和个人"改为"社会组织或个人"，将"国家机构、社会组织"合并为"社会组织"，这是进一步虚化的表现。同时将档案的属概念改为"原始记录作用的固化信息"，与吴宝康的属概念"原始记录"相比，明显更

---

① 《中华人民共和国档案法》，2020 年 6 月 20 日，http://www.npc.gov.cn/npc/c30834/202006/14a5f4f6452a420a97ccf2d3217f6292.shtml，2021 年 9 月 5 日。
② 《中华人民共和国档案法》，2020 年 6 月 20 日，http://www.npc.gov.cn/npc/c30834/202006/14a5f4f6452a420a97ccf2d3217f6292.shtml，2021 年 9 月 5 日。

加抽象。再到 2014 年丁海斌等的观点就更进一步抽象化了。丁海斌等将冯惠玲等的"社会组织或个人"直接抽象化为"人们",与"国家机构、社会组织和个人"相比,已经抽象简化到不能再简单的地步了。丁海斌等将档案的属概念改为"原始性符号记录",不论是与"原始记录"相比,还是与"原始记录作用的固化信息"相比,同样更加抽象。而每一次的再抽象,都将档案概念的外延向外扩展了一圈,与真实档案的距离就更远一层。

从上述分析中可以看出,法定档案概念是越来越具体化,而学理档案概念却是越来越抽象化,也就是说,法定档案概念与学理档案概念的距离越拉越大。这种距离不断拉大的趋势,必然会引发理论与现实的一系列反应和不适应,应当引起学术界的关注和重视。

(四)法定档案概念是档案工作的规范,而学理档案概念是理论研究的基础

法定档案概念之所以是有限的、具体的,是因为它是用来规制档案法律关系的,是档案工作的规范。一部档案法就是以法定档案概念为灵魂、为主线来规制档案工作的。或者说,就是一部围绕着法定档案概念来开展档案工作的法律,法定档案概念是开展档案工作的规范,也是开展档案工作的基础。这里就以综合档案馆的档案工作为例来加以说明。新《档案法》第十条规定:"中央和县级以上地方各级各类档案馆,是集中管理档案的文化事业机构,负责收集、整理、保管和提供利用各自分管范围内的档案。"[①] 按照这一条规定,档案馆的档案工作就是"负责收集、整理、保管和提供利用各自分管范围内的档案"。这一条规定明确了档案馆管理档案的范围,综合档案馆是以行政区域为单位设置的,其管理档案的范围,就是其所在行政区域内产生的"对国家和社会具有保存价值的"档案。其收集、整理、保管和提供利用的档案,也是这个范围内的档案。这些档案的具体内容,就是按照新《档案法》第十三条

---

① 《中华人民共和国档案法》,2020 年 6 月 20 日,http://www.npc.gov.cn/npc/c30834/202006/14a5f4f6452a420a97ccf2d3217f6292.shtml,2021 年 9 月 5 日。

规定的具体范围归档并移交的档案。新《档案法》第十五条规定："机关、团体、企业事业单位和其他组织应当按照国家有关规定，定期向档案馆移交档案。"①也就是这些归档保存"对国家和社会具有保存价值的"档案的单位，要按照这一条的规定，将其向综合档案馆移交，综合档案馆要对这些档案进行整理，并按照新《档案法》第十九条的规定"配置适宜档案保存的库房和必要的设施、设备"，"建立健全档案安全工作机制"，按照新《档案法》第三十八条的规定"推进传统载体档案数字化。已经实现数字化的，应当对档案原件妥善保管"，按照新《档案法》第三十九条的规定"对接收的电子档案进行检测，确保电子档案的真实性、完整性、可用性和安全性"，"对重要电子档案进行异地备份保管"，按照新《档案法》第四十四条的规定"发现本单位存在档案安全隐患的，应当及时采取补救措施，消除档案安全隐患"②，通过这些措施以保障馆藏"对国家和社会具有保存价值的"档案的安全。对馆藏"对国家和社会具有保存价值的"档案的利用，则需要按照新《档案法》第二十七条的规定进行开放鉴定，并向社会提供利用。按照新《档案法》第二十八条的规定"通过其网站或者其他方式定期公布开放档案的目录"。按照新《档案法》第三十四条的规定"开发利用馆藏档案，通过开展专题展览、公益讲座、媒体宣传等活动，进行爱国主义、集体主义、中国特色社会主义教育，传承发展中华优秀传统文化，继承革命文化，发展社会主义先进文化，增强文化自信，弘扬社会主义核心价值观"③。总之，综合档案馆必须以新《档案法》规制的法定档案的范围及档案工作规范要求为依据开展档案工作。综合档案馆收集、保管少量的非法定档案作为馆藏的补充是必要的。如果综合档案馆对应当收集的法定档案不尽心，而是着力收集、保管大量的非法定档案，这样的行为是

---

① 《中华人民共和国档案法》，2020年6月20日，http://www.npc.gov.cn/npc/c30834/202006/14a5f4f6452a420a97ccf2d3217f6292.shtml，2021年9月5日。
② 《中华人民共和国档案法》，2020年6月20日，http://www.npc.gov.cn/npc/c30834/202006/14a5f4f6452a420a97ccf2d3217f6292.shtml，2021年9月5日。
③ 《中华人民共和国档案法》，2020年6月20日，http://www.npc.gov.cn/npc/c30834/202006/14a5f4f6452a420a97ccf2d3217f6292.shtml，2021年9月5日。

不是违法暂且不论，最起码有乱用国家财力和渎职之嫌。

学理档案概念之所以是近似无限的、抽象的，是因为只有抽象化的学理档案概念才能更容易认识到档案最本质的特征，这是档案学理论研究的基础，甚至可以说是档案学研究的起点。从档案的起源，到档案的本质属性、档案的基本价值和档案的利用服务等理论问题研究都受到了学理档案概念的影响。例如，有什么样的学理档案概念就有什么样的档案起源观点。如"国家起源论以吴宝康教授为代表"[①]，吴宝康认为："随着国家的出现和社会的继续发展，逐渐形成了比较条理的文书。在这个基础上，由于社会的需要，进而保存积累成较有系统的档案。"[②]"档案不仅是社会文明的产物，也是人类社会和一个国家文明的一种标志。"[③]而按照吴宝康学理档案概念的观点："档案是国家机构、社会组织和个人在社会活动……原始记录。"这一学理档案概念说明，档案的形成者是"国家机构"等，这与档案国家起源论中的"国家的出现"相对应。其档案的形式是"原始记录"，对于"原始记录"，吴宝康在其《档案学概论》中说明："本书定义中的'原始记录'，指的就是国内外常用的较为广义的'文件'。"[④]这与"比较条理的文书"正好对应，说明其学理档案概念与其档案起源论相互印证、相互对应。

（五）法定档案概念与学理档案概念的混用现象分析

探讨法定档案概念与学理档案概念不是为区别而区别，辨析这两个同名概念是为了更好地贯彻档案法律、更好地规范档案工作和更好地研究档案学。然而，在现实中这两个同名概念经常混用，已经影响到档案实际工作和档案学术研究的正常开展，产生了不良的后果。下面就对这一现象做简要的分析。

例如，吴宝康认为："制定《档案法》，首先碰到的问题当然是：什

---

① 寒江：《论档案起源于人类社会的形成时期——兼论档案的定义与本质属性》，《档案学研究》1990年第4期。
② 吴宝康主编：《档案学概论》，中国人民大学出版社1988年版，第11页。
③ 吴宝康主编：《档案学概论》，中国人民大学出版社1988年版，第11页。
④ 吴宝康主编：《档案学概论》，中国人民大学出版社1988年版，第32页。

么是档案？《档案法》对这个问题没有采取一般教科书定义的方法，而是从国家管理档案的范围的角度用条文作出明确的规定：'本法所称的档案，是指过去和现在的国家机构、社会组织以及个人从事政治、军事、经济、科学、技术、文化、宗教等活动直接形成的对国家和社会有保存价值的各种文字、图表、声像等不同形式的历史记录。'一般的档案定义与国家管理范围所指档案是不相同的，但是实际上没有什么本质的区别。正是因为这样，所以我们把《档案法》规定所指档案范围的条文提法就作为档案的科学定义，也是未尝不可的。《档案法》所规定的国家管理档案范围的内容实际上也为国家档案或国家档案全宗的概念作了科学的解释。这些正是《档案法》有关档案问题所作规定的理论意义的所在。"① 显然，这是混淆了法定档案与学理档案的概念及其实践意义。

还有学者认为："法定档案定义应尊重学理档案定义，实现法定档案定义与学理档案定义的统一。"② 这是直接要取消法定档案概念，不仅混淆了学理档案概念与法定档案概念，而且抹杀了档案实际工作与档案学理论研究的区别。其结果，不仅可能不该将档案法调整的内容纳入档案法，也可能使档案管理部门无法保证实现"对国家和社会有保存价值的"档案的有效管理，或顾此失彼，或无所适从。这或许就是档案学理论研究停留在表象而难以深入、理论脱离实际的一种表现。

当然，也有学者指出："以档案法定解释为统领，学术解释服从和服务于法定解释，克服二者之间容易使人产生不同理解的表述，使档案定义逐步完备与统一起来。"③ 这种用法定档案概念统领学理档案概念的观点同样不可取，同样是在混淆两类概念的不同，这对档案学理论研究同样会产生不利的影响。

通过以上分析可以看出，法定档案概念与学理档案概念实际存在着不同，应当加以区别，如果听任混淆两种概念的现象持续下去，将会给

---

① 吴宝康：《〈中华人民共和国档案法〉的理论意义》，《档案学研究》1988年第1期。
② 徐拥军、洪泽文、李晶伟：《关于〈档案法〉修订草案中档案定义与语言表述的修改建议》，《档案学通讯》2018年第1期。
③ 张永杰：《探寻档案定义研究的新视角》，《档案与建设》2006年第2期。

贯彻档案法律规范档案工作建设和开展档案学理论研究带来更多不利的影响。这一问题应当引起学术界的关注与重视，避免一些不明就里的学者在该领域的研究上误入歧途。

二 档案主管部门与档案馆的关系分析

2018年机构改革，档案系统最重要的变化就是档案局馆的分设，地方同级档案局和综合档案馆从局馆合一的机构，分别成为具有档案行政管理权限的档案主管部门和具有独立法人资格专门管理档案的文化事业单位。新《档案法》不仅对其给予明确，而且对其各自履行的职能和关系做出了进一步细化的规制。这些规制既是局馆分设后地方同级档案主管部门和综合档案馆彼此之间应当明确的职能边界，又是处理相互之间关系应当把握的准则，同时也是贯彻档案法律、规范档案工作的重要内容。

（一）档案主管部门的身份与职能

新《档案法》第八条第二款规定："县级以上地方档案主管部门主管本行政区域内的档案工作，对本行政区域内机关、团体、企业事业单位和其他组织的档案工作实行监督和指导。"[①] 这一条对地方档案主管部门的身份与职能作出了宏观的规定。从新《档案法》第八条第二款的规定中可以看出，档案主管部门的身份是监管者，其职能是监管"本行政区域内的档案工作"，具体地讲就是"对本行政区域内机关、团体、企业事业单位和其他组织的档案工作实行监督和指导"。其管理的是有关档案的事务，而不是具体的档案。

（二）综合档案馆的身份与职能

新《档案法》第十条规定："中央和县级以上地方各级各类档案馆，是集中管理档案的文化事业机构，负责收集、整理、保管和提供利用各自分管范围内的档案。"[②] 这一条对地方综合档案馆的身份与职能作出了

---

① 《中华人民共和国档案法》，2020年6月20日，http://www.npc.gov.cn/npc/c30834/202006/14a5f4f6452a420a97ccf2d3217f6292.shtml，2021年9月5日。

② 《中华人民共和国档案法》，2020年6月20日，http://www.npc.gov.cn/npc/c30834/202006/14a5f4f6452a420a97ccf2d3217f6292.shtml，2021年9月5日。

宏观的规定。与旧档案法相比，各综合档案馆管理档案的范围由原来的"各分管范围"改为"各自分管范围"，增加了一个"自"字，就使得其管理档案的范围更加明确清晰，对综合档案馆来说，其范围就是其行政区域内的相关档案。当然，更具体详细的范围则是由《档案法实施条例》或者《国家综合档案馆条例》来规制。

从新《档案法》第十条的规定中可以看出，综合档案馆的身份是"集中管理档案的文化事业机构"，其职能是具体的"负责收集、整理、保管和提供利用各自分管范围内的档案"。虽然，这一条并没有规定综合档案馆是被管理者的身份，但根据新《档案法》第四十二条、第二十八条等条款的规定，与档案主管部门比较而言，可以看出综合档案馆是被管理者的身份。

（三）档案主管部门与综合档案馆的关系

对于档案主管部门与综合档案馆的关系，新《档案法》第四十二条给予了明确的规制。新《档案法》第四十二条规定："档案主管部门依照法律、行政法规有关档案管理的规定，可以对档案馆和机关、团体、企业事业单位以及其他组织的下列情况进行检查……"[①] 新《档案法》第六章"监督检查"的第一条，是关于档案主管部门监督检查其监督管理对象及监督检查其管理对象具体档案工作的条款。从中可以看出，档案馆是档案主管部门的监督管理对象，也就说明档案主管部门与档案馆的关系是监督管理与被监督管理的关系。也就是档案主管部门是管理者、监督者，而档案馆则是档案行政管理相对人，是被管理者、被监督者。将档案馆列在监督检查对象的第一位，说明档案馆是重要的监督管理对象。这也与档案馆尤其是综合档案馆是档案事业主体部分的地位相符合。

新《档案法》第四十二条的规定，明确清晰地规制了档案主管部门与综合档案馆的关系，进一步明确了档案主管部门是监督管理者的身份，明确了综合档案馆是被监督管理的档案管理相对人身份。也可以说，这

[①]《中华人民共和国档案法》，2020年6月20日，http://www.npc.gov.cn/npc/c30834/202006/14a5f4f6452a420a97ccf2d3217f6292.shtml，2021年9月5日。

一条规制是档案主管部门与综合档案馆相处关系的准则。

（四）新《档案法》有关涉及档案主管部门与综合档案馆职能与关系的条款

新《档案法》不仅在第四十二条中规定了档案主管部门与综合档案馆是监督管理与被监督管理的关系，而且在对其他具体档案工作的规制中也体现了这种关系。

1. 监督检查

如新《档案法》第四十二条[①]，不仅规制了档案主管部门监督检查对象，还规制了监督检查的具体内容。其中档案主管部门监督检查将档案馆列为首选对象。

2. 行政检查

如新《档案法》第四十三条[②]规定，如果综合档案馆是涉事单位，在符合安全保密要求的前提下，就应当接受和自觉配合档案主管部门的检查调查。

3. 行政报告

如新《档案法》第四十四条[③]规定，如果存在档案安全隐患，综合档案馆不仅要及时采取补救措施，消除档案安全隐患，还要将有关情况"及时向档案主管部门报告"。

4. 行政审批

如新《档案法》第二十七条[④]规定，综合档案馆如果执行二十五年档案封闭期开放档案，就需要按照国家档案主管部门制定的档案开放办法开展相关工作，在国家档案主管部门没有出台新的档案开放办法之前，应当按照《档案法实施办法》的相关规定进行。

[①]《中华人民共和国档案法》，2020年6月20日，http://www.npc.gov.cn/npc/c30834/202006/14a5f4f6452a420a97ccf2d3217f6292.shtml，2021年9月5日。

[②]《中华人民共和国档案法》，2020年6月20日，http://www.npc.gov.cn/npc/c30834/202006/14a5f4f6452a420a97ccf2d3217f6292.shtml，2021年9月5日。

[③]《中华人民共和国档案法》，2020年6月20日，http://www.npc.gov.cn/npc/c30834/202006/14a5f4f6452a420a97ccf2d3217f6292.shtml，2021年9月5日。

[④]《中华人民共和国档案法》，2020年6月20日，http://www.npc.gov.cn/npc/c30834/202006/14a5f4f6452a420a97ccf2d3217f6292.shtml，2021年9月5日。

5. 行政投诉

如新《档案法》第二十八条①第二款规定，如果档案主管部门接到单位和个人对综合档案馆的投诉后，就应该对综合档案馆的开放利用情况进行调查，并给予处理，同时需要将处理结果告知给投诉人。而对受投诉不按规定开放利用的综合档案馆，则应当自觉接受档案主管部门的调查处理。另外，这一条款也可以看作是对档案开放利用方面的行政救济，它赋予了档案利用者利用开放档案的权利和维护该权利的救济渠道。从这一条款的规定中还可以看出，档案主管部门是开放档案利用的监管者，综合档案馆则是被监管者。

6. 行政争议

（1）移交档案的争议。新《档案法》第十六条②，要求档案主管部门出面解决档案移交过程中发生的纠纷争议。

（2）档案业务外包争议。新《档案法》第二十四条③，规制了档案馆和机关、团体、企业事业单位以及其他组织与档案服务企业进行档案业务外包的行为准则。如果在服务过程中因双方对质量、技术标准等的理解差异产生纠纷，就需要档案主管部门来调解。

（3）利用未开放档案争议。新《档案法》第二十九条④规定，不管是档案利用者还是综合档案馆，都可以向档案主管部门申请民事争议调解，由档案主管部门做出裁决。

7. 责令整改

如新《档案法》第四十五条⑤规定，档案主管部门在监管中如果发现综合档案馆存在有档案安全隐患的现象，就应当下达处理意见，责令

---

① 《中华人民共和国档案法》，2020年6月20日，http：//www.npc.gov.cn/npc/c30834/202006/14a5f4f6452a420a97ccf2d3217f6292.shtml，2021年9月5日。

② 《中华人民共和国档案法》，2020年6月20日，http：//www.npc.gov.cn/npc/c30834/202006/14a5f4f6452a420a97ccf2d3217f6292.shtml，2021年9月5日。

③ 《中华人民共和国档案法》，2020年6月20日，http：//www.npc.gov.cn/npc/c30834/202006/14a54f6452a420a97ccf2d3217f6292.shtml，2021年9月5日。

④ 《中华人民共和国档案法》，2020年6月20日，http：//www.npc.gov.cn/npc/c30834/202006/14a5f4f6452a420a97ccf2d3217f6292.shtml，2021年9月5日。

⑤ 《中华人民共和国档案法》，2020年6月20日，http：//www.npc.gov.cn/npc/c30834/202006/14a5f4f6452a420a97ccf2d3217f6292.shtml，2021年9月5日。

其限期整改，以消除档案安全隐患。综合档案馆则应当按照档案主管部门下达的限期整改意见，限期整改并消除其存在的档案安全隐患。

由此可以看出，档案主管部门是监督管理者，综合档案馆则是被监督管理者，两者的这种关系体现在新《档案法》许多具体的细节规定之中。厘清和理解档案主管部门与综合档案馆的法律关系，对于贯彻落实新《档案法》，做好档案主管工作和综合档案馆工作都有着积极的意义。

三 档案主管部门贯彻档案法律规范的思路

如何贯彻新《档案法》规范档案工作，是档案主管部门当前面临的新课题。

（一）档案主管部门要提高站位

1. 明确档案行政管理者身份

1987年《档案法》规定"国家档案行政管理部门主管全国档案事业……县级以上地方各级人民政府的档案行政管理部门主管本行政区域内的档案事业……"[1]，明确了档案局是档案行政管理部门，是档案行政管理者的身份。然而，由于种种原因，特别是1993年实行档案局馆合一的体制后，档案局的身份就一直是模糊的，一直在档案行政管理者和档案馆管理者之间摇摆。即便是在机构改革档案局馆分设后的今天，不管是档案局还是档案馆依然没有从这种摇摆模糊的身份中走出来。如果档案局不明确自身档案行政管理者的身份，就没法履行新《档案法》赋予的职责，也就无法使新《档案法》的亮点和特点落到实处。所以说，档案局学习新《档案法》的首要任务是明确自身档案行政管理者的身份。

2. 处理好与档案馆和档案室的关系

在长期的局馆合一体制下，档案局就是档案馆，档案馆就是档案局。至于档案室，那就是被监督管理的对象。经过机构改革局馆分设，档案局就是档案局，档案局不再是档案馆了，档案局与档案馆的关系变成了

---

[1] 《中华人民共和国档案法》，2020年6月20日，http://www.npc.gov.cn/npc/c30834/202006/14a5f4f6452a420a97ccf2d3217f6292.shtml，2021年9月5日。

监督管理与被监督管理的关系，新《档案法》也进一步确定了这种关系。然而，在以往局馆合一的惯性下，档案局还没有完全转变观念，依然与档案馆的身份难舍难分。这就要求明确和落实档案局与档案馆，档案局与机关、团体、企业事业单位和其他组织的档案机构是监督与被监督的关系。

3. 对管理相对人监管一视同仁

新《档案法》明确了档案局与档案馆的监督与被监督的关系，也明确了档案馆与机关、团体、企业事业单位和其他组织的档案机构——档案室都是被监督管理者的身份，这就要求档案局在处理档案馆与档案室之间的问题时应当一视同仁。由于长期的局馆合一，档案局对身份认知的摇摆模糊，以及思维的惯性，虽然档案局馆分设了，档案局一时很难明确这种立场，确立这种概念。如果没有这种概念，在贯彻新《档案法》的过程中就有可能违法。例如，现在热议的建立"局、馆联席会议制度、重要事项通报制度、重大项目参与制度"[1]，如果按照这一观点，那么对于新《档案法》第二十六条"国家档案主管部门应当建立健全突发事件应对活动相关档案收集、整理、保护、利用工作机制"[2] 的规定该如何贯彻呢？一定是档案局馆召开联席会议，然后联合发文进行此项工作的安排布置。一个是行政管理单位，另一个是被管理的文化事业单位，这两者联合发文，违反不违反行政程序？有没有法律效力或者行政效力？有没有必要？这恐怕都需要商榷。如果涉及第三者，如机关、团体、企业事业单位和其他组织的档案机构，这方面就更是问题了。现实中已经有档案局馆联合发文指导监督辖区内的档案室工作，有的档案馆甚至指导监督下级（如省指导监督市、市指导监督县）了。显然，明确对管理相对人监管时的一视同仁，对于贯彻新《档案法》具有极为重要的意义。

---

[1] 黄玉明：《关于在深化改革中加强档案工作的几点思考——以安徽省各级档案馆为例》，《档案学研究》2020 年第 1 期。

[2] 《中华人民共和国档案法》，2020 年 6 月 20 日，http：//www.npc.gov.cn/npc/c30834/202006/14a5f4f6452a420a97ccf2d3217f6292.shtml，2021 年 9 月 5 日。

4. 对档案馆与利用者纠纷一视同仁

新《档案法》明确了档案局与档案馆的监督与被监督的关系，这就要求档案局在处理档案馆与利用者之间纠纷时应一视同仁。在以往发生利用者与档案馆关于档案利用的争议时，一般情况下，档案局大都是采取推脱回避的态度，因为局馆合一，自己如何为难自己呢？现在档案局就不能持有这种态度了，而且新《档案法》也不允许。如新《档案法》第二十八条规定："档案馆不按规定开放利用的，单位和个人可以向档案主管部门投诉，接到投诉的档案主管部门应当及时调查处理并将处理结果告知投诉人。"[①] 档案局是监督调解人的身份，而档案馆是被监督被调解人的身份，利用者也是被调解人的身份，应该说档案馆与利用者是同样的身份。如果发生了档案馆被利用者投诉，档案局就不能再推脱回避，也不能偏袒档案馆，而是站在中立者的立场上进行及时调查处理。如果不及时调查处理或者处理得不公平，档案局就有可能被利用者告上法庭。因此，明确处理档案馆与利用者之间纠纷时的一视同仁，也是贯彻新《档案法》的重要任务之一。

（二）牢记管理档案事业的职责

新《档案法》第八条规定："国家档案主管部门主管全国的档案工作，负责全国档案事业的统筹规划和组织协调，建立统一制度，实行监督和指导。县级以上地方档案主管部门主管本行政区域内的档案工作，对本行政区域内机关、团体、企业事业单位和其他组织的档案工作实行监督和指导。"[②] 对档案主管部门的职责提出了具体要求。

1. 明确档案事业的主体

对于地方档案主管部门来说，档案事业的主要内容包括：各级各类档案馆工作、档案室工作、档案服务机构工作、档案宣传工作、档案科研工作和档案学术研究工作等。

[①] 《中华人民共和国档案法》，2020 年 6 月 20 日，http://www.npc.gov.cn/npc/c30834/202006/14a5f4f6452a420a97ccf2d3217f6292.shtml，2021 年 9 月 5 日。

[②] 《中华人民共和国档案法》，2020 年 6 月 20 日，http://www.npc.gov.cn/npc/c30834/202006/14a5f4f6452a420a97ccf2d3217f6292.shtml，2021 年 9 月 5 日。

在整个档案事业中综合档案馆是档案事业的重要组成部分，有不少学者认为档案馆是档案事业的主体，如吴宝康认为："在档案事业中，档案室是基础，档案馆是主体。"[①] 当然，也有学者提出"档案室和档案馆，一起作为我国档案事业的主体"的观点，因为，"每一个档案室所在的部门都是社会的一分子。它们通过利用档案推动了本部门职能的履行，不也就实现了包括档案工作在内的为社会服务吗？"[②] 显然，档案室不仅是档案馆馆藏档案的供给地，还是档案利用服务的重要基地，档案馆并不能代表档案事业。从某种意义上说，档案室才是为经济建设、为民生、为社会提供档案利用服务的主战场。只是这种作用在以往被忽略罢了。档案室与档案馆的区别就在于，档案室是为社会某一系统提供利用档案，而档案馆是向社会散在的利用者提供利用档案。如果单从利用数量上看，应该说档案室是档案事业的主体，档案馆是档案事业的补充。由于档案事业是一个整体，而提供档案利用服务的机构处于核心地位，其他方面都是条件性工作，处于服从和保障地位，单纯地比较利用数量会割裂服务不同社会层面的档案管理机构的整体性，淡化国家档案馆的公共服务性和社会文化性，因此，应该说档案室与档案馆同样是档案事业的主体。

将档案事业分为"档案室是基础，档案馆是主体"，或者将档案室作为档案馆馆藏档案的供给地，这实际上是学术上的划分，或者说是档案工作内容上的划分。从法律的角度来划分，不管是档案室还是档案馆都是独立而平等的主体，都是档案事业的组成部分。从档案主管部门执法的角度来看，它们都是平等的管理相对人，不能厚此薄彼。如果说对二者在管理和服务上有什么不同，那就是在档案法律规定对其管理内容和要求上有所不同而已。

2. 站在档案事业的视角来实施管理

对档案主管部门来说，要有管理档案事业的整体观，应该站在全部

[①] 吴宝康主编：《档案学概论》，中国人民大学出版社1988年版，第17页。

[②] 姜之茂：《必须高度重视档案室的工作——兼对档案馆"主体"论质疑》，《上海档案工作》1993年第6期。

档案事业的视角来实施管理，应当促进的是档案事业的整体发展和全面发展，而不是某一方面的发展。既不能厚此薄彼，也不能遗漏缺失。

要用管理档案事业的整体观来管理档案行政相对人，对档案行政相对人应当一视同仁地管理，不存在特殊的档案行政相对人。档案主管部门维护的是全体档案行政相对人的权益，而不是某一类档案行政相对人的权益。

3. 全面监管档案事业

对于监管档案事业，以往是存在偏差的。看看以往的档案执法监督经验，基本上都是围绕着对档案室进行执法监督总结出来的。事实上，档案行政监管的对象不仅有档案室，还有档案馆、形成和保管对国家和社会具有重要保存价值或者应当保密的档案所有者、档案服务机构等，而对后者的监管几乎都处于空白状态，甚至监管者都没有意识到这些都是档案主管部门应当监管的对象。

档案主管部门的监管职责，不能仅仅局限于新《档案法》第六章"监督检查"规定的内容，即只对档案馆、档案室监管。即便是对档案室的监管，也不应局限于以往的只对进馆范围的档案室进行监管，而是"对本行政区域内机关、团体、企业事业单位和其他组织的档案工作"实行全面的监管。对"形成和保管对国家和社会具有重要保存价值或者应当保密的档案"的监管，要按照新《档案法》第二十二条、第三十一条、第三十二条等规定进行。对档案服务机构的监管，要按照新《档案法》第二十四条、第四十九条等规定进行。

（三）做好对档案室的监督指导工作

新《档案法》规定档案主管部门对机关、团体、企业事业单位和其他组织的档案工作实行监督和指导，为表述方便，简称对档案室的监督指导工作。

1. 分清档案业务指导与档案执法监督的区别

新《档案法》第八条[①]规定了档案主管部门对档案室工作的两大职

---

① 《中华人民共和国档案法》，2020年6月20日，http://www.npc.gov.cn/npc/c30834/202006/14a5f4f6452a420a97ccf2d3217f6292.shtml，2021年9月5日。

责：监督和指导，也就是常说的档案业务指导与档案执法监督。我们知道档案工作是一项业务性很强的工作，不管是档案业务指导还是档案执法监督，都有可能涉及档案业务标准的问题。档案业务指导是按照档案管理的高标准来进行的，而档案执法监督是为了使档案室遵守相关的档案法律规定要求为目的的，而档案法律的规定一般是最低的要求。因此，档案执法监督也就是按照档案法律规定的最低标准来进行的。同时，档案业务指导的标准内容多，而档案执法监督的标准内容少，这就是两者的区别。

2. 厘清对档案室业务指导的内容标准和方法

在局馆合一的体制下，档案主管部门的工作大都是围绕着档案馆工作进行的，而档案业务指导主要就是指导档案室按照进馆的标准整理档案。最典型的做法就是以档案局的名义出台《档案馆接收进馆标准》之类的规范，作为业务指导的标准。现在局馆分设了，档案馆成为独立的法人单位，不仅是档案主管部门的行政相对人，而且是与档案室同等地位的行政相对人。因此，档案主管部门不能为档案馆量身定做业务指导的标准和方法了。同时，新《档案法》在许多方面都做了相关的规定，需要档案主管部门兼顾档案馆与档案室两方面的利益。这就需要档案主管部门对档案室的业务指导采取不同于以往的新的内容标准和方法。

3. 厘清对档案室执法监督的内容标准和方法

以往对档案室的执法监督，同样存在着与档案业务指导一样的问题，就是对档案室的执法监督，大都是有意无意地围绕着档案馆的工作来进行，甚至是带着档案馆的具体业务去执法监督的。现在局馆分设了，档案馆与档案室成为同等地位的行政相对人，因而，档案主管部门就不能再为档案馆量身定做执法监督的内容标准和方法了。同时，新《档案法》第四十二条明确规定了档案馆和档案室都是档案主管部门监督的对象，这就需要档案主管部门对档案室的执法监督采取不同于以往的新的内容标准和方法。对档案室的执法监督的内容标准和方法就要按照新《档案法》规定的内容进行检查，不能超出这个范围。

（四）做好对档案馆的监督指导工作

1. 明确对档案馆监督指导的职责

在以往局馆合一的体制下，地方档案主管部门基本上没有履行对同级档案馆的监督指导职责。局馆分设消除了上述组织机构因素，特别是新《档案法》第四十二条明确规定："档案主管部门依照法律、行政法规有关档案管理的规定，可以对档案馆和机关、团体、企业事业单位以及其他组织的下列情况进行检查……"[①]，明确了档案局对档案馆的监督检查职责，也就明确了档案局与档案馆的监督与被监督的关系。自然可以类推档案主管部门对同级档案馆的指导也是应尽的职责。所以，档案主管部门必须清醒地认识到对同级档案馆的监督指导是新《档案法》赋予的职能，必须履行好这一职能。

2. 厘清对档案馆执法监督的内容标准和方法

（1）深入学习新《档案法》中有关档案馆的条文。以往的档案执法监督，其对象都是机关、企事业单位的档案机构，档案主管部门人员熟悉的也是有关档案室的档案法律法规条文，从来没有对档案馆进行过执法监督，对有关档案馆的法律法规条文相对比较陌生。因此，深入学习有关档案馆的法律法规条文，就成为档案主管部门的一项重要任务。在新《档案法》总共53条的条文中，直接和间接涉及档案馆的共35条，占比为66.03%，几乎达到了2/3。面对如此多的内容，学习熟知有关档案馆的法律法规的任务是相当繁重的。

（2）梳理有关档案馆的法律法规，厘清档案馆执法监督的内容。对档案馆的执法监督与对档案室的执法监督有着明显的区别，最主要的就是对档案馆的执法监督内容要比对档案室的执法监督内容多且复杂，这从上述档案馆的条文占比中就可以看出来。新《档案法》第四十二条规定了比较详细的监督检查内容，这一范围既是针对档案室的，又是针对档案馆的，但其具体内容则有所不同，针对档案馆的可以对照新《档案

---

① 《中华人民共和国档案法》，2020年6月20日，http：//www.npc.gov.cn/npc/c30834/202006/14a5f4f6452a420a97ccf2d3217f6292.shtml，2021年9月5日。

法》的那近三分之二的有关档案馆具体规定中梳理出详细而具体的监督检查内容。当然，还应梳理后续出台新的《档案法实施条例》的相关具体规定以及有关档案馆的其他法规规定，列出清单，并按照清单内容，区分轻重缓急、近期和长远分别进行执法监督落实。

（3）改变固有思维。在以往的档案执法监督中，其执法对象单一，就是针对档案室工作。现在增加了档案馆这个执法对象，固有思维显然已经不能适应现实需要，以往总结的档案执法监督经验也显得有些片面。因此，改变固有思维，将执法监督视角切换到档案馆与档案室都是执法监督的对象上来，并积极探索对档案馆执法监督的新模式。

3. 厘清对档案馆业务指导的内容标准和方法

（1）深入学习新《档案法》有关档案管理方面的内容。学习这些内容所涉及的有关国家标准与规范，增强档案业务素养，把握对档案馆业务指导的内容标准。例如，新《档案法》第十条规定："中央和县级以上地方各级各类档案馆，是集中管理档案的文化事业机构，负责收集、整理、保管和提供利用各自分管范围内的档案。"① 这一规定就涉及很多有关档案的国家标准、行业标准和工作业务规范，如国家标准《文书档案案卷格式》、行业标准《档案馆指南编制规范》、国家档案局《各级国家档案馆开放档案办法》等。由于种种原因，现在档案主管部门的工作人员大都不是档案专业的行家里手，这就需要深入学习有关档案的标准与规范，学习档案业务知识，也包括向档案馆的内行学习。

（2）掌握档案业务指导的内容标准方法。以贯彻有关档案的国家标准、行业标准和工作业务规范，如国家档案局的《档案馆工作通则》《各级各类档案馆收集档案范围的规定》等标准规范为主要指导内容，并积极探索对档案馆规范化管理的新途径、新方法。

四　对涉及档案的法律规范档案工作的思考

涉及档案的法律，是对专业档案或行业与档案有关的工作规定。这

---

① 《中华人民共和国档案法》，2020 年 6 月 20 日，http://www.npc.gov.cn/npc/c30834/202006/14a5f4f6452a420a97ccf2d3217f6292.shtml，2021 年 9 月 5 日。

些涉及档案的法律都不是档案法的下位法，而是与档案法平行的法律，这样就存在许多需要衔接协调的问题。

新《档案法》第八条规定："国家档案主管部门主管全国的档案工作，负责全国档案事业的统筹规划和组织协调，建立统一制度，实行监督和指导。县级以上地方档案主管部门主管本行政区域内的档案工作，对本行政区域内机关、团体、企业事业单位和其他组织的档案工作实行监督和指导。"① 第九条第二款规定："中央国家机关根据档案管理需要，在职责范围内指导本系统的档案业务工作。"②

从这两条规定中可以看出，主管档案工作的只有一个部门，就是国家档案主管部门，这里的档案工作包括所有涉及"对国家和社会有保存价值的"档案工作，也包括专业档案工作。档案法只是授权中央国家机关根据档案管理需要指导本行业的专业档案工作，而不是主管或监督专业档案工作。但是，许多涉及档案的法律都授权行业主管部门主管其专业档案工作，既有指导的权力，也有监督的权力，更有处罚的权力。例如，《中华人民共和国畜牧法》第八十六条规定："违反本法规定，兴办畜禽养殖未备案。畜禽养殖场未建立养殖档案或者未按照规定保存养殖档案的，由县级以上地方人民政府农业农村主管部门责令限期改正，可以处一万元以下罚款。"③

这就带来了很多问题。从法律层面上说，按照新《档案法》的规定，主管全国档案工作的部门只有一个，那就是国家档案主管部门，但按照其他涉及档案的法律规定，主管档案的部门就不止一个，而是N个。档案主管部门与其他行业档案主管部门之间的关系应当是平行的关系，但这与档案法"国家档案主管部门主管全国的档案工作"，"县级以上地方档案主管部门主管本行政区域内的档案工作"的规定又不相符。按照这一条款的规定，档案主管部门与行业档案主管部门之

---

① 《中华人民共和国档案法》，2020年6月20日，http://www.npc.gov.cn/npc/c30834/202006/14a5f4f6452a420a97ccf2d3217f6292.shtml，2021年9月5日。

② 《中华人民共和国档案法》，2020年6月20日，http://www.npc.gov.cn/npc/c30834/202006/14a5f4f6452a420a97ccf2d3217f6292.shtml，2021年9月5日。

③ 《中华人民共和国畜牧法》，2022年10月30日，http://www.npc.gov.cn/npc/c2/c30834/202210/t20221030_320086.html，2024年6月20日。

间的关系应当是监督与被监督的关系、指导与被指导的关系。而这与档案法和涉及档案的法律的平行关系又不相符。不仅如此，还带来了档案法规范档案范围的问题，从法理上说，其他涉及档案的法律规范的都属于"对国家和社会有保存价值的"档案，但是，却不受档案法的规制。因此，如何从法律层面上衔接协调新《档案法》与平行涉及档案的法律的关系，应当是需要深入探讨和解决的问题。从实践上说，档案主管部门对专业档案的管理问题，如国家档案局公布的国家基本专业档案目录中的属于其他涉及档案的法律规范的专业档案，作为地方档案主管部门是管还是不管，似乎管与不管都不好拿捏。同样，在实践中如何衔接协调行业档案主管部门管理的专业档案也是亟须探讨解决的问题。

五 对涉及档案的司法解释规范档案工作的思考

涉及档案的司法解释对规范具体的档案工作影响和作用最大的是《最高人民法院关于审理政府信息公开行政案件若干问题的规定》（以下简称《规定》）。其第七条规定："政府信息由被告的档案机构或者档案工作人员保管的，适用《中华人民共和国政府信息公开条例》的规定。政府信息已经移交各级国家档案馆的，依照有关档案管理的法律、行政法规和国家有关规定执行。"[1] 对于此规定，新《档案法》也做出了相应的回应并予以采纳。其第十五条第二款规定："经档案馆同意，提前将档案交档案馆保管的，在国家规定的移交期限届满前，该档案所涉及政府信息公开事项仍由原制作或者保存政府信息的单位办理。移交期限届满的，涉及政府信息公开事项的档案按照档案利用规定办理。"[2] 从法律条文上看，似乎已解决了学界对已公开政府信息移交到档案馆反而封闭，

---

[1] 《最高人民法院关于审理政府信息公开行政案件若干问题的规定》，2010年12月13日，https://flk.npc.gov.cn/detail2.html?NDAyODgxZTQ1ZmZiYmU0MTAxNWZmYzVhNTQ3NjBhYmI，2021年8月11日。

[2] 《中华人民共和国档案法》，2020年6月20日，http://www.npc.gov.cn/npc/c30834/202006/14a5f4f6452a420a97ccf2d3217f6292.shtml，2021年9月5日。

使《政府信息公开条例》与档案法相冲突的诟病，但是，实际上什么问题都没有解决，反而又引来了更多的问题。

（一）政府机关的档案是否受档案法的规范

《规定》第七条及其司法实践都表明，"政府信息由行政机关的档案机构或者档案工作人员保管。行政机关仍保存政府信息，仅仅是保存主体的内部分工发生改变，应适用《中华人民共和国政府信息公开条例》的规定"①，这说明如果按照档案法收集、归档保存的机关档案，其在移交档案馆之前，是不受档案法规范的，而是由低位阶的《政府信息公开条例》规范。也就是说，《规定》及其司法实践都表明政府机关的档案机构或者档案工作人员保管的政府信息（档案）并不是"档案"，或者说并不是档案法规范范围内的"档案"。这就有个问题：档案法规范的"档案"范围有哪些？按照《规定》及其司法实践来看，档案法规范的"档案"范围只是保存在档案馆的档案。而这还出现另一个问题：如何确定档案法规范的"档案"范围？尽管新《档案法》第十三条专门规范了"对国家和社会具有保存价值的"档案范围，但是，仔细对照《规定》与新《档案法》，似乎这"直接形成的对国家和社会具有保存价值的下列材料，应当纳入归档范围"并不是档案法规范的"档案"范围，而仅仅是"归档范围"，"归档范围"并不等于"档案"范围。换句话说，就是"归档范围"的材料，不管其是否归档，只要还保存在政府机关，就不属于档案，而只有将其移交到档案馆后才能称之为档案。虽然新《档案法》第十五条第二款有了与《规定》第七条相应的规定，但是，这并没有改变机关档案（政府信息）由《政府信息公开条例》规范而不受档案法规范的事实。如果打擦边球的话，新《档案法》也只能规范政府机关不属于应公开的政府信息的那部分档案。这样的话，不仅没有解决上述问题，还会使问题更加复杂，引发更多的问题和争议。

（二）政府机关档案机构是否受档案法的规范

新《档案法》中有多条与机关档案机构相关的条款，说明机关档案

---

① 《政府信息转变成档案信息的情形》，2020年11月24日，http：//gxq.hld.gov.cn/zwgk/zfxxgk/zfxxgkzd/lnszfxxgkzd/202102/t20210224_1026056.html，2021年5月3日。

机构在档案法的规范范围之内。新《档案法》53 条中就有 18 条涉及机关档案机构。而《规定》第七条及其司法实践却表明机关档案机构或者档案工作人员保管的政府信息（档案）并不受档案法规范。这就意味着机关档案工作也不受档案法规范，也就意味着档案法有关机关档案机构的条款没有效力，比如档案主管部门经常履行的监督和指导权力就失去效力。如果打擦边球的话，档案法也只能规范除《政府信息公开条例》以外的机关档案，这样就会带来新的问题，如机关档案机构保存的档案与其所承载的信息是可分割、可分离的吗？机关档案和其所承载的信息是不是需要分别受不同法律法规规范？

（三）"归档"还是不是形成档案的法律行动

如果说档案法规范的是档案，由其规范的是档案，不由其规范的不是档案的话，那么按照《规定》第七条的规定，保存在机关档案机构的政府信息，不管是归档也好，不归档也罢，都不属于法定意义上的档案，也就是说它们不是法律上规定的档案。对于"归档"来说，档案学界认为："归档和集中保存，既是文件向档案转化的一般程序和条件，又是文件转化为档案的一般标志和界限。"[①] "归档还是人们正式承认档案价值的法律行动。""通过归档，文件就从法律上被赋予了更权威的事后凭证作用。作为档案，文件成了在一切场合普遍承认的法律凭证。所以，归档不仅仅是文件的转手和移交，它是一种具有重大意义的法律性、历史性行动。"[②] "对于国家公共档案来说，归档还是一个法律行为，经归档认定的，则是国家所有的档案，才能享受《档案法》的保护。"这些档案学理论观点似乎在《规定》第七条中失去了意义。也就是说，现实的法律实践已经否定了"归档"作为文件转化为档案的法律行动意义，同时，也否定了"归档还是人们正式承认档案价值的法律行动"的观点。在《规定》第七条及司法实践下的形成档案的标志就不是"归档"，而是立档单位向国家档案馆的"移交"。这也有可能成为迫使档案法重

---

① 吴宝康主编：《档案学概论》，中国人民大学出版社 1988 年版，第 38 页。
② 何嘉荪主编：《档案管理理论与实践》，高等教育出版社 1991 年版，第 76—77 页。

新确定档案定义或者划定规范档案范围的一个切入口。

（四）移交档案馆后是否还有封闭期

档案法规定进馆档案有控制使用的封闭期。尽管新《档案法》将封闭期缩短了 5 年，但是，控制使用封闭期依然存在，而且时间长达 25 年。而《规定》第七条及司法实践提出了一个问题，机关档案机构保存的档案，在移交进馆前，按政府信息对待，不受档案法规范。那么这些承载可公开政府信息的档案移交进馆后，还有没有控制使用封闭期？《规定》第七条没有给出答案，而将"球"传给了档案法。新《档案法》第十五条第二款规定："经档案馆同意，提前将档案交档案馆保管的，在国家规定的移交期限届满前，该档案所涉及政府信息公开事项仍由原制作或者保存政府信息的单位办理。移交期限届满的，涉及政府信息公开事项的档案按照档案利用规定办理。"[1] 第三十条规定："馆藏档案的开放审核，由档案馆会同档案形成单位或者移交单位共同负责。尚未移交进馆档案的开放审核，由档案形成单位或者保管单位负责，并在移交时附具意见。"[2] 按照这两条规定，并未说明或者清晰地规定移交期限届满移交的档案，如果其在移交前是政府公开的信息，移交到档案馆后还有没有控制封闭期，也就是说，依据这两条规定，移交前是政府公开的信息，移交到档案馆后仍然有控制封闭期。这样，学者们认为的"反映政府有关经济调节、市场监督、社会管理、公共服务等职能活动情况的文件在政府机关已经予以公布，待归档保存一定年限移交档案馆后反倒要经历'形成满 30 年'的考察，从逻辑推理上似乎具有讽刺意义，从现实执行上似乎也存在程序矛盾"[3] 的现象，仍然没有解决。

（五）政府信息移交档案馆后，原单位是否还可以使用保存的副本提供信息公开服务

《规定》第七条规定了政府信息转变成档案信息的情形之一："政府

---

[1] 《中华人民共和国档案法》，2020 年 6 月 20 日，http：//www.npc.gov.cn/npc/c30834/202006/14a5f4f6452a420a97ccf2d3217f6292.shtml，2021 年 9 月 5 日。

[2] 《中华人民共和国档案法》，2020 年 6 月 20 日，http：//www.npc.gov.cn/npc/c30834/202006/14a5f4f6452a420a97ccf2d3217f6292.shtml，2021 年 9 月 5 日。

[3] 陈永生：《从政务公开制度反思档案开放——档案开放若干问题研究之二》，《浙江档案》2007 年第 7 期。

信息已经移交各级国家档案馆。行政机关已不再保存该信息，在客观上难以提供相关信息的，应依照有关档案管理的法律、行政法规和国家有关规定执行。"① 那么，如果"机关档案机构（档案室）在仍然保留或从档案馆获得其所移交档案的副本的情况下，首先，有一个这些副本是什么的问题。是机关档案机构（档案室）档案副本，还是档案馆档案副本？其次，这些副本该如何对待？是否还可以提供公开服务？如果可以，是按信息对待还是按档案对待？按信息对待，移交单位是否有权处置已经移交档案所承载的信息？如果实施了信息公开，又该承担什么法律后果和责任。简单地说，就是这些副本是依《档案法》调整，还是依《条例》调整，各自又会产生什么法律后果，承担什么法律责任"②。

通过对《规定》与新《档案法》的对比分析，可以看出《档案法》与《政府信息公开条例》《规定》第七条冲突的问题远远超出我们的想象，上述所列的情况与思考，也许只是其中的一部分。这些问题不仅需要从法理上进行协调，以消除既有冲突，做好衔接以保障法律实施的顺畅，还需要从学理上进行研究与解答，重新定义档案及一系列派生概念，重构档案学理论以破解档案事业可持续发展所遇到的各种问题，回应法治国家、法治政府和法治社会建设与发展的需要。

---

① 《政府信息转变成档案信息的情形》，2020年11月24日，http://gxq.hld.gov.cn/zwgk/zfxxgk/zfxxgkzd/lnszfxxgkzd/202102/t20210224_1026056.html，2021年5月3日。

② 吴雁平、刘东斌：《将被改写的〈档案法〉和将被颠覆的档案学理论——基于〈最高人民法院关于审理政府信息公开行政案件若干问题的规定〉第七条司法实践案例分析》，《档案管理》2019年第4期。

第三章　档案行政法规对档案工作的规范

档案行政法规是由国务院根据宪法和法律制定的关于档案行政管理的规范性文件的总称。其位阶和权威性仅次于宪法和法律的档案行政法规，是《档案法》的下位法和部门档案规章、地方性档案法规、档案行政性规范性文件的上位法，起着上下贯通的衔接作用。档案行政法规必须及时细化档案法律规定，并作为制定部门档案规章、地方性档案法规和档案行政性规范性文件的依据，以便更好地协调档案法律与档案政策以及档案管理的"条""块"关系。

第一节　档案行政法规及其研究现状

一　档案行政法规的组成

行政法规是国务院根据宪法和法律，按照法定程序制定的有关行使行政权力，履行行政职责的规范性文件的总称。"档案行政法规是指由国务院根据宪法和法律制定的关于档案行政管理的规范性文件的总称。"[①] 现行档案行政法规有三部，依颁布时序分别是：《科学技术档案工作条例》《机关档案工作条例》《中华人民共和国档案法实施办法》。

另有一部《全国档案馆设置原则和布局方案》，有学者认为属档案

---

①　马绪超：《我国档案法规基本体系研究》，《档案与建设》2004年第1期。

行政法规[1],国家档案局将其同时作为"相关政策法规"和"国务院文件",分别列在"国家档案局网站—工作动态—法标工作—相关政策法规","国家档案局网站—法规标准库—相关政策法规—国务院文件"两个不同目录之下。

鉴于在两个《全国档案馆设置原则和布局方案》文本中,均注有"(经国务院批准,1992年3月27日国家档案局印发)",虽然该方案不在《中华人民共和国立法法》(2000年3月15日发布)规定的一般形式之列,考虑到《全国档案馆设置原则和布局方案》1992年发布时,《中华人民共和国立法法》尚未出台,本书将其列入档案行政法规一并作为研究对象。

二 档案行政法规研究的现状

(一)数据来源

1. 检索词

以《中华人民共和国档案法》《中华人民共和国档案法实施办法》《科学技术档案工作条例》《机关档案工作条例》《全国档案馆设置原则和布局方案》五部法律法规名称,以及档案法、档案法规、档案行政法规三个不规范表述关键词为检索词,以知网数据库、司法部法律法规规章数据库、中国裁判文书网为检索平台。

2. 检索方式

分别以篇名、主题、关键词、摘要、全文、被引文献、立法及制定法规规章依据(简称立法依据)、司法法律依据(简称司法依据)为检索指标项,检索时间为2021年11月10日。

(二)档案行政法规研究的状况

1. 档案行政法规研究的文献状况

档案行政法规研究文献量数据见表3-1。

---

[1] 王继风:《论我国档案法规体系的完善》,《郑州轻工业学院学报》(社会科学版)2017年第5期。

表 3－1　　　　　　　　档案行政法规研究文献量总表

序号	检索词	理论研究类					应用研究类		
		关键词	篇名	摘要	主题	全文	被引文献	立法依据	司法依据
1	《科学技术档案工作条例》	75	18	99	78	1655	40	6	0
2	《机关档案工作条例》	6	3388	157	3438	5033	64	5	0
3	《中华人民共和国档案法》	738	302	1302	890	19246	1719	134	2
4	《中华人民共和国档案法实施办法》	31	59	240	265	3464	467	27	9
5	《全国档案馆设置原则和布局方案》	0	1	11	4	321	27	1	0
6	档案行政法规	74	2	33	73	818	0	0	0
7	档案法	1576	2293	7244	8561	70381	2649	168	183
8	档案法规	1232	315	843	2727	15945	661	0	0
合计		3732	6378	9929	16036	116863	5627	341	194
说明	①《》为现行法律法规，以实施时间先后排序。②没有《》为法律法规不规范使用，依照与研究主题相关度强弱排序。								

2. 档案行政法规研究的具体特征

从表 3－1 中的文献量数据可以得出如下六个结论：

（1）理论研究类高于应用研究类

无论是纵向的具名或不规范表述的检索词，还是横向的检索项，理论研究类文献数量都大幅超过应用研究类文献数量。理论研究强于应用研究，务虚多于务实，构成了档案行政法规研究的整体特征。

（2）一般使用高于专题研究与应用研究

无论是具名，抑或是不规范表述，一般表述性使用多，作为研究题目、主题的少。这种情况，理论研究中有，应用研究中同样也有。趋之浅泛，避之深专，是档案行政法规研究的一个特点。

（3）不规范表述法规高于现行具名法规

从 3 项不规范表述检索词与 5 项具名档案法规检索词的数据量看，不规范表述多高于具名表述，且有一定的普遍性。这表明，无论在理论研究中，还是在应用研究中，都存在大量使用不规范表述的情况，理论研究与应用研究的规范性有待提升。

（4）位阶高低与文献量正相关

这种情况在具名和不规范表述两种情况下都成立。这表明位阶高、权威性大，在理论研究中倍受重视，在应用研究中使用率高。喜好宏大叙事也是该主题研究的一种共性趋向。

（5）实行时点与文献量有一定因果关系

从开始使用的时间点与文献量的关系看，有一定因果关系，但没有一致性的正相关或负相关关系。比如，在篇名项下，部分具名法规文献量与实施时间早晚有明显的正相关关系，即法规颁布实施越早，文献量越多。但这种正相关关系在全文项下，却不成立。

（6）"档案行政法规"全项垫底

"档案行政法规"无论在理论研究中还是在应用研究中，无论在具名中还是在不规范表述中，数量都是最少的。这表明"档案行政法规"效力不如法律，使用面不及部门规章、地方性法规和规范性文件。这正是档案规范体系研究中的短板所在。

第二节　档案行政法规的作用与影响

依据《行政法规制定程序条例》的规定，对《科学技术档案工作条例》《机关档案工作条例》《全国档案馆设置原则和布局方案》《中华人民共和国档案法实施办法》四部现行档案行政法规规制档案工作的情况，逐一进行梳理和分析。

一　现行档案行政法规的特征

1. 数量不多

现行档案行政法规共四部，依颁布实施时序，分别是《科学技术档案工作条例》（1980年）、《机关档案工作条例》（1983年）、《中华人民共和国档案法实施办法》（1990年）、《全国档案馆设置原则和布局方案》（1992年）。

2. 制定发布时点不集中

制定时间最早的一部是1980年发布的《科学技术档案工作条例》，最近的一部是1992年发布的《全国档案馆设置原则和布局方案》。两部之间间隔最短的是2年，分别是1990年颁布实施的《中华人民共和国档案法实施办法》与1992年公布的《全国档案馆设置原则和布局方案》。两部之间间隔最长的是7年，分别是1983年公布的《机关档案工作条例》与1990年公布的《中华人民共和国档案法实施办法》。

3. 使用年限跨度大

四部档案行政法规公布实施至今，时间最长的42年（《科学技术档案工作条例》，1980年），最短的30年（《中华人民共和国档案法实施办法》，1990年）。平均使用近36年。"在这期间，我国档案工作的政治环境、法律环境和文化环境均已发生了较大变化。"[①] 若想使我国的档案工作更好地为党和国家的各项建设与改革事业服务，有效提高档案工作的质量和水平，完善档案工作制度，建设行之有效的管理和服务机制，就必须及时修订和完善现行的档案行政法规，以期为我国档案工作的健康、持续、高质量发展提供有效的行政法规保障。

4. 内容形式各异

从内容上看，有规制档案来源的《科学技术档案工作条例》《机关档案工作条例》，有规制《中华人民共和国档案法》具体实施的《中华人民共和国档案法实施办法》，有规制档案馆设置和布局的《全国档案馆设置原则和布局方案》。

其形式涉及三种，其中两部"条例"（《科学技术档案工作条例》《机关档案工作条例》），一部"办法"（《中华人民共和国档案法实施办

---

① 王英玮、高璐娜：《关于修订和完善〈机关档案工作条例〉的建议与思考》，《档案学通讯》2013年第3期。

法》），一部"方案"（《全国档案馆设置原则和布局方案》）。

5. 内容少有修改

《科学技术档案工作条例》，颁布时的相关信息为：1980年12月9日国务院批准，1980年12月27日国家经济委员会（已变更）、国家基本建设委员会（已变更）、国家科学技术委员会（已变更）、国家档案局发布。现在公开信息为：1980年12月9日国务院批准，1980年12月27日国务院发布施行。

《机关档案工作条例》，1983年4月28日中共中央办公厅、国务院办公厅发布，效力级别为党内法规。

《中华人民共和国档案法实施办法》，自1990年首次颁布，至今已经过一次修正，一次修订。1990年10月24日国务院批准，1990年11月19日国家档案局令第1号发布。1999年5月5日国务院批准修订，1999年6月7日国家档案局令第5号重新发布。根据2017年3月1日国务院令第676号《国务院关于修改和废止部分行政法规的决定》修正。目前正在根据2020年重新颁布的新《中华人民共和国档案法》进行修改，是四部档案行政法规中唯一一部经过修正修订的档案行政法规。

《全国档案馆设置原则和布局方案》，经国务院批准，于1992年3月27日国家档案局印发。

二 档案行政法规规制档案工作的具体表现

（一）《科学技术档案工作条例》

1. 制定过程

新中国的科技档案工作，是伴随着国家社会主义经济建设和科学技术研究事业的发展逐步建立和发展起来的。1957年7月，国家档案局草拟了《国家机关、企业、事业技术档案资料工作暂行通则》（草案），成为《科学技术档案工作条例》的最初蓝本；1964年初，国家档案局向中共中央、国务院作了《关于进一步加强技术档案工作的报告》，提出了做好科技档案工作的意见和措施；1980年12月，国务院批准颁发《科学技术档案工作条例》，对科技文件材料的形成及归档、科技档案的管理体制和管理制度、方法等作了具体的规定。①

2. 修改修订情况

《科学技术档案工作条例》（以下简称《条例》）自 1980 年 12 月 27 日发布至今，没有进行过实质性的修改修订。仅有的变化，只有因原起草发布主体机构变更，按照《中华人民共和国立法法》《行政法规制定程序条例》的要求，进行了变更。

3. 法律依据

1980 年发布的《条例》，早于 1987 年实施的《中华人民共和国档案法》。因此，《条例》的法规依据不可能是《中华人民共和国档案法》，只能是党和国家的方针政策。

4. 发布主体

1980 年《条例》发布时的表述是：1980 年 12 月 9 日国务院批准，1980 年 12 月 27 日国家经济委员会、国家基本建设委员会、国家科学技术委员会、国家档案局发布。国家经济委员会、国家基本建设委员会、国家科学技术委员会已经变更，未变更前三个单位正是国家负责经济、建设、科技的专业主管机关。

由于《条例》1980 年发布时，《中华人民共和国立法法》《行政法规制定程序条例》尚未颁布，这一表述虽与《中华人民共和国立法法》第六十五条"国务院根据宪法和法律，制定行政法规"、第七十条"行政法规由总理签署国务院令公布"②和《行政法规制定程序条例》、第二十七条"国务院法制机构应当根据国务院对行政法规草案的审议意见，对行政法规草案进行修改，形成草案修改稿，报请总理签署国务院令公布施行"③的规定不一致，但其符合《行政法规制定程序条例》第二十六条"行政法规草案由国务院常务会议审议，或者由国务院审批"④之

---

① 裴桐主编：《当代中国的档案事业》，中国社会科学出版社 1988 年版，第 109 页。
② 《中华人民共和国立法法》，2015 年 3 月 15 日，https：//flk. npc. gov. cn/detail2. html? ZmY4MDgxODE4NjVlZGMxNDAxODZkOWQ2ZjFjYjI1MDM%3D，2021 年 11 月 14 日。
③ 《行政法规制定程序条例》，2001 年 11 月 16 日，https：//flk. npc. gov. cn/detail2. html? ZmY4MDgwODE2ZjNjYmIzYzAxNmY0MDIzN2U5NDAwZDg%3D，2021 年 11 月 14 日。
④ 《行政法规制定程序条例》，2001 年 11 月 16 日，https：//flk. npc. gov. cn/detail2. html? ZmY4MDgwODE2ZjNjYmIzYzAxNmY0MDIzN2U5NDAwZDg%3D，2021 年 11 月 14 日。

要求。

5. 规制的对象

（1）从档案行政法规的题名看，其规制的对象是"档案"，属"物"。

（2）从档案行政法规的内容看，可分为三种："物"——科学技术档案；"事"——科学技术档案工作；"人"——单位、机构、部门、工作者。

6. 调整的法律关系和范围

（1）调整的法律关系

通读《条例》，可以将其调整的法律关系归纳为以下九种：

①自然科学研究、生产技术、基本建设等活动中产生的科学技术档案法律关系；

②科学技术档案形成、归档、移交、保存、利用、交换、销毁中形成的科学技术档案法律关系；

③业务单位之间产生的科学技术档案法律关系；

④单位内部业务部门与档案部门之间的法律关系；

⑤业务人员与档案部门之间的法律关系；

⑥文书档案与科学技术档案之间的法律关系；

⑦国务院及地方各级人民政府所属的各专业主管机关（条）和地方各级人民政府专业主管机关（块）之间的法律关系；

⑧科学技术档案形成单位与同级地方档案主管部门、行业档案主管部门间的法律关系；

⑨专业档案馆、城市基本建设档案馆、事业机构档案馆、企业档案馆、综合档案馆之间的法律关系。

（2）调整的范围

《条例》调整的范围有七个方面：

①与科学技术档案有关的自然科学研究、生产技术、基本建设等活动；

②科学技术档案各专业类别；

③科学技术档案工作各环节；

④科学技术档案工作全流程；

⑤开展科学技术工作的组织机构；

⑥科学技术工作参与者；

⑦科学技术档案工作参与者。

7. 规制的途径与方法

（1）规制的途径

《条例》规制科学技术档案工作的途径，可以归纳为：作依据，"条""块"结合，馆室并行，档案与资料共存管。

①作依据。作为部门规章、地方性法规、规范性文件的依据。涉及《科学技术研究档案管理规定》《唐山市城市建设档案管理规定》《抚顺市城市建设档案管理办法》《浙江省城市建设档案管理办法》等6部。

②"条""块"结合。该条例第二十六条和第二十七条提出的"国家档案局和各级档案管理机关应当加强对科技档案工作的指导、监督和检查""科技档案工作必须按专业实行统一管理"，便是对科技档案工作实施"条""块"结合管理方式的说明。

③馆室并行。相关内容体现在第二十八条"国务院所属的各专业主管机关，根据需要建立专业档案馆，收集和保管本专业需要长期和永久保存的科技档案"和第二十九条"大中型企业、事业单位要设立直属的科技档案机构；小型企业、事业单位可以设立单独的科技档案室，也可以设立文书档案和科技档案统一管理的档案室，或者配备专（兼）职人员管理"之中。

④档案与资料共存管。第三十条，专业档案馆或各单位的科技档案机构，根据需要可以兼管科技资料工作。

（2）规制的方法

《条例》规制科学技术档案工作的方法主要有：建制度、控环节、顺体制、管干部、立规章。

①建制度。《条例》第二章科技文件材料的形成和归档，明确规定了科技文件材料的形成和归档阶段的制度。包括：归档制度（第五条）、

责任制度（第六条）、验收制度（第七条）、保密制度（第八条）、质量制度（第九条）、检查制度（第十条）。这一部分是对科技文件材料档案化的规制，也可理解为通过制度设计完成科技材料到科学技术档案的转化，并用制度手段"回答"哪些科技材料能够成为科学技术档案，即实现对科学技术档案属概念的规制，是对"事"的规制的一部分。

②控环节。《条例》第三章科技档案的管理，用15条对科技档案的分类、编目、登记、统计、加工、整理、服务、借阅、审批、制定保管期限、鉴定、销毁、安全、修补、复制、技术、设备、送交、交接、经费、建库等各环节的控制进行了详尽的规定，是对科学技术档案"物"的规制。

③顺体制。《条例》第四章科技档案工作管理体制，用5条对科学技术档案的体制机制进行了规定。而体制就是规制的途径，也是对"事"的规制的一部分。

④管干部。《条例》第五章科技档案干部，用4条强调了科学技术档案干部在科学技术档案工作中的重要性，并且在专业技术、思想品德、人员数量、保守机密等方面提出了具体要求，从而实现了对"人"的规制。

⑤立规章。《条例》第六章第三十五条"国务院所属的各专业主管机关和省、自治区、直辖市人民政府所属的各专业主管机关，可以根据本条例的精神，结合本系统、本地区科技档案工作情况，制定实施细则"[①]的规定，在为国务院所属的各专业主管机关制定相关部门规章和省、自治区、直辖市人民政府所属的各专业主管机关制定相关地方性法规提供了法律依据的同时，也提供了内容与形式框架，这是对"事"的规制的一部分。

据不完全统计，目前将《条例》作为立法依据，制定的部门规章和地方性法规有《科学技术研究档案管理规定》《唐山市城市建设档案管

[①] 《科学技术档案工作条例》，2011年11月16日，https：//www.saac.gov.cn/daj/xzfg/198012/5739ffb6b8a64233a63bfbd6508ed2a9.shtml，2021年11月14日。

理规定》《抚顺市城市建设档案管理办法》《浙江省城市建设档案管理办法》《中山市人民政府关于修改〈中山市城乡建设档案管理办法〉的决定》《浙江省人民政府关于修改〈浙江省烟草专卖管理办法〉的决定》等 23 件规章。

（二）《机关档案工作条例》

1. 制定过程

20 世纪 50 年代初，中共中央办公厅部门等分别制发了《中共中央机关档案工作暂行条例》《关于建立与健全党委机关档案工作的意见》《中共中央华北局机关档案整理、归档、调阅试行办法（草案）》，对机关档案管理作了一些规定[1]。

1954 年 12 月，第一次全国档案工作会议通过了《中国共产党中央和省（市）级机关文书处理工作和档案工作暂行条例》。该暂行条例对国家机关和军事机关也是适用的[2]。

1956 年 1 月，国家档案局专门研究制定了《关于几项不归档文书材料销毁暂行规定》，统一了机关档案室销毁档案材料的标准。

1956 年 4 月，第二次全国档案工作会议通过了《中国共产党县级机关文书处理工作和档案工作暂行办法》《确定党的机关档案材料保管期限的一般标准》等文件，推动了党的系统的档案工作深入发展。

1956 年 12 月，全国政府系统第一次档案工作会议通过了《国家机关文书立卷工作和档案室工作暂行通则》和《国家机关一般档案材料保管期限的暂行规定》。这次会议明确了国家机关档案工作的任务，统一了国家机关档案工作的一些做法。

1960 年 11 月，全国档案室工作会议通过了新的《机关档案室工作通则》。这个《通则》在全国各级机关实行，促进了机关档案室工作水平的进一步提高。

1983 年 4 月，中共中央办公厅、国务院办公厅印发了《机关档案工

---

[1] 裴桐主编：《当代中国的档案事业》，中国社会科学出版社 1988 年版，第 84 页。
[2] 裴桐主编：《当代中国的档案事业》，中国社会科学出版社 1988 年版，第 84 页。

作条例》①。

2. 修改修订情况

《机关档案工作条例》（以下简称《条例》）从1983年发布至今，没有新的修改修订版公布。

3. 法律依据

按照现行《中华人民共和国立法法》《行政法规制定程序条例》的规定，《条例》作为档案行政法规，其立法依据应当是《中华人民共和国档案法》和其他法律。但是1983年《条例》公布时，《中华人民共和国档案法》《中华人民共和国立法法》《行政法规制定程序条例》尚未颁布。结合《条例》第一条的规定：根据中共中央、国务院有关档案工作的决定和指示，为加强各级党、政、军机关和人民团体档案的科学管理，更好地为机关工作服务，特制定本条例。② 可以看出，《条例》"是根据党中央和国务院确定的这些原则和要求精神制定的"③。

4. 发布主体

《条例》由"中共中央办公厅、国务院办公厅发布"④，即《条例》的发布主体是"两办"。

《条例》规定："机关档案部门受办公厅（室）的领导。"⑤ "这个规定同1959年中共中央《关于统一管理党、政档案工作的通知》的规定是完全一致的。"⑥ 由"两办"一起公布，体现了档案工作的"党政一体化"。

"机关办公厅（室）是一个综合性部门，熟悉机关全面工作情况，便

---

① 裴桐主编：《当代中国的档案事业》，中国社会科学出版社1988年版，第84页。
② 《机关档案工作条例》1983年4月28日，http：//www.yueyang.gov.cn/daj/6630/6633/content_993282.html，2021年11月14日。
③ 业探：《〈机关档案工作条例〉讲座〈条例〉制定的意义、依据和目的》，《湖南档案》1984年第1期。
④ 《机关档案工作条例》1983年4月28日，http：//www.yueyang.gov.cn/daj/6630/6633/content_993282.html，2021年11月14日。
⑤ 《机关档案工作条例》1983年4月28日，http：//www.yueyang.gov.cn/daj/6630/6633/content_993282.html，2021年11月14日。
⑥ 业探：《〈机关档案工作条例〉讲座〈条例〉制定的意义、依据和目的》，《湖南档案》1984年第1期。

于对机关档案工作的安排和重要精神的上传下达，以及各种问题的解决。这样规定完全符合我国当前机关实际情况，实践也证明是行之有效的。"①由"两办"一起公布，也表明《条例》既是行政法规，又是党内法规。

5. 规制对象

（1）从《条例》的题名看，其规制的对象是"档案"，属于"物"。

（2）从《条例》的内容看，可按属性和强度分为两种：

①按规制对象属性分，是"人""物""事"。"人"是指机构，包括党、政、军机关和人民团体、企业事业单位；"物"是指档案，包括各级党、政、军机关和人民团体等形成的档案；"事"是指档案工作，在这里特指《条例》标题所明示的"机关档案工作"。

②按规制强度分，《条例》规制的对象可以分为强制直接规制的对象和自愿间接规制的对象两种。其中，党、政、军机关和人民团体，属于强制直接规制的对象；企业事业单位，属于自愿间接规制的对象。

《条例》整体上是一个由"人"及"物"，再由"物"及"事"的顺序加以布局的规范。

6. 调整的法律关系和范围

（1）调整的法律关系

《条例》调整的法律关系有六个方面：

①机关档案部门与所属办公厅（室）的法律关系；

②机关档案部门与同级和上级档案业务管理机关的法律关系；

③机关档案部门与本单位业务部门的法律关系；

④机关档案部门与本级综合档案馆的法律关系；

⑤专业主管机关与地方档案管理机关的法律关系；

⑥机关档案部门与利用者之间的法律关系。

（2）调整的范围

《条例》第一条"根据中共中央、国务院有关档案工作的决定和指

---

① 业探：《〈机关档案工作条例〉讲座相关档案工作机构、体制和干部》，《湖南档案》1984年第3期。

示，为加强各级党、政、军机关和人民团体（以下统称机关）档案的科学管理，更好地为机关工作服务，特制订本条例"①，将其调整范围明确为"档案的科学管理"和"为机关工作服务"。归纳成一句话，就是"机关档案管理与服务"。这里明确了《条例》的适用范围，即为《条例》划定了三条边界：

①类型边界划定为"机关"；

②管理边界确定为"档案"；

③服务边界限定为"机关"。

7. 规制的途径与方法

（1）规制的途径

《条例》对机关档案工作的规制途径，笼统地讲，有依据、指导、监督、检查、授权。具体划分如下：

①作为行政规章及地方性法规的制定依据。这是由《条例》本身的行政法规属性和位阶，以及《中华人民共和国立法法》《行政法规制定程序条例》所规定的。

作为部门规章、地方性法规、规范性文件的依据，涉及《中国共产党党内法规体系》《机关档案管理规定》《公证文书立卷归档办法》及《公证档案管理办法》《深圳市城市建设档案管理规定》等。

②对本机关文书部门或业务部门进行指导和监督。（《条例》第四条第一款）

③对本系统和直属单位的档案工作进行指导、监督与检查。（《条例》第四条第三款）

④授权。（《条例》第二十八条）

⑤例外（《条例》第二十九条），属于授权的一种方式。

（2）规制的方法

《条例》规制机关档案工作的方法，可以归纳为"七定"，即定原

---

① 《机关档案工作条例》1983 年 4 月 28 日，http：//www.yueyang.gov.cn/daj/6630/6633/content_ 993282.html，2021 年 11 月 14 日。

则、定范围、定任务、定机构、定干部、定制度、定授权。

①定原则。如《条例》第一条"根据中共中央、国务院有关档案工作的决定和指示,为加强各级党、政、军机关和人民团体(以下统称机关)档案的科学管理,更好地为机关工作服务,特制订本条例"①。

②定范围。如《条例》第三条"各机关在工作活动中形成的全部档案均由本机关档案部门集中统一管理"②。

③定任务。如《条例》第五条"机关档案部门必须贯彻执行党和国家的保密、保卫制度,确保档案和档案机密的安全"③。

④定机构。如《条例》第七条"各级机关档案部门的业务工作受同级和上级档案业务管理机关的指导、监督与检查"。规定了机关档案工作机关的建立和领导管理体制,以及"不需要建立档案机构的机关,应配备专职或兼职的档案人员"。④

⑤定干部。如《条例》第十条"档案干部应相对稳定。对有业务职称的档案干部,在调离档案部门时,应征得授予职称的档案业务管理机关的同意"⑤。

⑥定制度。如《条例》第三章档案的接收、第四章档案的管理和提供利用、第五章档案的移交,从"收""管""用""交"四个主要环节上,对机关档案工作做出的制度性要求。

⑦定授权。如《条例》第二十八条"机关可根据本条例规定的原则,结合本机关的具体情况,制定具体实施办法"⑥。

---

① 《机关档案工作条例》1983 年 4 月 28 日,http://www.yueyang.gov.cn/daj/6630/6633/content_ 993282.html,2021 年 11 月 14 日。

② 《机关档案工作条例》1983 年 4 月 28 日,http://www.yueyang.gov.cn/daj/6630/6633/content_ 993282.html,2021 年 11 月 14 日。

③ 《机关档案工作条例》1983 年 4 月 28 日,http://www.yueyang.gov.cn/daj/6630/6633/content_ 993282.html,2021 年 11 月 14 日。

④ 《机关档案工作条例》1983 年 4 月 28 日,http://www.yueyang.gov.cn/daj/6630/6633/content_ 993282.html,2021 年 11 月 14 日。

⑤ 《机关档案工作条例》1983 年 4 月 28 日,http://www.yueyang.gov.cn/daj/6630/6633/content_ 993282.html,2021 年 11 月 14 日。

⑥ 《机关档案工作条例》1983 年 4 月 28 日,http://www.yueyang.gov.cn/daj/6630/6633/content_ 993282.html,2021 年 11 月 14 日。

（三）《中华人民共和国档案法实施办法》

1. 制定过程

1987年9月《档案法》颁布后，国家档案局开始制定《中华人民共和国档案法实施办法》（以下简称《档案法实施办法》），经国务院批准，1990年11月国家档案局第1号令发布《档案法实施办法》。

1999年6月，国家档案局第5号令"发布施行已经国务院批准修改后的《档案法实施办法》"。[①]

2020年6月，新修订《档案法》颁布，开启了新一轮全国性档案法规规章和规范性文件修订的序幕[②]。

2. 修改修订情况

1999年5月，国务院批准修订《档案法实施办法》；

1999年6月，国家档案局第5号令重新发布《档案法实施办法》；

2017年3月，根据国务院第676号令《国务院关于修改和废止部分行政法规的决定》对《档案法实施办法》进行修正。

3. 法律依据

《档案法实施办法》的法律依据是《档案法》。

4. 发布或授权发布主体

国务院发布或国务院批准国家档案局发布。

5. 规制对象

从题名看，其规制的对象是"档案法实施"这个"事"。

从内容看，规制的对象与《档案法》相一致，即"物""事""人"。

6. 调整的法律关系和范围

（1）调整的法律关系

《档案法实施办法》调整的法律关系，包括但不限于《档案法》中所涉及的各种法律关系。概括地说，包括《档案法》规定和授权涉及的"物""事""人"之间的各种法律关系。

[①] 彦生：《〈中华人民共和国档案法 实施办法〉发布实施》，《档案》1999年第4期。

[②] 陈忠海、吴雁平、刘东斌：《定原则、建组织、立制度、确规范、划范围——〈中华人民共和国档案法实施办法〉修订思路及修改建议》，《档案学研究》2021年第4期。

(2) 调整的范围

《档案法实施办法》调整的范围集中在《档案法》规定和授权的范围之内，即《档案法》第二条所规定的"从事档案收集、整理、保护、利用及其监督管理活动，适用本法"[①]。

7. 规制的途径与方法

(1) 规制的途径

《档案法实施办法》规制了《档案法》实施的途径，笼统地讲，有依据、规划、指导、监督、检查、奖励、处分、授权例外。具体划分如下：

①依据。作为行政规章及地方性法规的制定依据。这《档案法实施办法》本身的行政法规属性和位阶，是由《中华人民共和国立法法》《行政法规制定程序条例》所规定的。

作为部门规章、地方性法规、规范性文件的依据。如作为《浙江省档案登记备份管理办法》《各级各类档案馆收集档案范围的规定》《沈阳市声像档案管理规定》《电子公文归档管理暂行办法》等的依据。

②规划。如第五条"县级以上各级人民政府应当加强对档案工作的领导，把档案事业建设列入本级国民经济和社会发展计划，建立、健全档案机构，确定必要的人员编制，统筹安排发展档案事业所需经费"[②]。

③指导、监督、检查。如第七条、第八条、第九条等。

④奖励。如第六条"有下列事迹之一的，由人民政府、档案行政管理部门或者本单位给予奖励"[③]。

⑤处分。如第二十六条、第二十七条、第二十八条等。

⑥授权。如第四条"国务院各部门经国家档案局同意，省、自治区、直辖市人民政府各部门经本级人民政府档案行政管理部门同意，可以制定本系统专业档案的具体管理制度和办法"[④]。

---

① 《中华人民共和国档案法实施办法》，1990年11月19日，https://flk.npc.gov.cn/detail2.html?ZmY4MDgwODE2ZjNjYmIzYzAxNmY0MTAxYmIwZTExMDU，2021年8月1日。

② 《中华人民共和国档案法实施办法》，1990年11月19日，https://flk.npc.gov.cn/detail2.html?ZmY4MDgwODE2ZjNjYmIzYzAxNmY0MTAxYmIwZTExMDU，2021年8月1日。

③ 《中华人民共和国档案法实施办法》，1990年11月19日，https://flk.npc.gov.cn/detail2.html?ZmY4MDgwODE2ZjNjYmIzYzAxNmY0MTAxYmIwZTExMDU，2021年8月1日。

④ 《中华人民共和国档案法实施办法》，1990年11月19日，https://flk.npc.gov.cn/detail2.html?ZmY4MDgwODE2ZjNjYmIzYzAxNmY0MTAxYmIwZTExMDU，2021年8月1日。

⑦例外。如第十九条第三款"经济、科学、技术、文化等类档案,可以随时向社会开放。前款所列档案中涉及国防、外交、公安、国家安全等国家重大利益的档案,以及其他虽自形成之日起已满30年但档案馆认为到期仍不宜开放的档案,经上一级档案行政管理部门批准,可以延期向社会开放"①。

(2)规制的方法

《档案法实施办法》规制《档案法》实施的方法,可以归纳为"五细",即细对象、细职责、细规矩、细罚则、细授权。

①细对象。第二条"《档案法》第二条所称对国家和社会有保存价值的档案,属于国家所有的,由国家档案局会同国家有关部门确定具体范围;属于集体所有、个人所有以及其他不属于国家所有的,由省、自治区、直辖市人民政府档案行政管理部门征得国家档案局同意后确定具体范围"②。

②细职责。第二章档案机构及其职责,细化了《档案法》的相关规定。

③细规矩。第三章档案的管理、第四章档案的利用和公布,对《档案法》的相关条款进行了细化。

④细罚则。第五章罚则。

⑤细授权。第四条"国务院各部门经国家档案局同意,省、自治区、直辖市人民政府各部门经本级人民政府档案行政管理部门同意,可以制定本系统专业档案的具体管理制度和办法"。第二十九条规定:"中国人民解放军的档案工作,根据《档案法》和本办法确定的原则管理。"③

(四)《全国档案馆设置原则和布局方案》

1. 制定过程

1956年,国务院发布的《关于加强国家档案工作的决定》,就明确

---

① 《中华人民共和国档案法实施办法》,1990年11月19日,https://flk.npc.gov.cn/detail2.html? ZmY4MDgwODE2ZjNjYmIzYzAxNmY0MTAxYmIwZTExMDU,2021年8月1日。

② 《中华人民共和国档案法实施办法》,1990年11月19日,https://flk.npc.gov.cn/detail2.html? ZmY4MDgwODE2ZjNjYmIzYzAxNmY0MTAxYmIwZTExMDU,2021年8月1日。

③ 《中华人民共和国档案法实施办法》,1990年11月19日,https://flk.npc.gov.cn/detail2.html? ZmY4MDgwODE2ZjNjYmIzYzAxNmY0MTAxYmIwZTExMDU,2021年8月1日。

要求国家档案局根据国家集中统一与分级负责管理档案的原则，对全国档案馆建设进行全面规划。

1992年，国家档案局在坚持统一领导、分级管理，重点发展原有各级国家综合档案馆的原则下，提出了全国各级各类档案馆的具体设置与布局方案①。

2. 修改修订情况

自1992年3月27日国家档案局印发，至今没有修改修订。

3. 法律依据

《全国档案馆设置原则和布局方案》的法律依据是《中华人民共和国档案法》和《中华人民共和国档案法实施办法》的相关规定。

4. 授权起草发布主体

经国务院批准，1992年3月27日由国家档案局印发。

5. 规制对象

从题名看，其规制的对象是"档案馆"，属"人"。

从内容看，规制的对象仍然是"物""事""人"；可以按规制的直接与否，分为直接规制与间接规制两种。

《方案》直接规制对象有两个：一是"完善全国档案馆网的结构"②，这个"事"；二是"档案馆"和有权设置各级各类档案馆的主体及各级国家档案馆、部门档案馆、企业事业单位档案馆、中国人民解放军系统档案馆，这些"人"。

《方案》间接规制对象有一个，即"使一切具有研究价值和查考价值的重要档案，得到妥善的保管和有效的利用"③中的"档案"。

《方案》整体上是一个由"事"及"人"，再由"人"及"物"的顺序加以布局的规范。

---

① 《〈全国档案馆设置原则和布局方案〉正式施行》，《上海档案工作》1992年第3期。
② 《全国档案馆设置原则和布局方案》，1992年3月27日，https：//www.saac.gov.cn/daj/fzxgzcfg/201809/cb1c7c3e30154b108a0b022711689351.shtml，2021年11月14日。
③ 《全国档案馆设置原则和布局方案》，1992年3月27日，https：//www.saac.gov.cn/daj/fzxgzcfg/201809/cb1c7c3e30154b108a0b022711689351.shtml，2021年11月14日。

6. 调整的法律关系和范围

（1）调整的法律关系

①各级各类档案馆设置中产生的法律关系；

②各级各类档案馆布局中产生的法律关系；

③有权设置各级各类档案馆的主体间的法律关系；

④有权设置各级各类档案馆的主体与现有各级各类档案馆间的法律关系；

⑤现有各级各类档案馆间的法律关系。

（2）调整的范围

全国。

7. 规制的途径与方法

（1）规制的途径

《方案》对档案馆设置的规制途径，笼统地讲，有依据、计划、规划、审批、备案、授权。具体划分如下：

①依据。作为全国档案馆设置和布局的依据。这是由《方案》本身的行政法规属性和位阶，以及《中华人民共和国立法法》《行政法规制定程序条例》所规定的。仅涉及《各级各类档案馆收集档案范围的规定》一部。

②计划、规划。《方案》就是全国档案馆设置原则和布局计划，并通过计划来规制全国档案馆的设置和布局。如《方案》计划"在中央设置四个专门档案馆"[1]，包括中国照片档案馆（已建立）、中国科学技术档案馆（待建立）、中国文学艺术档案馆（待建立）、中国声像档案馆（待建立）。

与一般计划设置有时限不同，《方案》没有时限要求。

③审批、备案。如《方案》规定："某些形成专门业务和科学技术档案数量大的中央专业主管部门，经部门领导批准，国家档案局同意，可成立本部门档案馆。"[2]

---

[1]《全国档案馆设置原则和布局方案》，1992年3月27日，https：//www.saac.gov.cn/daj/fzxgzcfg/201809/cb1c7c3e30154b108a0b022711689351.shtml，2021年11月14日。

[2]《全国档案馆设置原则和布局方案》，1992年3月27日，https：//www.saac.gov.cn/daj/fzxgzcfg/201809/cb1c7c3e30154b108a0b022711689351.shtml，2021年11月14日。

④授权。如《方案》规定："最高人民法院、最高人民检察院、公安部可设置本部门档案馆。"①

（2）规制的方法

《方案》规制档案馆设置和布局的方法，也可以归纳为"七定"，即定原则、定范围、定性质、定层级、定馆藏、定报批、定授权。

①定原则。《方案》规定："坚持统一领导、分级管理，重点发展原有各级国家综合档案馆的原则。"②

②定范围。《方案》规定："把国家档案馆网建设成为结构合理、分工明确、关系协调、管理科学、具有安全保管与充分开发档案信息能力、为社会各方面提供优质服务的有机整体"③，表明《方案》规制的范围为全国。

③定性质。《方案》规定："专门档案馆指收集和管理某一专门领域或某种特殊载体形态档案的档案馆。"④

④定层级。《方案》将档案馆分为各级国家档案馆、部门档案馆、企事业单位档案馆等层级。

⑤定馆藏。《方案》规定："根据国家外交、安全工作的特殊需要，分别设置外交部档案馆、安全部档案馆，收集并永久管理本部门及其直属单位形成的档案。"⑤

⑥定报批。《方案》规定："中国科学院、中国社会科学院、国家教委直属的院校，经主管部门批准，向同级档案行政管理部门备案，可成立档案馆。"⑥

---

① 《全国档案馆设置原则和布局方案》，1992年3月27日，https：//www.saac.gov.cn/daj/fzxgzcfg/201809/cb1c7c3e30154b108a0b022711689351.shtml，2021年11月14日。
② 《全国档案馆设置原则和布局方案》，1992年3月27日，https：//www.saac.gov.cn/daj/fzxgzcfg/201809/cb1c7c3e30154b108a0b022711689351.shtml，2021年11月14日。
③ 《全国档案馆设置原则和布局方案》，1992年3月27日，https：//www.saac.gov.cn/daj/fzxgzcfg/201809/cb1c7c3e30154b108a0b022711689351.shtml，2021年11月14日。
④ 《全国档案馆设置原则和布局方案》，1992年3月27日，https：//www.saac.gov.cn/daj/fzxgzcfg/201809/cb1c7c3e30154b108a0b022711689351.shtml，2021年11月14日。
⑤ 《全国档案馆设置原则和布局方案》，1992年3月27日，https：//www.saac.gov.cn/daj/fzxgzcfg/201809/cb1c7c3e30154b108a0b022711689351.shtml，2021年11月14日。
⑥ 《全国档案馆设置原则和布局方案》，1992年3月27日，https：//www.saac.gov.cn/daj/fzxgzcfg/201809/cb1c7c3e30154b108a0b022711689351.shtml，2021年11月14日。

⑦定授权。《方案》规定:"中国人民解放军系统设置哪些档案馆,可根据实际需要由军委主管部门自行确定。"①

三 档案行政法规发挥作用的基本方式

综上所述,我们认为:作为位阶和权威性仅次于宪法和法律的档案行政法规,作为《档案法》的下位法和部门档案规章、地方性档案法规以及档案行政性规范性文件的上位法,起着上下贯通的衔接作用。在档案工作规范体系中发挥作用的具体方式表现在以下几个方面:

(一)细化法律规定

档案行政法规,对上承担着细化法律的责任,使较为原则的法律条文变得易于理解执行,使法律得以实施落实。如《档案法实施办法》在细化《档案法》方面体现得最为充分。

(二)作为制定部门档案规章、地方性档案法规以及档案行政性规范性文件的依据

档案行政法规,对下作为制定部门档案规章、地方性档案法规以及档案行政性规范性文件的依据,使较为笼统的法律条文变得更加适用好用。其依据作用主要体现在部门档案规章、地方性档案法规、档案行政性规范性文件制定、执行(审批)、司法三个方面。

(三)有侧重地规制"物""事""人"

同时规制"物""事""人"是档案法律法规规章以及档案行政性规范性文件的特点。四部档案行政法规在同时规制"物""事""人"的情况下,又各有侧重地分头规制"物"——档案(《科学技术档案工作条例》《机关档案工作条例》)、"事"——档案工作(《中华人民共和国档案法实施办法》)、"人"——单位、机构和相关人员(《全国档案馆设置原则和布局方案》)。将四部档案行政法规放在一起看,则是一个围绕在《中华人民共和国档案法》周边的体系化的档案行政法规网络节点。

---

① 《全国档案馆设置原则和布局方案》,1992年3月27日,https://www.saac.gov.cn/daj/fzxgzcfg/201809/cb1c7c3e30154b108a0b022711689351.shtml,2021年11月14日。

（四）协调"条""块"

集中统一领导，党政一体化，全国一盘棋，是我国档案工作的原则和特色。地方档案机构往往同时面对所在地档案行业（块）和本行业档案主管部门（条），而档案行政法规在协调"条""块"方面发挥着重要作用。四部档案行政法规在这方面均有相应的阐述、界定、调和"条"与"块"，保障"结合部"无缝衔接，既不留"死角"，又不搞交叉。

（五）重在规制档案属概念档案化

档案属概念档案化是指那些能够成为档案的文件、材料、资料、记录、数据、文献、信息等转化成档案的过程。或者说哪些文件、材料、资料、记录、数据、文献、信息能成为档案。比如科学技术档案是由科学技术资料转化而来的，机关（文书）档案是由公文转化而来的。

随着信息化社会的发展，档案来源呈现出多样化的趋势，档案属概念在不断增加与扩展。在档案法律相对稳定，不宜频繁修改的情况下，适时出台对新的档案属概念档案化进行规制的档案行政法规，应该是可行的方法之一。比如《科学技术档案工作条例》规制科技文件材料成为科学技术档案，《机关档案工作条例》规制机关公文成为机关（文书）档案。关注对新的档案属概念档案化应当是档案行政法规体系化建设的方向。

综上所述，依据《行政法规制定程序条例》的规定，对《科学技术档案工作条例》《机关档案工作条例》《全国档案馆设置原则和布局方案》《中华人民共和国档案法实施办法》4部现行档案行政法规规制档案工作的情况，逐一进行拆解分析，得出细化法律规定、作为制定部门档案规章、地方性档案法规以及档案行政性规范性文件的依据、有侧重地规制"物""事""人"、协调"条""块"、重在规制档案属概念档案化五个方面的结论。

第三节 档案行政法规的体系化

基于"档案行政法规"重在规制档案属概念档案化的观点，从体系化的角度，提出档案行政法规体系化的内容与方法。

按照《欧洲与德国经济法》一书的观点，"体系化是指对法律规范的集合、分类、整理"①。就档案法律规范而言，"体系化"可以分为"结构体系化"和"功能体系化"两种。结构体系化是指通过立改废释等方式，构建全面完整的自然保护地立法框架；功能体系化是指将各项法律功能分配给相应的法律法规，该功能的实现不仅需要在自然保护地内部法律法规之间进行合理配置，也需要与外部相关法律之间形成有效衔接②。"而依据什么样的标准来对纷繁复杂的法律规范进行归集，就成为构建体系化的关键。"③

我们认为，体系化与网络化有着相似的特性。因此，在以下的叙述中，为了区分整个档案法律规范的体系化和档案行政法规的体系化，以"网络化"指代档案行政法规的体系化。

（一）源头治理——从档案属概念入手，编织档案行政法规顶层网络

档案工作之所以从古至今生生不息，正是得益于档案来源的不断更新增加。这些新的档案来源，从学术上看，就是档案属概念。"新档案"的不断出现，就是源于档案属概念不断更新"扩编"。我们已经历了从文书到文书档案，从科技文献材料到科学技术档案的"扩编"，现在正在经历从文献到文献档案、从数据到数据档案、从记录到记录档案、从电子信息到电子档案的再"扩编"。适时从档案属概念入手，制定相应的档案行政法规，编织档案行政法规顶层网络，是实现档案工作源头治理的法律保障。比如《"十四五"全国档案事业发展规划》数据归档任务的全领域大规模列入，标志着数据已经继文件、科技资料之后，成为档案的第三大主要来源。在此背景下，根据《中华人民共和国档案法》《中华人民共和国数据安全法》，适时比照《机关档案工作条例》《科学

---

① 甘强：《体系化的经济法理论发展进路——读〈欧洲与德国经济法〉》，《政法论坛》2018年第5期。

② 秦天宝、刘彤彤：《自然保护地立法的体系化：问题识别、逻辑建构和实现路径》，《法学论坛》2020年第2期。

③ 甘强：《体系化的经济法理论发展进路——读〈欧洲与德国经济法〉》，《政法论坛》2018年第5期。

技术档案工作条例》，前瞻性地起草《数据档案工作条例》是必要的。

这其中大致要经历定义属概念、确定新档案概念、辨析相关概念、划定来源及应用边界、确定主体及其权利与责任、作用与过程控制的过程。

（1）定义属概念。有学者"探讨了档案、文件、图书、情报的共性：工具性和'事'性。工具性是指档案、文件、图书、情报都是人们为了更好地认识世界和改造世界而创造的工具。'事'性中的'事'，从抽象的角度来说是指一切人类认识世界和改造世界的实践活动。从档案、文件、图书、情报四者各自的起源动因、定义、作用三个方面，探讨了它们的本质区别：档案的记事功能、文件的办事功能、图书的传事功能和情报的探事功能"①。

（2）辨析相关概念。有学者"通过对档案、档案文献、文献档案的辨析，可分别将它们定义为：档案是形成者为自身保存备查并控制使用的具有凭证价值的信息记录；档案文献是已向社会开放的档案；文献档案是由文献转化来的向社会开放的档案"②。

（3）划定来源及应用边界。有学者"通过对一些'单套制'试点对象成果分析，认为现有电子文件'单套制'试点研究存在点状自循环，横不到边、纵不到底；文件自循环，不进馆、无归宿；系统自循环，前后不照，新旧系统不兼容；高端自循环，不依'摩尔定律'，不顾'木桶效应'四个方面的局限。在实践方面，应尽快启动横到边、纵到底的立体综合性'单套制'实验；实施综合档案馆进馆核验，坚持'打不开，不接收'、'谁移交，谁负责'原则；自上而下地开展系统兼容实验，坚持'谁推广，谁负责'、'谁续建，谁负责'原则。在电子文件'单套制'归档管理实验没有得到完全验证前，应该长期坚持进馆永久档案'双套制'，而在理论方面应当改电子档案'单套制'为'单轨制'"③。

（4）作用与过程控制的过程。有学者"从信息、作用和价值三个角

---

① 吴雁平：《论档案、文件、图书、情报的共性与区别》，《中国档案研究》2018年第1期。
② 吴雁平、刘东斌：《档案、档案文献、文献档案的定义与辨析》，《档案》2020年第9期。
③ 吴雁平、刘东斌：《电子文件"单套制"归档宜称"单轨制"归档辨析——对电子文件"单套制"归档管理趋势的探讨》，《档案》2019年第8期。

度论述了档案与图书、情报的区别,对档案与图书个性对档案利用的影响进行了比较,阐述了档案凭证价值用少性、时效性、地域性、专一性、一次性五个特征对档案利用的影响"①。

(5)确定主体及其权利与责任。有学者通过对"《最高人民法院关于审理政府信息公开行政案件若干问题的规定》第七条的规定及司法实践案例分析,得出结论:《档案法》与《政府信息公开条例》的冲突远比我们意识到的要多得多,不仅仅只有一个封闭期的问题,还有诸如政府机关的档案是否受《档案法》的调整、政府机关档案机构(档案室)是否受《档案法》的调整、'归档'还是不是形成档案的法律行动等问题,这些问题的存在,不仅有可能改写《档案法》,还有可能颠覆已有的档案学理论,应当引起深思"②。

档案行政法规,由于其位阶比较高,权威性强,因此,数量不可能太多,必须选择"共性高""适用宽"的内容,同时也要符合有较高的前瞻性,有较强的趋势判断能力的要求。

(二)"条""块"交织——从两个维度对进,为构建部门档案规章与地方性档案法规立体网络提供依据

这个问题不用展开细说,遵循"条"不缺行,"块"不少地;"长"到底,"宽"到边四期原则即可。

(三)内外融合——以馆室为节点,为构建跨区域跨体制档案机构规制网络提供保障

1. 体制内局馆协同+馆室衔接

(1)机构改革背景下的档案局馆协同机制是指地方综合档案馆协助档案主管部门履行某种职能、完成某项任务中产生的关系。目前档案局馆协同机制主要有借调抽人模式、联席办公模式、职能委托模式、依法履职模式四种方式,前三种模式虽有局限性,却因历史惯性和现实需求

---

① 刘东斌、吴雁平:《谈谈档案与图书、情报的区别及对档案利用的影响》,《中国档案研究》2020年第2期。
② 吴雁平、刘东斌:《将被改写的〈档案法〉和将被颠覆的档案学理论——基于〈最高人民法院关于审理政府信息公开行政案件若干问题的规定〉第七条司法实践案例分析》,《档案管理》2019年第4期。

而普遍存在。依法履职模式是机构改革顶层设计的理想与终极模式，但要实现这一模式还有很长的路要走。因此，在过渡时期应当因地制宜选择不同的建设模式，之后逐步向依法履职模式靠拢，其间依法办事仍是必须守住的底线①。

（2）档案馆与档案室的关系，也就是综合档案馆与机关、团体、企业事业单位和其他组织的档案机构的关系。"档案局、馆分设，综合档案馆成为独立的法人单位后，综合档案馆与档案室的关系就变成了平等的档案管理行政相对人关系，也就是平等的主体关系。这种关系是在法律法规规定下的平等协商的关系。"②

2. 体制外法规对接+利益共享

档案管理历来只关注体制内，很少涉及体制外。这既是档案法律规范的共有短板，又是法律有要求、法规不易定的难点。当然，也是档案行政法规体系中的"痛点"。

档案社会网络理论认为"档案社会网络是指基于档案的社会网络。由国家三重'纵向塔型网络'和社会三重'横向平面网络'构成"③。基于这种观念，可以考虑以"对国家和社会有保存利用价值"的档案为基础，以"档案馆"为节点，以"利益共享"为纽带，通过制定一部档案行政法规，促成国家三重"纵向塔型网络"与社会三重"横向平面网络"的融合，实现体制内外的对接。

（四）扣紧枢纽——以鉴定委员会为抓手，建立全流程档案价值判断的档案行政法规

鉴定是档案馆主要业务环节中的非一次性的枢纽环节。根据档案在档案馆所处的不同阶段，"可以分成价值鉴定、期限鉴定、开放鉴定、销毁鉴定等多个类别"。"如果把档案进馆到销毁，看成是档案信息在档案馆这个'管道'中的流经过程，那么鉴定就是这根管道中的连接阀。"

---

① 陈忠海、刘东斌、吴雁平：《机构改革背景下档案局馆协同机制探讨》，《档案学通讯》2021年第4期。
② 刘东斌、吴雁平：《论综合档案馆依法治馆》，《山西档案》2021年第3期。
③ 郭艺：《基于社会网络理论的档案馆研究进展》，《档案》2021年第3期。

"档案鉴定实质上是对档案信息鉴定，即这些信息的公开与披露，对档案所有者及社会的利弊进行权衡。鉴定的目标是促进双方的利益最大化（最大公约数），负面影响最小化（最小公培数）。"[1]

进入信息时代，国家档案局原局长杨东权提出，我们已经"从选时代，进入全时代"。而全时代的到来，鉴定用得更加频繁，归档要鉴定、移交要鉴定、定期限要鉴定、利用要鉴定、开放要鉴定、公开要鉴定、销毁还要鉴定。"鉴定已经成为整个档案工作全流程中的枢纽环节。成立鉴定委员会，扣紧鉴定非一次性的枢纽环节"[2]，抓紧鉴定委员会这个"牛鼻子"，建立全流程档案价值判断标准体系，是档案法规体系化的必要部分。

---

[1] 《各类档案馆鉴定》，2021 年 9 月 29 日，https：//bianke. cnki. net/home/corpus/26064. html，2021 年 11 月 18 日。

[2] 《各类档案馆鉴定》，2021 年 9 月 29 日，https：//bianke. cnki. net/home/corpus/26064. html，2021 年 11 月 18 日。

第四章 档案标准对档案工作的规范

档案标准是对档案事物和档案相关概念所做的统一规定，它是档案工作中有关单位和个人应当遵守的共同准则和依据。主要涉及档案标准规范、档案标准研究和档案标准化研究等内容，分别对应的是规范实体、主体认识、主体行为。以档案国家标准《DA/T 1—2000 档案工作基本术语》和《DA/T 58—2014 电子档案管理基本术语》为样本，从"说"（认知）的层面，对档案标准与档案工作规范的关系及相互影响进行评估。在"做"（行为）的层面，从术语更新应用和标准使用两个方面，阐述档案标准与档案工作规范体系建设的方法和途径。

第一节 档案标准的分析与解读

本节采用以定量为主、定性为辅、定量与定性相结合的分析方法，从档案标准、档案标准规范、档案标准细分及分析和说明四个方面对档案标准及其体系做出一个整体性、轮廓性的描述，为后续的研究奠定基础。

一 档案标准

标准的定义没有一定之规，但标准的定义从来就是标准的一部分，它由标准组织和标准规定组成，并随人们对标准的认知深化而不断演化。标准一般由空间、主体、客体、形式、规制、程序、共同和目的八个要素构成。国家标准 GB/T 20000.1—2014《标准化工作指南 第 1 部分：

标准化和相关活动的通用术语》将标准定义为：为了在一定范围内获得最佳秩序，经协商一致制定并由公认机构批准，为各种活动或其结果提供规则、指南或特性，供共同使用和重复使用的一种文件。

档案标准是对档案事物和档案相关概念所做的统一规定。它是在档案主管部门、档案馆、档案室、档案服务企业等有关方面协商一致的基础上，由国家标准主管机构批准，以标准形式发布作为档案行业一定范围内共同遵守的准则和依据。

（一）档案标准的定义

档案标准是以档案工作领域中重复性的事物和概念为对象而制定或修订的各种标准，它是档案工作中有关单位和个人应当遵守的共同准则和依据。

（二）档案标准的种类

档案标准按照性质可分为管理标准和技术标准，按照法定效力可分为强制性标准和推荐性标准，按照相关程度可分为正式标准和参照标准，按照适用范围可分为国际标准、区域性标准、国家标准、专业或行业标准、企业标准等。

（三）档案标准的属性

档案标准是对档案工作程序和方法的专门规定，具有内容相对专一、时效性和可操作性较强的特点。档案标准多数属于推荐性标准。

（四）档案标准的作用

档案标准具有协调、统一和优选作用。

（五）档案标准的形式特点

档案标准具有简便化、统一化、系列化、通用化、典型化、格式化等特点。

（六）档案标准研究范畴

档案标准研究范畴主要涉及档案标准规范、档案标准研究和档案标准化研究三部分内容，分别对应的是规范实体、主体认识、主体行为。档案标准研究和档案标准化研究偏重主体，不是本课题的重点，这里将主要研究目标集中在档案标准规范本身。

二　档案标准规范

档案标准规范是一个集合概念，是全部档案标准的总称。在档案标准体系中它属于规范实体的部分，是本课题研究的重心与重点。

（一）档案标准全景

样本来源：中国知网。检索范围：国家标准全文数据库，中国行业标准全文数据库，中国标准题录数据库，国外标准题录数据库，职业标准全文数据库。标准状态：现行、废止、被代替、即将实施。检索年限：不限。检索时间：2021年10月16日。检索式：（中文标准名称＝档案，或者英文标准名称＝档案）（精确匹配）。

1. 体量与分布

从档案标准的体量上看，共题录372项。其中，国内档案标准219项，占58.87%；国外档案标准153项，占41.13%。国内标准数量多于国外标准数量。

219项国内档案标准中，国家档案标准30项，行业档案标准189项，行业标准是档案标准的主体。

30项国家档案标准中，中华人民共和国国家标准5项，国家质检总局8项，未标出发布单位的17项。

189项行业档案标准中，档案行业标准44项，占23.28%；非档案行业标准145项，占76.72%，非档案行业标准占多数。

145项非档案行业标准，涉及21个行业，其中，船舶32项、航天23项、农业13项、航空11项、环保11项、海洋10项、文物保护7项、兵工民品6项、商品检验5项、铁道4项、水产4项、核工业4项、地质3项、城建3项、电力2项、公共安全2项、测绘1项、能源1项、机械1项、气象1项、汽车1项。该类标准涉及行业多，涉及面宽。

153项国外档案标准中，英国标准学会22项、国际标准化组织20项、美国国家标准学会16项、德国标准学会14项、法国标准化协会7项、欧洲标准学会1项，其余未标明出处。

由于题录没有标出标准状态，无法区分全部档案标准和国外档案标准的现行、废止、被代替、即将实施、废止转行标等情况，从而无法就档案标准的稳定性及变化速度进行比较。

2. 年度分布与趋势

表 4-1 是档案标准年度分布，图 4-1 是档案标准年度趋势。

表 4-1　　　　　　　　档案标准年度分布

序号	年度	标准数（项）	百分比（%）
1	1953	1	0.27
2	1961	1	0.27
3	1964	1	0.27
4	1972	2	0.54
5	1977	1	0.27
6	1979	2	0.54
7	1982	3	0.81
8	1983	1	0.27
9	1985	4	1.08
10	1987	1	0.27
11	1988	17	4.57
12	1989	19	5.11
13	1990	6	1.61
14	1991	8	2.15
15	1992	25	6.72
16	1993	14	3.76
17	1994	15	4.03
18	1995	15	4.03
19	1996	16	4.30
20	1997	11	2.96
21	1998	12	3.23
22	1999	14	3.76
23	2000	8	2.15

续表

序号	年度	标准数（项）	百分比（%）
24	2001	11	2.96
25	2002	9	2.42
26	2003	6	1.61
27	2004	4	1.08
28	2005	14	3.76
29	2006	9	2.42
30	2007	4	1.08
31	2008	14	3.76
32	2009	18	4.84
33	2010	6	1.61
34	2011	17	4.57
35	2012	14	3.76
36	2013	8	2.15
37	2014	4	1.08
38	2015	2	0.54
39	2016	22	5.91
40	2017	2	0.54
41	2018	7	1.88
42	2020	1	0.27
43	2021	3	0.81
合计		372	100.00

从年度趋势上看，最早的标准出现在1953年，年度分布不均，前期标准发布年份间隔大，中后期间隔缩小。自1988年起，标准数量激增，1992年达到峰值。随后波动下滑，2004年见底后，在大幅度波动的情况下，2016年达到次高点，而后再次波动下滑。总体上前期量少平稳，后期量大起伏亦大。

3. 层级分布

在全部档案标准中，有档案国家标准30项，档案行业标准44项。

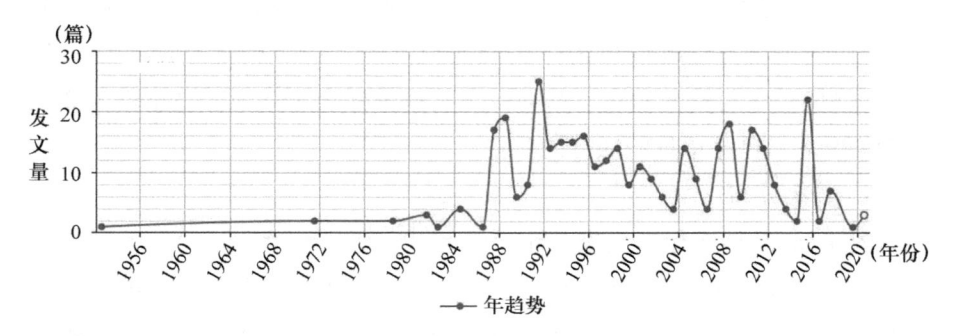

图 4-1 档案标准年度趋势

74 项档案国家和档案行业标准中，现行 65 项，占 87.84%；废止 2 项，占 2.70%；被代替 4 项，占 5.41%；即将实施 3 项，占 4.05%。现行标准占绝对主体，标准稳定性强，变化小。

4. 学科分布

从档案标准学科分布看，共涉及 39 个学科。其中：科学研究管理（125 项）、航空航天科学与工程（39 项）、计算机软件及计算机应用（36 项）、船舶工业（33 项）、医药卫生方针政策与法律法规研究（22 项）、档案及博物馆（15 项）、环境科学与资源利用（10 项）、海洋学（9 项）、旅游（8 项）、工业通用技术及设备（8 项）、生物医学工程（6 项）、矿业工程（6 项）、公路与水路运输（5 项）、一般化学工业（4 项）、铁路运输（4 项）、畜牧与动物医学（4 项）、预防医学与卫生学（4 项）、建筑科学与工程（3 项）、图书情报与数字图书馆（3 项）、林业（3 项）、动力工程（3 项）、公安（2 项）、宏观经济管理与可持续发展（2 项）、水产和渔业（2 项）、轻工业手工业（2 项）、自然地理学和测绘学（2 项）、电力工业（2 项）、农业基础科学（2 项）、核科学技术（2 项）、电信技术（2 项）、水利水电工程（1 项）、汽车工业（1 项）、医学教育与医学边缘学科（1 项）、管理学（1 项）、机械工业（1 项）、生物学（1 项）、社会学及统计学（1 项）、行政法及地方法制（1 项）、妇产科学（1 项）。

标准数量最多的 7 个学科是：科学研究管理（125 项）、航空航天科学与工程（39项）、计算机软件及计算机应用（36项）、船舶工业（33项）、医药卫生方针政策与法律法规研究（22项）、档案及博物馆（15项）、环境科学与资源利用（10项），共涉及标准280项，占全部372项的75.29%，超过总量的四分之三。

5. 层次分布

图4-2是档案标准层次分布。

从学科及层次上看，涉及自然科学和社会科学两大类，标准与质量控制（自科）（315项）、行业指导（社科）（123项）、行业技术指导（自科）（53项）、专业实用技术（自科）（13项）、工程技术（自科）（3项）五个不同层次。

从大类看，自然科学384项，社会科学123项，体量相差近2倍，标准明显偏重自然科学。

总量上合计507项，超出实际（372项）135项，显示出标准中有同时涉及不同类别和不同层次的情况，甚至存在其各种程度上的重叠。

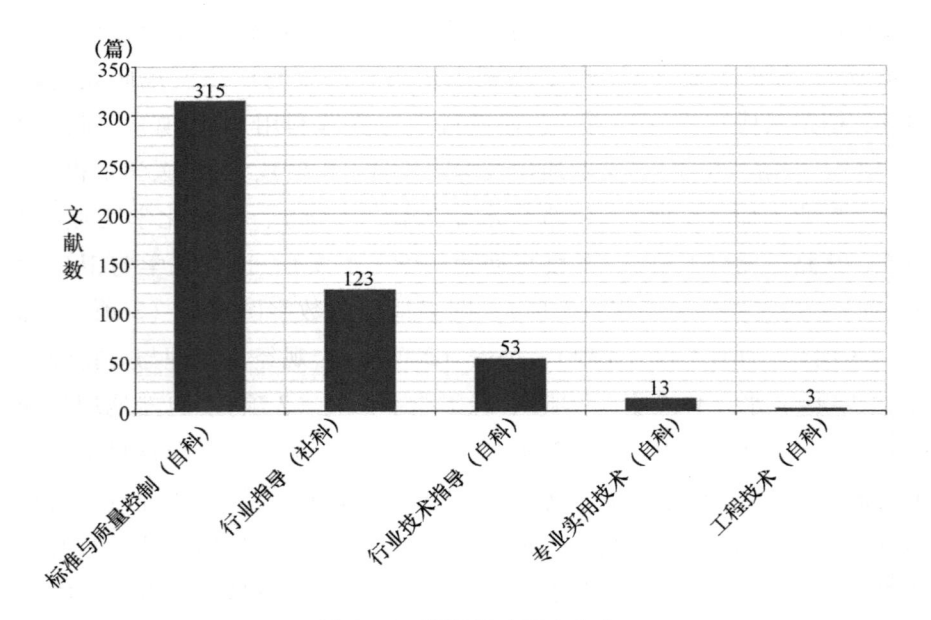

图4-2 档案标准层次分布

（二）国家档案标准

样本来源：中国知网。检索范围：国家标准全文数据库。标准状态：现行、废止、被代替、即将实施。检索年限：不限。检索时间：2021年10月16日。检索式：（中文标准名称=档案，或者英文标准名称=档案）（精确匹配）。

1. 体量与状态

共计30项。其中，现行22项，占73.33%；废止2项，占6.67%；被代替3项，占10.00%；即将实施3项，占10.00%；废止转行标0项，占0%。现行标准占比达到70%以上，低于行业档案标准，稳定性好。

2. 年度趋势

表4-2是档案国家标准年度分布，图4-3是档案国家标准年度趋势。

表4-2　　　　　　　档案国家标准年度分布

序号	年度	标准数（项）	百分比（%）
1	1985	1	3.33
2	1988	1	3.33
3	1992	1	3.33
4	1994	1	3.33
5	1999	2	6.67
6	2000	1	3.33
7	2002	1	3.33
8	2006	2	6.67
9	2008	3	10.00
10	2009	2	6.67
11	2011	2	6.67
12	2012	1	3.33
13	2013	1	3.33
14	2015	2	6.67
15	2016	2	6.67
16	2017	1	3.33

续表

序号	年度	标准数（项）	百分比（%）
17	2018	2	6.67
18	2020	1	3.33
19	2021	3	10.00
合计		30	100.00

从表4-2中可见，自1985年起，到2021年的37年间，有19个年度有标准颁布，基本上占到半数。多数年份（10年）每年1项，少数年份（2年）每年3项，其他年份（7年）每年2项。按全部年份计年均不足1项，按有标准颁布的年份计年均约1.5项。

从图4-3中可以看到，1985年至1998年是低位起步期，15年间有4个年份4项标准颁布实施，每次新标准颁布均有1—4年的间断。1999年到2008年的10年是起伏上升期，有5个年份9项标准颁布实施，间断期有所缩短，第一次达到3项的最高点。2009年至2021年是波动期，13年间有10个年份17项标准颁布实施，只有2次间断，间隔只有1年，出现了最多4年的连续有标准颁布的长周期，再次达到3项的最高点。

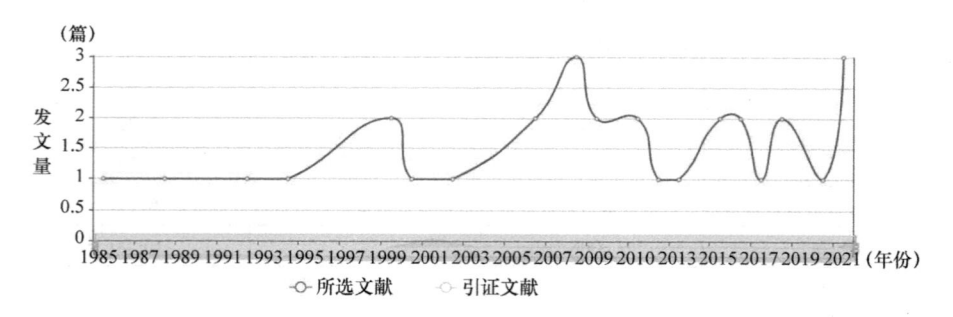

图4-3 档案国家标准年度趋势

3. 学科分布

从学科分布看，30项档案国家标准，涉及科学研究管理（14项）、工业通用技术及设备（7项）、计算机软件及计算机应用（4项）、社会科学理论与方法（1项）、图书情报与数字图书馆（1项）、旅游（1项）、水利水电工程（1项）、宏观经济管理与可持续发展（1项）8个学科。

4. 层次分布

从层次分布看，30项档案国家标准，主要集中在自然科学中的标准与质量控制方面（12项）。

（三）档案行业标准

样本来源：中国知网。检索范围：中国行业标准全文数据库。标准状态：现行、废止、被代替、即将实施。检索年限：不限。检索时间：2021年10月16日。检索式：（中文标准名称=档案，或者英文标准名称=档案）（精确匹配）。

1. 体量与标准状态

共计44项。其中，现行43项，占97.73%；废止0项，占0%；被代替1项，占2.27%；即将实施0项，占0%；废止转行标0项，占0%。现行标准占比超过97%，高于档案国家标准，稳定性良好。

2. 年度趋势

表4-3是档案行业标准年度分布，图4-4是档案行业标准年度趋势。

表4-3　　　　　　　档案行业标准年度分布

序号	年度	标准数（项）	百分比（%）
1	1990	1	2.27
2	1992	2	4.55
3	1998	1	2.27
4	2003	1	2.27
5	2005	3	6.82
6	2010	2	4.55
7	2011	3	6.82

续表

序号	年度	标准数（项）	百分比（%）
8	2012	1	2.27
9	2014	4	9.09
10	2016	20	45.45
11	2017	1	2.27
12	2018	5	11.36
合计		44	100.00

从表4-3中可见，自1990年起，到2021年的22年间，有12个年度有标准颁布，超过半数。多数年份（7年）每年2项以上，少数年份（5年）每年1项。按全部年份计年均2项，按有标准颁布的年份计年均约4项。

从图4-4中可以看到，1990年至2004年是第一个台阶，15年间有4个年份5项标准颁布实施，有标准颁布的年份年均1项强，每次新标准颁布均有1—6年的间断。2005年到2014年上了一个台阶，10年间有5个年份13项标准颁布实施，有标准颁布的年份年均2项强，间断期有所缩短。2016年至2018年是大幅波动期，3年间每个年份均有标准颁布，共有26项标准颁布实施，年均近9项。中间没有间断，2016年井喷式地冲到20项，几乎占到全部档案行业标准的半数。之后回落，接着再次跳升到第二个高点，近两年没有新标准颁布，可谓大起大落。

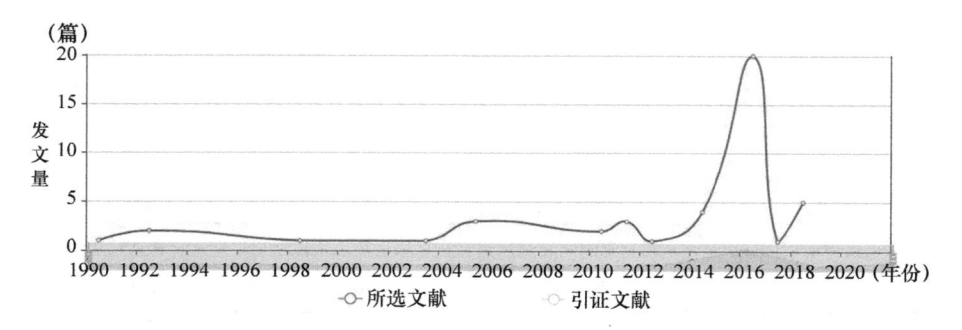

图4-4 档案行业标准年度趋势

第四章　档案标准对档案工作的规范

3. 学科分布

从标准的学科分布看，主要涉及医药卫生方针政策与法律法规研究（22项）、档案及博物馆（12项）、林业（3项）、计算机软件及计算机应用（3项）、公路与水路运输（2项）、妇产科学（1项）、生物学（1项）、农业基础科学（1项）、建筑科学与工程（1项）、行政法及地方法制（1项）、公安（1项）、医学教育与医学边缘学科（1项）12个学科。

4. 单位分布

从行业档案标准的制定单位看，主要涉及华中科技大学（13项）、中国疾病预防控制中心（13项）、华中科技大学同济医学院（6项）、第四军医大学（5项）、解放军总医院（5项）、上海市疾病预防控制中心（4项）、中国卫生部卫生统计信息中心（3项）、中国海洋档案馆（3项）、国家档案局（3项）、国家海洋局第二海洋研究所（2项）、国家海洋局东海分局（2项）、中国医科大学附属盛京医院（2项）、南京林业大学（2项）、四川省卫生信息中心（2项）、国家海洋局国家海洋技术中心（2项）、公安部交通管理科学研究院（2项）、浙江省卫生信息中心（2项）、重庆市妇幼保健院（1项）、天津市医学科学技术信息研究所（1项）、四川大学（1项）、第四军医大学第一附属医院（1项）、河北省林木种苗管理站（1项）、湖南省妇幼保健院（1项）、中国保护大熊猫研究中心（1项）、电子工业部第十四研究所（1项）、陕西省林木种苗工作站（1项）、国家卫生和计划生育委员会（1项）、中信信息发展有限公司（1项）、中国国家电子计算机质量监督检验中心（1项）、中国人民大学（1项）、湖南省档案局（1项）、柳州市妇幼保健院（1项）、重庆市卫生局（1项）、北京妇幼保健院（1项）、解放军白求恩国际和平医院（1项）、中国林业科学院（1项）、中国农业科学院（1项）、上海市闸北区卫生科技与信息中心（1项）、中国软件评测中心（1项）、中国林业科学院资源信息研究所（1项）等，制定单位超过了40个。

5. 作者分布

从行业档案标准的制定作者看，主要涉及许德俊（2项）、李朝霞

109

(1项)、刘畅然（1项）、王红敏（1项）、王剑锋（1项）、方艳平（1项）、王燕民（1项）等百余位作者。

从以上对档案标准的描述发现，我国的档案标准体系化已经基本成型。

三 档案标准划分及具体分析

档案标准可以依环节分为边（范围）、识（一般概念）、收（档案收藏）、鉴（档案鉴定）、整（档案整理）、检（档案检索）、利（档案利用）、保（档案的保管与保护）、计（档案统计）；依内容分为定义、实体与材质、机构、用品、工具、过程、技术、程序、方法、活动、行为；依国别分为中外。

为了解档案标准对档案工作规范的影响，下面以档案国家标准《档案工作基本术语》（DA/T 1—2000）中的术语作为分析指标，采用分类梳理分析的方法，从环节、内容、国别三个方面，对现有档案标准进行细分描述和分析，依环节可将其分为边、识、收、鉴、整、检、利、保、计。

（一）依环节

1. 边（范围）

边，字义是物体的周围部分。通常指边界，引申指圈定的范围。标准都有明确的适用范围，通常在标准的开头用专门的部分予以明确。比如档案国家标准《DA/T 1—2000 档案工作基本术语》第一条就是范围，即本标准确定了档案工作的基本术语及其定义。本标准适用于档案工作、文书工作及有关领域。

这里有两个难点需要注意：

（1）基本术语。基本术语是档案工作术语中基础的部分，就像建筑物的地基，是我们在档案工作中定义档案及档案事务的起点和依据。

（2）有关领域。这里也有两个要点：一是与档案工作有关的所有领域；二是与文书工作有关的领域。与档案工作有关的所有领域好理解，无须解释。与文书工作有关的领域却需要特别注意，这里如果只按字面理解成仅与文书工作有关的领域就偏窄了。在我们的习惯中，文书工作是档案工作的前端工作，文书工作的对象文件是档案的来源，正所谓"文件是档案的前身，档案是文件的归宿。"从这个意义上讲，与文书工作有关的领域，可以理解为与档案来源相关的领域，比如文献、资料、材料、记录、数据、信息等。

2. 识（一般概念）

识的含义是知道、认得、能辨别。人们是通过概念来区别与认识事物的。这里的"识"就是运用概念获得档案及相关认知。

在这里，"识"帮助我们了解并掌握有关档案工作的基本定义（概念），为统一档案工作认识，获得相同认知打好基础。

这部分有一级概念26个，二级子概念5个，共计31个指标。

表4-4是《DA/T 1—2000 档案工作基本术语》一般概念中涉及标准数量与占比值和在档案标准中的数量与占比值。

表4-4 《DA/T 1—2000 档案工作基本术语》一般概念涉及标准和占比值

序号	指标名称	指标名标准数	占指标比（%）	档案标准数	占档案比（%）
1	档案	372	8.42	372	100.00
2	档案价值	0	0.00	0	0.00
3	档案工作	10	0.23	10	2.69
4	档案管理	75	1.70	75	20.16
5	档案学	0	0.00	0	0.00
6	公共档案	1	0.02	1	0.27
7	私人档案	1	0.02	1	0.27
8	文书档案	8	0.18	8	2.15
9	科学技术档案	13	0.29	13	3.49
10	专业档案	4	0.09	4	1.08
11	音像档案	0	0.00	0	0.00
12	文件	3292	74.53	45	12.10

续表

序号	指标名称	指标名标准数	占指标比（%）	档案标准数	占档案比（%）
13	电子文件	44	1.00	6	1.61
14	原件	22	0.50	0	0.00
15	复制件	0	0.00	0	0.00
16	文稿	6	0.14	0	0.00
17	文本	489	11.07	2	0.54
18	正本	2	0.05	0	0.00
19	副本	2	0.05	0	0.00
20	手稿	7	0.16	0	0.00
21	文种	49	1.11	0	0.00
22	档案行政管理部门	0	0.00	0	0.00
23	档案室	7	0.16	0	0.00
24	档案馆	11	0.25	0	0.00
25	综合档案馆（二级）	0	0.00	0	0.00
26	专业档案馆（二级）	0	0.00	0	0.00
27	部门档案馆（二级）	0	0.00	0	0.00
28	企业档案馆（二级）	0	0.00	0	0.00
29	事业单位档案馆（二级）	0	0.00	0	0.00
30	档案资料目录中心	1	0.02	1	0.27
31	文件中心	1	0.02	1	0.27
合计		4417	100.00	167	44.89

本节本表表头名称说明：

（1）指标名称指《DA/T 1—2000 档案工作基本术语》中术语名称。

（2）指标名标准数指依指标名称在知网标准库中标准名称项下检索获得的标准数量。

（3）占指标比指依指标名称在知网标准库中检索获得的标准数量与本表中全部指标名称在知网标准库中检索获得的标准数量之和的百分比。

（4）档案标准数指依指标名称＋档案在知网标准库中标准名称项下检索获得的标准数量。

（5）占档案比指依指标名称在知网标准库中检索获得的标准数量与本表中全部指标名称＋档案在知网标准库中检索获得的标准数量之和的百分比。

本节以下 7 个表（表 4-5 至表 4-11）同本表。

＊表示此值为不含"档案"指标的值。

（1）覆盖率和平均覆盖率。从指标名有标准项和有档案标准项对一般概念的覆盖看，31 个指标项下有指标名标准的 21 项，覆盖率为 67.74%；指标名档案标准的 13 项，覆盖率为 41.94%，平均覆盖率为 54.84%。

（2）从有标准的指标名档案标准数和有标准的指标名标准数的比值看，实有指标名档案标准 13 项，占实有指标名标准（21 项）的 61.91%。

（3）从指标名标准数量和档案标准数量及占比情况看，31 个指标项下标准 4417 项，档案标准 164 项，占 4417 项指标项下标准的 3.72%，占 372 项档案标准的 44.09%。

（4）同有率。指标名标准、指标名档案标准同时有标准数项数与指标名标准项数之百分比，我们称之为同有率。

一般概念中，指标名标准项与指标名档案标准项同时有档案、档案工作、档案管理、公共档案、私人档案、文书档案、科学技术档案、专业档案、文件、电子文件、文本、档案资料目录中心、文件中心的 13 项，占 31 项的 41.94%。其中，标准数量相等的有档案、档案工作、档案管理、公共档案、私人档案、文书档案、科学技术档案、专业档案、档案资料目录中心、文件中心 10 项。标准最多的档案 372 项，最少的公共档案、私人档案、档案资料目录中心、文件中心各 1 项。标准数量不相等的有文件、电子文件、文本 3 项，最多的文件 3292 项，最少电子文件 44 项，三者的差距明显。最大（文件）相差 3247 项，最小（电子文件）相差 38 项。

（5）同无率。指标名标准、指标名档案标准同时没有标准数项数与指标名标准项数之百分比，我们称之为同无率。

一般概念中，指标名标准项与指标名档案标准项同时没有标准的 10 项，分别是档案价值、档案学、音像档案、复制件、档案行政管理部门、综合档案馆、专业档案馆、部门档案馆、企业档案馆、事业单位档案馆，占31项的32.26%。

（6）单有率。指标名标准项有标准，指标名档案标准项没标准的项数与指标名标准项数之百分比，我们称之为单有率。

一般概念中指标名标准项有标准，指标名档案标准项没有标准的8项，占31项的25.81%。分别是原件、文稿、正本、副本、手稿、文种、档案室、档案馆。最多文种49项，最少正本、副本各2项。

（7）一级概念的标准覆盖率高于平均覆盖率，二级概念的标准覆盖率为0。

总之，一般概念部分的标准覆盖率高，指标名标准数量高于指标名档案标准数量，指标名标准与指标名档案标准同有率高，同无率次之，单有率最低。

3. 收（档案收藏）

《DA/T 1—2000 档案工作基本术语》定义为：收集（acquisition；collection）档案馆、档案室接收及征集档案和其他有关文献的活动。

这部分有一级概念7个，二级子概念4个，共计11个指标。

表4-5是《DA/T 1—2000 档案工作基本术语》档案收藏中涉及标准数量与占比值和在档案标准中的数量与占比值。

表4-5 《DA/T 1—2000 档案工作基本术语》档案收藏涉及标准和占比值

序号	指标名称	指标名标准数	占指标比（%）	档案标准数	占档案比（%）
1	收集	665	8.76	4	1.08
2	归档（二级）	154	2.03	11	2.96
3	移交（二级）	8	0.11	0	0.00
4	接收（二级）	532	7.01	0	0.00
5	征集（二级）	12	0.16	0	0.00
6	寄存	5	0.07	0	0.00
7	捐赠	1	0.01	0	0.00

续表

序号	指标名称	指标名标准数	占指标比（%）	档案标准数	占档案比（%）
8	交换	6179	81.43	9	2.42
9	馆藏	32	0.42	4	1.08
10	散存档案	0	0.00	0	0.00
11	散失档案	0	0.00	0	0.00
合计		7588	100.00	24	6.45

（1）从指标名有标准项和有档案标准项对档案收藏的覆盖看，11个指标项下有指标名标准的9项，覆盖率为81.82%；指标名档案标准的4项，覆盖率为36.36%，综合覆盖率为59.09%。

（2）从有标准的指标名档案标准数和有标准的指标名标准数的比值看，实有指标名档案标准（4项）占实有指标名标准（9项）的44.44%。

（3）从指标名标准数量和档案标准数量及占比情况看，11个指标项下标准7588项，占档案标准的24项，占7588项指标项下标准的0.32%，占372项档案标准的6.45%。

（4）指标名标准项与指标名档案标准项同时有标准的4项，分别是收集、归档、交换、馆藏，占11项的36.36%。均为标准数量不相等，其中标准最多的交换6179项，最少的馆藏32项。最大（文件）相差6170项，最小（馆藏）相差28项。

（5）指标名标准项与指标名档案标准项同时没有标准的2项，分别是散存档案、散失档案，占11项的18.18%。

（6）指标名标准项有标准，指标名档案标准项没标准的5项，分别是移交、接收、征集、寄存、捐赠，占11项的45.45%。最多接收532项，最少捐赠1项。

（7）一级概念的标准覆盖率（71.43%）低于平均覆盖率（81.82%），二级概念的标准覆盖率为100%。

总之，档案收藏标准覆盖率较高，指标名标准数量高于指标名档案标准数量，指标名标准与指标名档案标准同有率居中，同无率低，单有率高。

4. 鉴（档案鉴定）

《档案工作基本术语》（DA/T 1—2000）定义为：鉴定（appraisal）判定档案真伪和价值的过程。

这部分有一级概念 5 个，共计 5 个指标。

表 4-6 是《DA/T 1—2000 档案工作基本术语》档案鉴定中涉及标准数量与占比值和在档案标准中的数量与占比值。

表 4-6 《DA/T 1—2000 档案工作基本术语》档案鉴定涉及标准和占比值

序号	指标名称	指标名标准数	占指标比（%）	档案标准数	占档案比（%）
1	鉴定	2916	98.71	0	0.00
2	保管期限	1	0.03	1	0.27
3	保管期限表	0	0.00	0	0.00
4	销毁	37	1.25	0	0.00
5	销毁清册	0	0.00	0	0.00
合计		2954	100.00	1	0.27

（1）从指标名有标准项和有档案标准项对档案鉴定的覆盖看，5 个指标项下有指标名标准的 3 项，覆盖率为 60%；指标名档案标准的 1 项，覆盖率为 20%，综合覆盖率为 40%。

（2）从有标准的指标名档案标准数和有标准的指标名标准数的比值看，实有指标名档案标准（1 项）占实有指标名标准（3 项）的 33.33%。

（3）从指标名标准数量和档案标准数量及占比情况看，31 个指标项下标准 2954 项，档案标准的 1 项，占 2954 项指标项下标准的 0.03%，占 372 项档案标准的 0.27%。

（4）指标名标准项与指标名档案标准项同时有（绿）标准的 1 项，即保管期限，占 5 项的 20%。

（5）指标名标准项与指标名档案标准项同时没有标准的 2 项，分别是保管期限表、销毁清册，占 5 项的 40%。

（6）指标名标准项有标准，指标名档案标准项没标准的 2 项，分别是鉴定、销毁，占5项的40%。最多的鉴定2916项，最少的销毁37项。

（7）一级概念的标准覆盖率与平均覆盖率相同，均为60%。

总之，档案鉴定标准覆盖率较低，指标名标准数量高于指标名档案标准数量，指标名标准与指标名档案标准同无率、单有率相当，且高于同有率。

5. 整（档案整理）

《DA/T 1—2000 档案工作基本术语》定义为：整理（archival arrangement）并按照一定原则对档案实体进行系统分类、组合、排列、编号和基本编目，使之有序化的过程。

这部分有一级概念12个，共计12个指标。

表4-7是《DA/T 1—2000 档案工作基本术语》档案整理中涉及标准数量与占比值和在档案标准中的数量与占比值。

表4-7　《DA/T 1—2000 档案工作基本术语》档案整理涉及标准和占比值

序号	指标名称	指标名标准数	占指标比（%）	档案标准数	占档案比（%）
1	整理	163	83.59	8	2.15
2	来源原则	0	0.00	0	0.00
3	档案实体分类	0	0.00	0	0.00
4	立档单位	0	0.00	0	0.00
5	全宗	7	3.59	1	0.27
6	联合全宗	0	0.00	0	0.00
7	汇集全宗	0	0.00	0	0.00
8	全宗群	0	0.00	0	0.00
9	案卷	18	9.23	11	2.96
10	立卷	3	1.54	2	0.54
11	卷内备考表	0	0.00	0	0.00
12	档号	4	2.05	3	0.81
合计		195	100.00	25	6.72

（1）从指标名有标准项和有档案标准项对档案整理的覆盖看，12个指标项下有指标名标准的5项，覆盖率为41.67%；指标名档案标准的5项，覆盖率为41.67%，综合覆盖率为41.67%。

（2）从有标准的指标名档案标准数和有标准的指标名标准数的比值看，实有指标名档案标准5项，占实有指标名标准5项的100%。

（3）从指标名标准数量和档案标准数量及占比情况看，12个指标项下标准195项，档案标准25项，占195项指标项下标准的12.82%，占372项档案标准的6.72%。

（4）指标名标准项与指标名档案标准项同时有标准的5项，分别是整理、全宗、案卷、立卷、档号，占12项的41.67%。标准数量均不相等，最多整理163项，最少立卷3项，最大（整理）相差155项，最小（立卷、档号）相差1项。

（5）指标名标准项与指标名档案标准项同时没有标准的7项，分别是来源原则、档案实体分类、立档单位、联合全宗、汇集全宗、全宗群、卷内备考表，占12项的58.33%。

（6）指标名标准项有标准，指标名档案标准项没标准的为无。

（7）一级概念的标准覆盖率与平均覆盖率相同。

总之，档案整理标准覆盖率一般，指标名标准数量与指标名档案标准数量相当，指标名标准与指标名档案标准同有率低，同无率高，单有率无。

6. 检（档案检索）

《DA/T 1—2000 档案工作基本术语》定义为：检索（retrieval）存储和查找档案信息的过程。

这部分有一级概念15个，二级子概念13个，共计28个指标。

表4-8是《DA/T 1—2000 档案工作基本术语》档案检索中涉及标准数量与占比值和在档案标准中的数量与占比值。

（1）从指标名有标准项和有档案标准项对档案检索的覆盖看，28个指标项下有指标名标准的17项，覆盖率为60.71%；指标名档案标准的10项，覆盖率为35.71%，综合覆盖率为48.21%。

表4-8 《DA/T 1—2000 档案工作基本术语》档案检索涉及标准和占比值

序号	指标名称	指标名标准数	占指标比（%）	档案标准数	占档案比（%）
1	检索	184	13.23	4	1.08
2	编目	30	2.16	1	0.27
3	档案信息分类	0	0.00	0	0.00
4	条目	12	0.86	0	0.00
5	著录	55	3.95	22	5.91
6	标引	28	2.01	14	3.76
7	分类标引（二级）	8	0.58	6	1.61
8	主题标引（二级）	8	0.58	5	1.34
9	受控标引（二级）	0	0.00	0	0.00
10	自由标引（二级）	0	0.00	0	0.00
11	关键词	20	1.44	0	0.00
12	主题词	6	0.43	0	0.00
13	档案主题词表	2	0.14	2	0.54
14	检索工具	0	0.00	0	0.00
15	目录	770	55.36	5	1.34
16	案卷目录（二级）	0	0.00	0	0.00
17	卷内文件目录（二级）	0	0.00	0	0.00
18	案卷文件目录（二级）	0	0.00	0	0.00
19	分类目录（二级）	1	0.07	0	0.00
20	主题目录（二级）	2	0.14	0	0.00
21	专题目录（二级）	0	0.00	0	0.00
22	索引	258	18.55	0	0.00
23	文号索引（二级）	0	0.00	0	0.00
24	人名索引（二级）	0	0.00	0	0.00
25	地名索引（二级）	4	0.29	0	0.00
26	档案馆指南	1	0.07	1	0.27
27	全宗指南	2	0.14	2	0.54
28	专题指南	0	0.00	0	0.00
合计		1391	100.00	62	16.67

（2）从有标准的指标名档案标准数和有标准的指标名标准数的比值看，实有指标名档案标准10项，占实有指标名标准17项的58.82%。

（3）从指标名标准数量和档案标准数量及占比情况看，28个指标项下标准1391项，档案标准62项，档案标准占指标项下标准的4.46%，占372项档案标准的16.67%。

（4）指标名标准项与指标名档案标准项同时有标准的10项，分别是检索、编目、著录、标引、分类标引、主题标引、档案主题词表、目录、档案馆指南、全宗指南，占28项的35.71%。其中，标准数量相等的有档案主题词表、档案馆指南、全宗指南3项。标准最多的档案主题词表、全宗指南各2项，最少的档案馆指南1项。标准数量不相等的有检索、编目、著录、标引、分类标引、主题标引、目录7项，最多目录770项，最少分类标引、主题标引各8项，最大（目录）相差765项，最小（分类标引）相差2项。

（5）指标名标准项与指标名档案标准项同时没有标准的13项，分别是档案信息分类、受控标引、自由标引、案卷目录、卷内文件目录、案卷文件目录、分类目录、主题目录、专题目录、检索工具、文号索引、人名索引、专题指南，占28项的46.43%。

（6）指标名标准项有标准，指标名档案标准项没标准的5项，分别是条目、关键词、主题词、索引、地名索引，占28项的17.86%。最多索引258项，最少地名索引4项。

（7）一级概念的标准覆盖率为80%，高于平均覆盖率60.71%。二级概念的标准覆盖率为30.77%，低于平均覆盖率和一级概念的标准覆盖率。

总之，档案检索标准覆盖率高，指标名标准数量高于指标名档案标准数量，指标名标准与指标名档案标准同无率高，同有率次之，单有率最低。

7. 利（档案利用）

《DA/T 1—2000 档案工作基本术语》定义为：利用（access and use）利用者以阅览、复制、摘录等方式使用档案的活动。

这部分有一级概念 16 个，共计 16 个指标。

表 4-9 是《DA/T 1—2000 档案工作基本术语》档案利用中涉及标准数量与占比值和在档案标准中的数量与占比值。

表 4-9 《DA/T 1—2000 档案工作基本术语》档案利用涉及标准和占比值

序号	指标名称	指标名标准数	占指标比（％）	档案标准数	占档案比（％）
1	利用	1665	48.15	0	0.00
2	开放	1742	50.38	4	1.08
3	公布	21	0.61	0	0.00
4	咨询服务	12	0.35	0	0.00
5	档案证明	0	0.00	0	0.00
6	档案展览	0	0.00	0	0.00
7	阅览室	1	0.03	0	0.00
8	密级	1	0.03	0	0.00
9	降密	0	0.00	0	0.00
10	解密	0	0.00	0	0.00
11	编纂	16	0.46	0	0.00
12	大事记	0	0.00	0	0.00
13	组织沿革	0	0.00	0	0.00
14	基础数字汇集	0	0.00	0	0.00
15	专题概要	0	0.00	0	0.00
16	档案出版物	0	0.00	0	0.00
合计		3458	100.00	4	1.08

（1）从指标名有标准项和有档案标准项对档案利用的覆盖看，16 个指标项下有指标名标准的 7 项，覆盖率为 43.75％；指标名档案标准的 1 项，覆盖率为 6.25％，综合覆盖率为 25.00％。

（2）从有标准的指标名档案标准数和有标准的指标名标准数的比值看，实有指标名档案标准 1 项，占实有指标名标准 7 项的 14.29％。

（3）从指标名标准数量和档案标准数量及占比情况看，16 个指标项下标准 3458 项,档案标准 4 项,档案标准占指标项下标准的 0.12%,占 372 项档案标准的 1.08%。

(4)指标名标准项与指标名档案标准项同时有标准的 1 项,即开放,占 16 项的 6.25%。指标名标准数量 1742 项,档案标准数量 4 项,相差 1738 项。

(5)指标名标准项与指标名档案标准项同时没有标准的 9 项,分别是档案证明、档案展览、降密、解密、大事记、组织沿革、基础数字汇集、专题概要、档案出版物,占 16 项的 56.25%。

(6)指标名标准项有标准,指标名档案标准项没标准的 6 项,分别是利用、开放、咨询服务、阅览室、密级、编纂,占 16 项的 37.50%。

总之,档案利用标准覆盖率高,指标名标准数量高于指标名档案标准数量,指标名标准与指标名档案标准同无率高,单有率次之,同有率最低。

8. 保(档案保管与保护)

《DA/T 1—2000 档案工作基本术语》定义为:保管(custody)并维护档案完整与安全的活动。

这部分有一级概念 24 个,共计 24 个指标。

表 4-10 是《DA/T 1—2000 档案工作基本术语》档案保管与保护中涉及标准数量与占比值和在档案标准中的数量与占比值。

表 4-10 《DA/T 1—2000 档案工作基本术语》档案保管与保护涉及标准和占比值

序号	指标名称	指标名标准数	占指标比(%)	档案标准数	占档案比(%)
1	保管	76	0.86	2	0.54
2	保护	6298	71.61	21	5.65
3	全宗卷	2	0.02	2	0.54
4	档案馆建筑	3	0.03	3	0.81
5	档案库房	0	0.00	0	0.00
6	档案装具	1	0.01	1	0.27

第四章　档案标准对档案工作的规范

续表

序号	指标名称	指标名标准数	占指标比（%）	档案标准数	占档案比（%）
7	密集架	1	0.01	1	0.27
8	载体	316	3.59	1	0.27
9	耐久性	739	8.40	4	1.08
10	退变	0	0.00	0	0.00
11	修复	540	6.14	8	2.15
12	加固	346	3.93	0	0.00
13	修裱	2	0.02	2	0.54
14	适宜性原则	0	0.00	0	0.00
15	相似性原则	0	0.00	0	0.00
16	可逆性原则	0	0.00	0	0.00
17	加湿	89	1.01	0	0.00
18	去湿	15	0.17	0	0.00
19	脱酸	1	0.01	0	0.00
20	去污	58	0.66	0	0.00
21	熏蒸	51	0.58	0	0.00
22	防灾规程	0	0.00	0	0.00
23	复制	253	2.88	0	0.00
24	档案缩微品	4	0.05	4	1.08
合计		8795	100.00	49	13.17

（1）从指标名有标准项和有档案标准项对档案保管与保护的覆盖看，24个指标项下有指标名标准的18项，覆盖率为75.00%；指标名档案标准的11项，覆盖率为45.83%，综合覆盖率为60.42%。

（2）从有标准的指标名档案标准数和有标准的指标名标准数的比值看，实有指标名档案标准11项，占实有指标名标准18项的61.11%。

（3）从指标名标准数量和档案标准数量及占比情况看，24个指标项下标准8795项，档案标准49项，档案标准占4417项指标项下标准的0.56%，占372项档案标准的13.17%。

（4）指标名标准项与指标名档案标准项同时有标准的 11 项，分别是保管、保护、全宗卷、档案馆建筑、档案装具、密集架、载体、耐久性、修复、修裱、档案缩微品，占 24 项的 45.83%。其中，标准数量相等的有全宗卷、档案馆建筑、档案装具、密集架、修裱、档案缩微品 6 项。标准最多的档案缩微品 4 项，最少的档案装具、密集架各 1 项。标准数量不相等的有保管、保护、载体、耐久性、修复 5 项，最多保护 6298 项，最少保管 76 项，最大（保护）相差 6277 项，最小（载体）相差 315 项。

（5）指标名标准项与指标名档案标准项同时没有标准的 6 项，分别是档案库房、适宜性原则、相似性原则、可逆性原则、防灾规程，占 31 项的 25.00%。

（6）指标名标准项有标准，指标名档案标准项没标准的 7 项，分别是加固、加湿、去湿、脱酸、去污、熏蒸、复制，占 24 项的 29.17%。最多加固 346 项，最少脱酸 1 项。

总之，档案保管与保护部门标准覆盖率高，指标名标准数量高于指标名档案标准数量，指标名标准与指标名档案标准同无率高，单有率次之，同有率最低。

9. 计（档案统计）

《DA/T 1—2000 档案工作基本术语》定义为：统计（statistics）对反映和说明档案及档案工作现象的数量特征进行搜集、整理和分析的活动。

这部分有一级概念 7 个，共计 7 个指标。

表 4-11 是《DA/T 1—2000 档案工作基本术语》档案统计中涉及标准数量与占比值和在档案标准中的数量与占比值。

表 4-11　《DA/T 1—2000 档案工作基本术语》档案统计涉及标准和占比值

序号	指标名称	指标名标准数	占指标比（%）	档案标准数	占档案比（%）
1	统计	890	61.34	0	0.00
2	登记	455	31.36	2	0.54
3	统计指标	25	1.72	0	0.00

续表

序号	指标名称	指标名标准数	占指标比（%）	档案标准数	占档案比（%）
4	统计报表	5	0.34	0	0.00
5	统计分析	74	5.10	0	0.00
6	全宗卡片	0	0.00	0	0.00
7	全宗单	2	0.14	2	0.54
合计		1451	100.00	4	1.08

（1）从指标名有标准项和有档案标准项对档案统计的覆盖看，7个指标项下有指标名标准的6项，覆盖率为85.71%；指标名档案标准的2项，覆盖率为28.57%，综合覆盖率为57.14%。

（2）从有标准的指标名档案标准数和有标准的指标名标准数的比值看，实有指标名档案标准2项，占实有指标名标准6项的33.33%。

（3）从指标名标准数量和档案标准数量及占比情况看，7个指标项下标准1451项，档案标准4项，档案标准占指标项下标准的0.28%，占372项档案标准的1.08%。

（4）指标名标准项与指标名档案标准项同时有标准的2项，分别是登记、全宗单，占7个指标项的28.57%。其中标准数量相等的有全宗单1项。标准数量不相等的有登记1项，最多指标名标准数量455项，最少档案标准数量2项，相差453项。

（5）指标名标准项与指标名档案标准项同时无标准的有全宗卡片1项，占7个指标项的14.29%。

（6）指标名标准项有标准，指标名档案标准项无标准的4项，分别是统计、统计指标、统计报表、统计分析，占7个指标项的57.14%。最多统计890项，最少统计报表5项。

总之，档案统计标准覆盖率高，指标名标准数量高于指标名档案标准数量，指标名标准与指标名档案标准单有率高，同有率次之，同无率最低。

10. 小结

综上所述，在依环节对档案标准进行分析后，我们再将各环节各统计项进行汇总分析如下：

（1）指标名有标准项和有档案标准项及覆盖率统计分析

由表 4-12 可见，整体上指标名档案标准数为 47；指标名档案覆盖率为 32.04%，不到 1/3；平均覆盖率为 48.30%，不到半数。除一般概念以外的 7 个环节中，三项指标均最高的是档案保管与保护环节，最低的是档案鉴定环节。

表 4-12　　指标名有标准项和有档案标准项及覆盖率

序号	指标项	指标数	指标名标准数	指标名覆盖率（%）	指标名档案标准数	指标名档案覆盖率（%）	平均覆盖率（%）
1	一般概念	31	21	67.74	13	41.94	54.84
2	档案收藏	11	9	81.82	4	36.36	59.09
3	档案鉴定	5	3	60.00	1	20.00	40.00
4	档案整理	12	5	41.67	5	41.67	41.67
5	档案检索	28	17	60.71	10	35.71	48.21
6	档案利用	16	7	43.75	1	6.25	25.00
7	档案保管与保护	24	18	75.00	11	45.83	60.42
8	档案统计	7	6	85.71	2	28.57	57.14
合计		134	86	64.55	47	32.04	48.30

（2）有标准的指标名档案标准数和指标名标准数比值统计分析

由表 4-13 可见，从有标准的指标名档案标准数和指标名标准数比值看，档案整理最高，档案利用最低。

表 4-13　　有标准的指标名档案标准数和指标名标准数比值

序号	指标项	指标名档案标准	指标名标准	分数值	百分数（%）
1	一般概念	13	21	5/8	61.90
2	档案收藏	4	9	4/9	44.44
3	档案鉴定	1	3	1/3	33.33

续表

序号	指标项	指标名档案标准	指标名标准	分数值	百分数（%）
4	档案整理	5	5	1	100.00
5	档案检索	10	17	3/5	58.82
6	档案利用	1	7	1/7	14.29
7	档案保管与保护	11	18	3/5	61.11
8	档案统计	2	6	1/3	33.33
合计		47	86	5/9	54.65

（3）指标名标准数量和档案标准数量及占比统计分析

由表4-14可见，从指标名档案标准看，档案检索最多，档案鉴定最少；从占指标名标准比看，档案整理最多，档案鉴定最少；从占档案标准比看，档案检索最多，档案鉴定最少。

表4-14　　　指标名标准数量和档案标准数量及占比

序号	指标项	指标数	指标名标准	档案标准	指标名档案标准	占指标名标准比（%）	占档案标准比（%）
1	一般概念	31	4417	372	164	3.71	44.09
2	档案收藏	11	7588	372	24	0.32	6.45
3	档案鉴定	5	2954	372	1	0.03	0.27
4	档案整理	12	195	372	25	12.82	6.72
5	档案检索	28	1391	372	62	4.46	16.67
6	档案利用	16	3458	372	4	0.12	1.08
7	档案保管与保护	24	8795	372	49	0.56	13.17
8	档案统计	7	1451	372	4	0.28	1.08
合计		134	30249	372	333	1.10	89.52

（4）指标名标准项与指标名档案标准项同有率、同无率、单有率统计分析

由表4-15可见，从同有项看，档案保管与保护最高，档案鉴定、

档案利用最低；从同有率看，档案保管与保护最高，档案利用最低。

表4-15 指标名标准项与指标名档案标准项同有率、同无率、单有率

序号	指标项	指标数	同有项	同有率（%）	同无项	同无率（%）	单有项	单有率（%）
1	一般概念	31	13	41.94	10	32.26	8	25.81
2	档案收藏	11	4	36.36	2	18.18	5	45.45
3	档案鉴定	5	1	20.00	2	40.00	2	40.00
4	档案整理	12	5	41.67	7	58.33	0	0.00
5	档案检索	28	10	35.71	13	46.43	5	17.86
6	档案利用	16	1	6.25	9	56.25	6	37.50
7	档案保管与保护	24	11	45.83	6	25.00	7	29.17
8	档案统计	7	2	28.57	1	14.29	4	57.14
合计		134	47	35.07	50	36.34	37	27.61

从同无项看，档案检索最高，档案统计最低；从同无率看，档案整理最高，档案统计最低。

从单有项看，档案保管与保护最高，档案整理最低；从单有率看，档案统计最高，档案整理最低。

整体上同无率高，同有率次之，单有率再次之。

（二）依内容

以档案国家标准《DA/T 1—2000 档案工作基本术语》中的条目为参照，标准划分依内容可分为：定义、实体与材质、机构、用品、工具、过程、技术、程序、方法、活动、行为。

1. 定义

定义（definition）描述一个概念，并区别于其他相关概念的表述。属加种差是定义的常用方法，确定档案的属概念有助于我们从来源上了解档案的定义。因此，梳理现有档案标准名称中档案属概念对我们掌握什么东西可能或可以成为档案至关重要。表4-16是现有档案标准中涉及的档案属概念的标准种类和数量统计。

表4-16　现有档案标准中涉及的档案属概念的标准种类和数量

属概念	信息	文件	数据	记录	文档	文献	文书	资料	材料	图像	公文	网页	邮件	合计
标准数量	59	45	26	25	23	11	9	9	8	5	1	1	1	223
占比(%)	15.86	12.10	6.99	6.72	6.18	2.96	2.42	2.42	2.15	1.34	0.27	0.27	0.27	59.95
说明	来自国家档案局网站档案标准库 https://www.saac.gov.cn/daj/gjbz/dabz_list.shtml													

（1）涉及属概念13个。依使用频率高低排序，分别是：信息、文件、数据、记录、文档、文献、文书、资料、材料、图像、公文、网页、邮件。

（2）涉及上述13个属概念的标准合计223项，占到了全部372项标准的59.95%。

（3）从术语标准中涉及属概念看，上述属概念只是一部分，并非档案属概念的全部。

由于档案概念分一般档案和类型档案两类，而一般档案是可以视为类型档案属概念的。比如：《DA/T 1—2000 档案工作基本术语》中涉及的公共档案、私人档案、文书档案、科学技术档案、专业档案五大类型档案，除私人档案目前还没有标准外，其他4类均有标准。

具体情况如下：

①公共档案（public archives）：国家机构或其他公共组织在公务活动中形成的为社会所有的档案。现有标准1项，占全部372项标准的0.27%。

②私人档案（private archives）：私人或私人组织在社会活动中形成的为私人所有的档案。现在没有标准。

③文书档案（administrative archives）：反映党务、行政管理等活动的档案。现有标准8项，占全部372项标准的2.15%。

④科学技术档案（scientific and technical archives）：反映科学技术研究、生产、基本建设等活动的档案。现有标准13项，占全部372项标准

的 3.23%。

⑤专业档案（specialized archives）：反映专门领域活动的档案。现有标准 4 项，占全部 372 项标准的 1.08%。

2. 实体与材质

实体与材质是构成档案的物质基础，也是划分档案类别的标准之一。表 4-17 是现有档案标准中涉及的档案实体与材质的标准种类和数量统计。

表 4-17 现有档案标准中涉及的档案实体与材质的标准种类和数量

实体与材质	电子	纸	磁介质	胶片	照片	录音录像	实物	印章	合计
标准数量	20	12	3	3	3	3	2	1	47
占比（%）	5.38	3.23	0.81	0.81	0.81	0.81	0.54	0.27	12.63
说明	来自国家档案局网站档案标准库 https：//www.saac.gov.cn/daj/gjbz/dabz_list.shtml									

（1）涉及实体与材质 8 种。依使用频率高低排序，分别是：电子、纸、磁介质、胶片、照片、录音录像、实物、印章。

（2）涉及上述 8 种实体与材质的标准合计 47 项，占到了全部 372 项标准的 12.63%。

（3）实际工作中涉及的荣誉、甲骨、金石、简牍、泥板、草纸等实体与材质，目前还没有标准。

3. 机构

机构是档案社会组织，也是保存保管档案的场所，具有明显的专业特性。表 4-18 是现有档案标准中涉及的档案机构的标准种类和数量统计。

（1）涉及机构 4 种。依使用频率高低排序，分别是：档案馆、档案室、档案中心、档案库房。

（2）涉及上述 4 种机构的标准合计 22 项，占到了全部 372 项标准的 5.91%。

表4－18　现有档案标准中涉及的档案机构的标准种类和数量

机构	档案馆	档案室	档案中心	档案库房	合计
标准数量	11	7	3	1	22
占比（%）	2.96	1.88	0.81	0.27	5.91
说明	来自国家档案局网站档案标准库 https：//www.saac.gov.cn/daj/gjbz/dabz_list.shtml					

（3）日常工作及表述中涉及的档案机构、档案处、档案科，目前还没有标准。

4. 用品

用品是指档案工作中用来承载档案和记录档案信息的物品。表4－19是现有档案标准中涉及的档案用品的标准种类和数量统计。

表4－19　现有档案标准中涉及的档案用品的标准种类和数量

机构	光盘	磁盘	装具	密集架	卷皮卷盒	防霉剂	防虫剂	合计
标准数量	3	2	1	2	1	1	1	11
占比（%）	0.81	0.54	0.27	0.54	0.27	0.27	0.27	2.96
说明	来自国家档案局网站档案标准库 https：//www.saac.gov.cn/daj/gjbz/dabz_list.shtml							

（1）涉及用品7种。依使用频率高低排序，分别是：光盘、磁盘、密集架、装具、卷皮卷盒、防霉剂、防虫剂。

（2）涉及上述7种用品的标准合计11项，占到了全部372项标准的2.96%。

（3）实际档案工作中涉及的设备、装备、器具、消防器材、安防设施等，目前还没有标准。

5. 工具

工具是指档案工作中用来协助档案工作者完成对档案的管理，并帮助档案利用者查询利用档案的物品。表4－20是现有档案标准中涉及的档案工具的标准种类和数量统计。

表 4-20　现有档案标准中涉及的档案工具的标准种类和数量

机构	标引	主题词表	目录	全宗指南	档案馆指南	合计
标准数量	14	4	5	2	1	26
占比（%）	3.78	1.08	1.34	0.54	0.27	6.99
说明	来自国家档案局网站档案标准库 https：//www.saac.gov.cn/daj/gjbz/dabz_list.shtml					

（1）涉及工具 4 种。依使用频率高低排序，分别是：目录、主题词表、全宗指南、档案馆指南。

（2）涉及上述 4 种工具的标准合计 12 项，占到了全部 372 项标准的 3.23%。

（3）术语标准中涉及的索引、专题指南等工具，目前还没有标准。

6. 过程

过程指事情进行或事物发展所经过的程序。表 4-21 是现有档案标准中涉及过程的标准种类和数量统计。

表 4-21　现有档案标准中涉及过程的标准种类和数量

过程	归档	著录	标引	修复	检索	立卷	编目	合计
标准数量	154	22	14	11	4	3	1	209
占比（%）	41.40	5.91	3.76	2.96	1.08	0.81	0.27	56.18
说明	来自国家档案局网站档案标准库 https：//www.saac.gov.cn/daj/gjbz/dabz_list.shtml							

（1）涉及过程 7 个。依使用频率高低排序，分别是：归档、著录、标引、修复、检索、立卷、编目。

（2）涉及上述 7 个过程的标准合计 209 项，占到了全部 372 项标准的 56.18%。

(3) 术语标准中涉及的文稿、移交、接收、征集、鉴定、销毁、退变、登记等过程，目前还没有标准。

7. 技术

技术，即知识产权组织把世界上所有能带来经济效益的科学知识都定义为技术。表 4-22 是现有档案标准中涉及技术的标准种类和数量统计。

表 4-22　现有档案标准中涉及技术的标准种类和数量

技术	技术	缩微	修裱	复制	合计
标准数量	56	14	2	1	74
占比（%）	15.05	3.76	0.54	0.27	19.62
说明	来自国家档案局网站档案标准库 https：//www.saac.gov.cn/daj/gjbz/dabz_list.shtm				

(1) 涉及技术 4 个。依使用频率高低排序，分别是：技术、缩微、修裱、复制。

(2) 涉及上述 4 个技术的标准合计 74 项，占到了全部 372 项标准的 19.62%。

(3) 术语标准中涉及的加固、脱酸等技术，目前还没有标准。

8. 程序

程序指事情进行的步骤、次序。表 4-23 是现有档案标准中涉及程序的标准种类和数量统计。

表 4-23　现有档案标准中涉及程序的标准种类和数量

程序	程序	规程	合计
标准数量	5	4	9
占比（%）	1.34	1.08	2.42
说明	来自国家档案局网站档案标准库 https：//www.saac.gov.cn/daj/gjbz/dabz_list.shtm		

（1）涉及程序 2 个。依使用频率高低排序，分别是程序、规程。

（2）涉及上述 2 个程序的标准合计 9 项，占到了全部 372 项标准的 2.42%。

9. 方法

方法一般是指为获得某种东西或达到某种目的而采取的手段与行为方式。现有档案标准中涉及方法的标准只有 1 种，共计 9 项，占比 2.42%。术语标准中涉及的编纂、去湿、去污、熏蒸等方法，目前还没有标准。

10. 活动

活动是由共同目的联合起来并完成一定社会职能的动作的总和。现有档案标准中涉及活动的标准只有 1 种，共计 2 项，占比 0.54%。术语标准中涉及的档案工作、档案管理、收集、征集、交换、利用、开放、咨询服务、展览、编纂、保管、保护、统计等活动，目前还没有标准。

11. 行为

行为本义是举止行动，即受思想支配而表现出来的外表活动。现有档案标准中涉及行为的标准只有 1 种，共计 1 项，占比 0.27%。术语标准中涉及的寄存、捐赠等方法，目前还没有标准。

（三）依国别

在以档案国家标准《DA/T 1—2000 档案工作基本术语》，并依环节划分识、收、鉴、整、检、利、保、计的基础上，对已有标准项，再依国别加以区分比较。

1. 识（基本概念）

表 4-24 是《DA/T 1—2000 档案工作基本术语》一般概念中涉及中外标准比较情况。

由表 4-24 可见，在一般概念 31 个指标中，除档案指标项之外，同时有中标和外标的有档案管理、文件、电子文件 3 个指标，共 126 项。在档案管理指标中：中标 72 项，其中国标 70 项、行标 2 项；外标 3 项。在文件指标中：中标 13 项，均为国标；外标 32 项。在电子文件指标中：中标 4 项，均为国标；外标 2 项。

表4-24 《DA/T 1—2000 档案工作基本术语》一般概念涉及中外标准比较

序号	名称	档案标准数	总占比（%）	中标数	中标占比（%）	外标数	外标占比（%）	备注
1	档案	372						
2	档案价值							
3	档案工作	10	2.69	10	100.00			国标
4	档案管理	75	20.16	72	96.00	3	4.00	国标70、行标2、外标3
5	档案学							
6	公共档案	1	0.27			1	100.00	外标
7	私人档案							
8	文书档案	8	2.15	8	100.00			国标8
9	科学技术档案	13	3.49	13	100.00			国标13
10	专业档案	4	1.08			4	100.00	外标
11	音像档案							
12	文件	45	12.10	13	28.89	32	71.11	国标13、外标32
13	电子文件	6	1.61	4	66.67	2	33.33	国标4、外标2
14	原件							
15	复制件							
16	文稿							
17	文本	2	0.54			2	100.00	外标
18	正本							
19	副本							
20	手稿							
21	文种							
22	档案行政管理部门							
23	档案室							
24	档案馆							
25	综合档案馆							

续表

序号	名称	档案标准数	总占比（%）	中标数	中标占比（%）	外标数	外标占比（%）	备注
26	专业档案馆							
27	部门档案馆							
28	企业档案馆							
29	事业单位档案馆							
30	档案资料目录中心	1	0.27	1	100.00			国标
31	文件中心	1	0.27			1	100.00	外标
合计		166	44.62	121	72.89	45	27.11	

单有中标的有档案工作、文书档案、科学技术档案、档案资料目录中心4个指标，共32项，全部为国标。

单有外标的有公共档案、专业档案、文本、文件中心4个指标，共8项。

从这里我们可以看出，中外在规制档案工作上的共同关注和差异。

2. 收（档案收藏）

表4-25是《DA/T 1—2000 档案工作基本术语》档案收藏涉及中外标准比较情况。

由表4-25可见，在档案收藏11个指标中，同时有中标和外标的有归档、交换2个指标，共20项标准。在归档指标中：中标8项，其中国标7项、行标1项；外标3项。在交换指标中：国标5项、行标1项；外标3项。

单有中标的有收集、馆藏2个指标，共8项，全部为国标。

档案收藏没有单独的外标项。

从这里我们可以看出，归档、交换是中外在规制档案工作上的共同关注点，收集、馆藏只是我们的关注点。

表4-25　《DA/T 1—2000 档案工作基本术语》档案收藏涉及中外标准比较

序号	名称	档案标准数	总占比（%）	中标数	中标占比（%）	外标数	外标占比（%）	备注
1	收集	4	1.08	4	14.29			国标
2	归档	11	2.96	8	28.57	3	10.71	国标7、行标1、外标3
3	移交	0	0.00					
4	接收	0	0.00					
5	征集	0	0.00					
6	寄存	0	0.00					
7	捐赠	0	0.00					
8	交换	9	2.42	6	21.43	3	10.71	国标5、行标1、外标3
9	馆藏	4	1.08	4	14.29			国标
10	散存档案	0	0.00					
11	散失档案	0	0.00					
合计		28	7.53		78.57	6	21.43	

3. 鉴（档案鉴定）

表4-26是《DA/T 1—2000 档案工作基本术语》档案鉴定涉及中外标准比较情况。

表4-26　《DA/T 1—2000 档案工作基本术语》档案鉴定涉及中外标准比较

序号	名称	档案标准数	总占比（%）	中标数	中标占比（%）	外标数	外标占比（%）	备注
1	鉴定	0	0.00					
2	保管期限	1	0.27	1	100.00			国标
3	保管期限表	0	0.00					
4	销毁	0	0.00					
5	销毁清册	0	0.00					
合计		1	0.27	1	100.00			

由表 4-26 可见，在档案鉴定 5 个指标项中，有标准的只有保管期限 1 个指标，共 1 项标准，来自中标，没有外标。档案鉴定是档案工作诸多环节中的枢纽关节，5 个指标项中 4 项没有标准，反映出对这项工作的重要性还有待提高，在运用标准规制上还有更多的提升空间。

4. 整（档案整理）

表 4-27 是《DA/T 1—2000 档案工作基本术语》档案整理涉及中外标准比较情况。

表 4-27 《DA/T 1—2000 档案工作基本术语》档案整理涉及中外标准比较

序号	名称	档案标准数	总占比（%）	中标数	中标占比（%）	外标数	外标占比（%）	备注
1	整理	8	2.15	8	30.77			国标
2	来源原则	0	0.00					
3	档案实体分类	0	0.00					
4	立档单位	0	0.00					
5	全宗	1	0.27	1	3.85			国标
6	联合全宗	0	0.00					
7	汇集全宗	0	0.00					
8	全宗群	0	0.00					
9	案卷	11	2.96	11	42.31			国标 10、行标 1
10	立卷	2	0.54	2	7.69			国标 1、行标 1
11	卷内备考表	0	0.00					
12	档号	4	1.08	3	11.54			国标 4
合计		26	6.99	25	96.15			

由表 4-27 可见，在档案整理 12 个指标项中，没有同时有中标和外标的指标项，也没有外标指标项。

单有中标的有整理、全宗、档号 3 个指标，共 13 项，全部为国标；案卷指标 11 项，国标 10 项，行标 1 项；立卷指标 2 项，国标 1 项，行标 1 项。

这表明档案整理有着明显的国别和地域性。

5. 检（档案检索）

表 4-28 是《DA/T 1—2000 档案工作基本术语》档案检索涉及中外标准比较情况。

表 4-28　《DA/T 1—2000 档案工作基本术语》档案检索涉及中外标准比较

序号	名称	档案标准数	总占比（%）	中标数	中标占比（%）	外标数	外标占比（%）	备注
1	检索	4	1.08	1	1.61	3	4.84	国标1、外标3
2	编目	1	0.27	1	1.61			国标
3	档案信息分类	0	0.00					
4	条目	0	0.00					
5	著录	22	5.91	22	35.48			国标21、行标1
6	标引	14	3.76	14	22.58			国标
7	分类标引	6	1.61	6	9.68			国标
8	主题标引	5	1.34	5	8.06			国标
9	受控标引	0	0.00					
10	自由标引	0	0.00					
11	关键词	0	0.00					
12	主题词	0	0.00					
13	档案主题词表	2	0.54	2	3.23			国标
14	检索工具	0	0.00					
15	目录	5	1.34	5	8.06			国标
16	案卷目录	0	0.00					
17	卷内文件目录	0	0.00					
18	案卷文件目录	0	0.00					
19	分类目录	0	0.00					
20	主题目录	0	0.00					
21	专题目录	0	0.00					

续表

序号	名称	档案标准数	总占比（%）	中标数	中标占比（%）	外标数	外标占比（%）	备注
22	索引	0	0.00					
23	文号索引	0	0.00					
24	人名索引	0	0.00					
25	地名索引	0	0.00					
26	档案馆指南	1	0.27	1	1.61			国标
27	全宗指南	2	0.54	2	3.23			国标
28	专题指南	0	0.00					
合计		62	16.67		95.16		4.84	

由表4-28可见，在档案检索28个指标中，同时有中标和外标的有检索1个指标，共4项标准。在检索指标中：中标1项，外标3项。

单有中标的有著录、编目、标引、分类标引、主题标引、档案主题词表、目录、档案馆指南、全宗指南9个指标，共58项，其中国标57项，行标1项。

档案检索没有单独的外标项。

6. 利（档案利用）

表4-29是《DA/T 1—2000 档案工作基本术语》档案利用涉及中外标准比较情况。

由表4-29可见，在档案利用16项标准中，有标准的仅有开放1个指标，共4项标准，全部来自外标，没有中标。也就是说，中国标准中无论国标还是行标，都没有关于档案开放的标准。不仅仅是开放，整个利用16个指标全部没有中标。这也从侧面反映出我们在运用标准规制档案利用上，还有更多的工作可做。

表4-29 《DA/T 1—2000 档案工作基本术语》档案利用涉及中外标准比较

序号	名称	档案标准数	总占比（%）	中标数	中标占比（%）	外标数	外标占比（%）	备注
1	利用	0	0.00					
2	开放	4	1.08			4	100.00	外标
3	公布	0	0.00					
4	咨询服务	0	0.00					
5	档案证明	0	0.00					
6	档案展览	0	0.00					
7	阅览室	0	0.00					
8	密级	0	0.00					
9	降密	0	0.00					
10	解密	0	0.00					
11	编纂	0	0.00					
12	大事记	0	0.00					
13	组织沿革	0	0.00					
14	基础数字汇集	0	0.00					
15	专题概要	0	0.00					
16	档案出版物	0	0.00					
合计		4	1.08			4	100.00	外标

7. 保（档案保管与保护）

表4-30是《DA/T 1—2000 档案工作基本术语》档案保管与保护涉及中外标准比较情况。

由表4-30可见，在档案保管与保护24个指标中，同时有中标和外标的有保护、耐久性2个指标，共25项标准。在保护指标中：中标20项（均为国标），外标1项。在耐久性指标中：中标2项（均为国标），外标2项。

表4-30 《DA/T 1—2000 档案工作基本术语》档案保管与保护涉及中外标准比较

序号	名称	档案标准数	总占比（%）	中标数	中标占比（%）	外标数	外标占比（%）	备注
1	保管	2	0.54	2	4.08			国标
2	保护	21	5.65	20	40.82	1	2.04	国标20、外标1
3	全宗卷	2	0.54	2	4.08			国标
4	档案馆建筑	3	0.81	3	6.12			国标
5	档案库房	0	0.00					
6	档案装具	1	0.27	1	2.04			国标
7	密集架	1	0.27	1	2.04			国标
8	载体	1	0.27	1	2.04			国标
9	耐久性	4	1.08	2	4.08	2	4.08	国标2、外标2
10	退变	0	0.00					
11	修复	8	2.15	8	16.33		0.00	国标7、行标1
12	加固	0	0.00					
13	修裱	2	0.54	2	4.08		0.00	国标
14	适宜性原则	0	0.00					
15	相似性原则	0	0.00					
16	可逆性原则	0	0.00					
17	加湿	0	0.00					
18	去湿	0	0.00					
19	脱酸	0	0.00					
20	去污	0	0.00					
21	熏蒸	0	0.00					
22	防灾规程	0	0.00					
23	复制	0	0.00					
24	档案缩微品	4	1.08	4	8.16		0.00	国标
合计		49	13.17	46	93.88	3	6.12	

单有中标的有保管、全宗卷、档案馆建筑、档案装具、密集架、载

体、修复、修裱、档案缩微品 9 个指标，共 24 项，其中国标 23 项，行标 1 项。

档案保管与保护没有单独的外标项。

8. 计（档案统计）

表 4-31 是《DA/T 1—2000 档案工作基本术语》档案统计涉及中外标准比较情况。

表 4-31　《DA/T 1—2000 档案工作基本术语》档案统计涉及中外标准比较

序号	名称	档案标准数	总占比（%）	中标数	中标占比（%）	外标数	外标占比（%）	备注
1	统计	0	0.00					
2	登记	2	0.54	2	50.00			行标
3	统计指标	0	0.00					
4	统计报表	0	0.00					
5	统计分析	0	0.00					
6	全宗卡片	0	0.00					
7	全宗单	2	0.54	2	50.00			国标
合计		4	1.08					

由表 4-31 可见，在档案统计 7 项标准中，有标准的登记、全宗单 2 个指标共 4 项标准，全部来自中标，其中国家标准 2 项，行业标准 2 项。

总之，档案统计中外关注点有所不同，并具有地域性差别。

四　几点说明

（一）由于划分的标准不同，这种以标准内容定义、实体与材质、机构、用品、工具、过程、技术、程序、方法、活动、行为进行分类，所涉及的标准与依环节划分识、收、鉴、整、检、利、保、计 8 个环节，内容存在交叉。

（二）由于使用的是标准名称项进行检索，会产生两种情况：一是标准名称中如果含有两个以上检索用词（概念），会被同时计入不同的检索项中，产生重复；二是检索用词（概念）的匹配度会低于全文，若使用全文进行检索，相信概念的匹配度会有所提高。

（三）在标准样本的使用中，采用了全状态模式，即包括现行、废止、被代替、即将实施四种状态。这样做出于三点考虑：

其一，意在让大家对国内外整个档案标准体系有一个全面完整的了解；

其二，意在让大家有机会对一些标准的前世今生、来龙去脉、演化路径有所了解；

其三，目前国内档案标准均为推荐标准，即所有标准在使用时只具有参考性，不具强制性。从参考性这一点来看，国内标准与国外标准没有差别。

（四）由于指标项设计、统计指标、统计方法、计算方法的差异，结果和结论难免有失准确。

第二节　档案标准对档案工作规范的影响

本节以档案国家标准《DA/T 1—2000 档案工作基本术语》和《DA/T 58—2014 电子档案管理基本术语》为样本，从"说"的层面（术语）和"做"的层面（行为）两个方面，对档案标准与档案工作规范的关系及相互之间的影响进行评估。

一　档案术语

档案术语是档案领域中一般概念的规范表达方式[1]，也是国内外档案人进行交流与沟通的介质，被称为档案界的"普通话"[2]。比如2021年9月3日，国际档案理事会 ICA 公布了《档案术语共同宣言》（The Universal Declaration on Archives Terminology）。该宣言是提高公众和关键决

---

[1] 冯文杰：《电子档案术语标准化势在必行》，《中国档案报》2011年12月29日第2版。
[2] 《ICA 中国宣传组．档案术语：档案界的"普通话"》，2021年9月18日，https://mp.weixin.qq.com/s/idZ-_IHUSHCJ3RKietPRfA，2021年10月17日。

策者对档案理解和认识的重要一步，简洁有力地对现代社会中档案相关内容进行了说明。《档案术语共同宣言》的公布对规范档案学、档案工作及相关领域的档案术语，建立档案工作标准，推动档案学术和业务经验交流等具有重要的价值和意义[①]。ICA 中国宣传组认为：本术语可以为档案工作者的学术研究和经验交流，提供专业性指导。当然，对于刚接触档案工作或非档案专业人士来说，这也是一份档案专业的入门指南。可以说，术语的规范有助于档案行业内部的互通对话，避免产生交流的位差感；而且国内外档案术语的统一规范，能够为我国档案话语体系构建提供良好的语言环境[②]。因此，加强档案工作术语的建设与更新并逐步建立完善适应档案工作的档案术语体系，是档案学界必须要做的一项基础性工作。

（一）档案术语及研究概况

在讨论档案术语体系的建立与完善之前，需要回顾一下档案术语研究概况。

1. 档案术语的类别

1957 年起至今，学者们就档案术语、档案学术语、档案专业术语、档案工作专用术语、档案工作基本术语、电子档案管理基本术语[③]、满文档案著录名词与术语汉译规则等展开研究，在文献中出现过 7 种不同的表述，具体见表 4-32。

2. 法定与非法定档案术语

（1）法定档案术语

本节所指法定档案术语，是指由国家标准部门制定并颁布的档案术语[④]。目前我国法定档案术语有三部：《DA/T 1—2000 档案工作基本术语》《DA/T 30—2002 满文档案著录名词与术语汉译规则》《DA/T 58—2014 电子档案管理基本术语》。

[①] 张晓、王英玮：《〈档案工作基本术语〉的解读及相关问题探讨》，《北京档案》2018 年第 8 期。

[②] 《ICA 中国宣传组．档案术语：档案界的"普通话"》，2021 年 9 月 18 日，https://mp.weixin.qq.com/s/idZ-_IHUSHCJ3RKietPRfA，2021 年 10 月 17 日。

[③] 吴雁平、刘东斌：《论档案术语体系建设》，《档案》2020 年第 12 期。

[④] 吴雁平、刘东斌：《论档案术语体系建设》，《档案》2020 年第 12 期。

表4-32　　　　　　　　档案术语的类别及指向

序号	类别	指向
1	档案术语	指档案专业领域中使用的，具有单义性和单参照性的专门语言符号（词或词组）的总称①。
2	档案学术语②	无
3	档案专业术语③	无
4	档案工作专用术语④	无
5	档案工作基本术语	指中华人民共和国档案行业标准《档案工作基本术语》1992年版（DA/T 1—1992）和2000年版（DA/T 1—2000），所确定的档案工作的基本术语及其定义。
6	电子档案管理基本术语	指中华人民共和国档案行业标准《电子档案管理基本术语》2014版（DA/T 58—2014），所确定的电子档案管理的基本术语及其定义。
7	满文档案著录名词与术语汉译规则	指中华人民共和国档案行业标准《满文档案著录名词与术语汉译规则》（DA/T 30—2002）2013年版，所确定的电子档案管理的基本术语及其定义。

其中，《DA/T 1—2000 档案工作基本术语》和《DA/T 58—2014 电子档案管理基本术语》两部法定档案术语的适用范围相同，均适用于档案工作、文书工作及相关领域。

（2）非法定档案术语

本节所指非法定档案术语，是由国内正规出版机构编辑出版的档案术语⑤，如《英汉档案学词汇》《档案学词典》《中国大百科全书·图书馆学 情报学 档案学》等。

3. 档案术语研究概况

（1）从时间上看，档案术语研究起步较早。1957年"档案工作"刊登了《档案工作专用术语应怎样通俗化?》《档案术语要简明》两篇研究文献，开启了我国档案术语研究的先河。此后出现了近20年的停顿。

---

① 王英玮：《试论档案术语学的若干问题》，《山西档案》1992年第6期。
② 吴雁平、刘东斌：《论档案术语体系建设》，《档案》2020年第12期。
③ 吴雁平、刘东斌：《论档案术语体系建设》，《档案》2020年第12期。
④ 吴雁平、刘东斌：《论档案术语体系建设》，《档案》2020年第12期。
⑤ 潘连根：《档案学术语规范化建设研究》，《浙江档案》2015年第9期。

1984 年档案术语研究得以恢复，之后基本上没有中断。这表明档案术语问题是学术界持续关注的基本问题，虽非热点，但确是阶段性议题。

（2）从研究成果的数量上看，从 1957 年至今总共发表了 73 篇文献，仅占同期档案学术文献 230960 篇的 0.723‰。反映出档案术语在档案工作和档案学中的基础性与重要性未得到应有的重视。

总体来看，我国档案术语研究呈现出起步早、持续时间长，但是研究群体规模小、研究主题分散的特点。

（二）现有档案术语现状及影响

1. 档案术语现状

（1）知晓度偏低，运用率不高

以《DA/T 1—2000 档案工作基本术语》为例，这部于 1992 年颁布的法定档案术语至今已有 30 多年，从 2000 年 12 月 6 日再次发布到现在，也超过了 20 年。但是档案界学者和档案工作者对此了解关注度都不高[1]。

在知网文献数据库中，以被引文献为检索项，以《档案工作基本术语》为检索词，在 1993 年 1 月 1 日至今的时间段里，共得到 186 篇文献，仅占同期以档案为主题检索结果 406699 篇文献的 0.46‰。使用率之低可见一斑。在这 186 篇文献中，高校作者 123 篇，占 66.13%；是同期档案主题文献大学作者 201139 篇文献的 0.61‰。档案局作者 6 篇，占 3.22%；是同期档案主题文献档案局作者 31381 篇文献的 0.19‰。档案馆作者 17 篇，占 9.14%，是同期档案主题文献档案馆作者 27111 篇文献的 0.63‰。

再以《DA/T 58—2014 电子档案管理基本术语》为例，这部于 2014 年首次颁布的法定电子档案术语至 2021 年已超过 7 年。在知网文献数据库中，以被引文献为检索项，以《电子档案管理基本术语》为检索词，在 2015 年 8 月 1 日实施至今的时间段里，共得到 45 篇文献，仅占同期以电子档案为主题检索结果 9562 篇文献的 0.47%，使用率之低可见一斑。在这 45 篇文献中，高校作者 34 篇，占 75.56%，是同期档案主题

---

[1] 吴雁平、刘东斌：《论档案术语体系建设》，《档案》2020 年第 12 期。

文献大学作者 2183 篇文献的 1.56%。档案局作者 2 篇，占 4.44%，是同期档案主题文献档案局作者 340 篇文献的 0.59%。档案馆作者 7 篇，占 15.56%，是同期档案主题文献档案馆作者 633 篇文献的 1.11%。

如果说档案学术界使用档案工作术语率低，尚可以理解的话，作为档案实践界的档案局、档案馆使用档案工作术语率更低，就是一个需要关注与重视的问题了。

（2）内容有缺失，长久无更新

随着经济社会的快速发展，新事物、新方法和新技术的不断迭代更新，新概念、新术语也不断涌现，要求档案术语及时进行增补更新。

以《DA/T 1—2000 档案工作基本术语》为例，它从颁布到第一次修改，间隔了 8 年，而 2000 年重新修订颁布至今，已经过去 20 年，却再未见增补更新。

再以"档案数据"与"数据档案"为例。在知网数据库档案专题库中显示，"档案数据"1963 年出现，至今涉及的研究文献多达 21653 篇，出现之早、数量之多也位居档案学研究内容前列，但至今同样不是档案工作术语。在知网数据库档案文献中，"数据档案"1980 年出现，至今涉及的文献也有 2993 篇，至今仍不是档案工作术语。

（3）与俗语及学术概念相混杂

术语与概念有关系，但术语不等于概念。由于档案术语的知晓度与运用率不高，加上部分学术概念与俗语部分，使得档案学术界和实践界都受到一定程度的影响。

如有研究者认为："《档案法》修订草案中的档案定义存在诸多值得商榷之处，建议尊重学理定义，体现档案本质属性，避免循环定义，防止《档案法》调整范围的过度扩张。《档案法》修订草案的语言表述过于随意，建议同一概念前后表述保持一致，避免使用非专业术语、不常用概念，克服口语化倾向，注重立法语言的逻辑性。"[①]

[①] 徐拥军、洪泽文、李晶伟：《关于〈档案法〉修订草案中档案定义与语言表述的修改建议》，《档案学通讯》2018 年第 1 期。

（4）实体术语与电子术语相混杂

在实体档案工作基本术语尚未得到普遍应用与遵循的情况下，信息化的冲击又让电子档案术语与实体档案工作基本术语交织在一起，相互混淆。让原本就不十分清晰的档案工作术语，在使用中更加含混不清，难以准确理解与使用。

2. 档案术语发展滞后的不利影响

（1）未能建立起档案专业语境

术语既是构建专业语境的语料，又是语境中使用的基本语言要素。档案术语的认识度低、使用率低，导致至今我们也没有建立起档案专业语境。缺少专业语境也是档案学发展受限的原因之一。

（2）增加专业层面的交流成本

档案术语是专业人员之间交流的"普通话"，档案术语发展滞后不仅造成专业层面交流沟通困难，还大大增加了交流成本。

（3）造成专业交流的误读误解

同义不同语，同语不同义，在交流中都会影响专业交流的顺畅，极易产生误读、误解，甚至产生不必要的争执与互斥。

（4）影响档案工作标准的建立与解读

档案术语与档案工作标准有着非常紧密的联系。但是如果基本术语得不到补充与更新，就会对档案工作标准的制定和解读产生负面影响。

（5）影响对档案工作的正确决策与实施

通过学习了解档案工作术语，可以快速掌握情况，并从外行迅速进入内行状态，从而在一个统一的语境中进行交流和沟通[①]。

二 档案贯标

（一）档案贯标的定义

贯标，简单讲就是主体落实执行标准的行为。依标准的范围分为微

[①] 吴雁平、刘东斌：《论档案术语体系建设》，《档案》2020年第12期。

观、中观、宏观三种。微观贯标指贯彻 ISO9001 关于质量管理体系的标准①；中观贯标指企业贯彻实施国家标准②，或者指贯彻 ISO（International-al Organization for Standardization）（国际标准化组织）系列标准的工作③；宏观贯标指贯彻有关的国家法律法规、标准、规范、暂行规定等④。

档案贯标是档案工作贯标或档案机构贯标的简称，指档案机构在档案工作中"贯彻实施国家标准"的行为⑤。

（二）档案标准的法规性质及其规制作用

档案标准具有法规性质，是档案行政执法的依据。档案行政执法大都停留在宏观上和浅层次上，究其原因就是档案行政执法没有完全"落地"。档案行政执法从宏观走向具体是档案法制化中的必然过程。只有实现档案行政执法具体化标准化，档案法才更便于操作与执行，才更能保证档案行政执法的公平、公正。档案行政执法具体化又是一个不断完善的过程，"贯标"是实现档案行政执法具体化的关键，但"贯标"既不是档案行政执法具体化的全部，又不可能一劳永逸。尚有大量的档案"事"和"物"并没有档案标准，它们也是档案行政执法具体化的内容，这些没有档案标准的档案"事"和"物"既需要认真考虑对待将其具体化，又需要档案行政指导的正确引导，在不断地总结后上升为档案标准。现有的档案标准也是动态的，会随着时代的发展而发展，不断地修订并增加新的内容⑥。

（三）档案贯标的实践概况

随着档案工作实践的不断发展，档案标准制定的步伐正在加快。《"十四"全国档案事业发展规划》要求实施档案制度规范建设工程，"制定和实施引领高质量发展的档案标准体系方案，加大对不同业务领域的档案标

---

① 金梦：《烟草商业企业贯标与对标"两标结合"问题研究》，《学理论》2010 年第 35 期。
② 李玥、郝伶同：《企业贯标机遇与问题研究》，《中国发明与专利》2018 年第 6 期。
③ 陈贞：《从"贯标"看黄石中小企业信息化的发展方向》，《黄石理工学院学报》（人文社会科学版）2009 年第 2 期。
④ 贺清：《完善电梯行业法规标准体系推动企业技术创新》，《企业标准化》2003 年第 12 期。
⑤ 李玥、郝伶同：《企业贯标机遇与问题研究》，《中国发明与专利》2018 年第 6 期。
⑥ 刘东斌：《论档案行政执法的具体化》，《档案管理》2013 年第 5 期。

准供给，重点推进电子档案、科研档案、建设项目档案、医疗健康档案、档案资源共享服务、档案馆服务、档案安全保护及风险防控、数字档案馆（室）建设等标准供给。鼓励档案学会等学术团体、行业组织及市场主体开展档案团体标准和企业标准制定修订工作。积极参与档案国际标准制定修订，推动中国标准走向国际"[1]。从标准数量上看，现有372项档案标准；从组织建设上看，全国档案工作标准化技术委员会负责档案标准的立项申报、修订、审议工作，这为档案贯标提供了坚实基础。

从理论上讲，档案贯标要求有"标"可依、有"标"必依、"贯标"必严、违"标"必罚。这四个方面既有联系，又有区别；既相互促进，又相互制约。只有这四个方面相互协调，才能使档案贯标达到预想的结果，取得良好的效果。但现实是，与有"标"可依相对"务虚"的标准制定相比，有"标"必依、"贯标"必严、违"标"必罚等相对更务实的贯标行为则显得"有名无实""有气无力""有错无罚"。

"有名无实"是指有些工作已经制定了相应的标准，但有些标准在对应的工作中并没有得到落实。仅有标准之名，没有在工作中得到运用之实。

"有气无力"是指有些工作已经制定相应标准多年，但面对基层工作环境，明知应当执行，却没有能力执行。比如《JGJ 25－2010 档案馆建筑设计规范》对档案选址要求，虽早有要求，成标多年，但现实中总有新馆建设不遵循标准要求，受建单位或受建档案馆却没有能力阻止或更正违标行为。

"有错无罚"是指有些标准实施多年，但一些单位就是不落实，主管单位不止一次口头或书面警告，要求整改。但违标单位就是不作为，最后也没有受到任何处罚。比如档案室防火防水防盗要求配备的设施设备，一些单位长年配置不到位，年年批评，就是年年不改。直至发生重大安全事件。比如2021年7月郑州暴雨导致郑大一附院地下室档案库房被淹。这是个典型的"有错无罚"的例子。

---

[1] 《中办国办印发〈"十四五"全国档案事业发展规划〉》，2021年6月9日，https://www.saac.gov.cn/daj/toutiao/202106/ecca2de5bce44a0eb55c890762868683.shtml，2021年10月29日。

第三节　档案标准与档案工作规范体系建设

档案标准在档案工作规范体系中居于交流与行为层面的规范。档案标准建设是档案工作规范体系建设的组成部分，属于档案工作中需要用、需要常用的事情，属于档案知识中应知应会的部分。

本节在"做"的层面，从术语更新应用和标准使用两个方面，阐述了档案标准与档案工作规范体系建设的方法和途径。

一　档案术语更新

（一）档案术语更新的来源

档案术语更新的来源主要有档案法律、法规规章、标准、规范性文件、统计指标、工作指南、学术论文、工作俗语及其他方面。

1. 档案法律

档案法律中对档案工作中某些词汇的规定性表述，是可以成为档案工作术语的。在依法治档的语境下，法定档案工作词汇应该成为档案工作术语的重要来源。

2. 档案法规规章

法规规章中对档案工作中某些词汇的规定性表述，同样可以成为档案工作术语的来源。其权威性和稳定性与法律相当。

3. 档案标准

档案标准中的词汇，作为档案工作术语的重要来源，其权威性和稳定性仅次于法律、法规规章。

4. 档案规范性文件

档案规范性文件，同样是档案术语的来源，其时效性要比法律、法规规章、标准强。

5. 档案统计指标

档案工作统计指标具有普及程度高、使用周期长的特点，是非常理想的档案术语的来源。

6. 档案工作指南

档案工作指南是一种更加灵活且及时的工作规范,其对某些名词、词汇的规定性表述,可以成为档案术语的重要补充来源。

7. 档案学术论文

学术论文最大的特点是新颖、快速、前沿,其首次或最早提出的概念(术语),同样可以成为档案术语的来源。

8. 档案工作俗语

工作俗语是指在档案工作中约定俗成的对某些工作、特别场合的指称,只要其符合档案术语的标准与要求,也是可以成为档案术语来源的。

9. 其他

除了上述来源之外,其他典籍文献也是档案工作术语的补充性来源。

(二)档案术语更新的标准

档案术语应当符合以下 6 项标准。

1. 使用频率高

档案术语应当是档案工作中经常使用的语词,能够反映档案工作的新实践和新要求。

2. 使用寿命长

档案术语是档案工作中长期使用的语词,在规范档案事务的过程中应具有一定的稳定性。

3. 使用地域广

档案术语应具有一定的适用性,如国家标准需要在全国适用、地方标准需要在一定的区域内适用。

4. 内涵明确

档案术语必须表述准确,术语之间的逻辑关系严谨,所规制的界限清楚、明晰。

5. 外延清晰

档案术语外延清晰是指某一术语与其他术语在外延上不存在交集。

6. 符合档案工作规律

档案术语难免会引用或借鉴其他行业的术语,是否可以用作档案术语，还要看这些术语是否符合档案工作规律。

（三）档案术语更新的方法

来源清楚，标准明确，具体怎么做是需要方法的。笔者认为有以下四种方法可供选择。

1. 归一

即从多个相似相近的词语中通过大范围地征求意见，选择认同率最高的使用。

2. 统计

通过科学统计的方法，从使用频率高的中选择。

3. 提炼选取

这种方法是在上述两种方法无法得出结果的情况下，由领导机关指定专门人员从现有备选词语中提炼选取。

4. 用档案工作规律解释常用语

当没有适当词语可用时，也可采用惯用语、英文或英文缩写，但应用档案工作规律解释其含义，或者说赋予常用语特定的档案工作含义。

上述方法可以单独使用，也可以根据实际情况组合使用①。

二　档案标准使用

（一）准入

准入是政府针对市场失灵领域，通过对市场主体进行干预和管制，来对市场进行调节的制度安排。标准已经成为国家及地区间市场准入的重要条件。

1. 性质——标准即法规

标准分为强制性标准和推荐性标准，《标准化法》规定强制性标准必须执行，强制性标准明显具有法规性质。然而，国家档案标准和档案行业标准却都是推荐性标准，它们具有法规性质吗？推荐性国家标准则更接近于行政规范性文件②，而档案行政规范性文件是具有法律地位的③。因

---

① 吴雁平、刘东斌：《论档案术语体系建设》，《档案》2020年第12期。
② 龚贵寒：《试论国家标准的法律性质》，《内蒙古农业大学学报》（社会科学版）2010年第5期。
③ 石立铭：《档案行政规范性文件的含义及法律地位》，《档案管理》2013年第3期。

此，档案标准无论强制性标准还是推荐性标准，都具有法规性质。

2. 市场——推荐即强制

档案标准是规制一定环境下人们语言、行为的规范。这种规范有明显或隐含的强制性。对于以市场为活动空间的档案企业来讲，隐含的强制性表现为以准入为前提的自愿。档案标准虽然均为推荐标准，但在为档案行业提供装具、设备、器具，以及其他服务的企业来讲，则属于准入性的强制标准。如下：

《DA/T 24—2000 无酸档案卷皮卷盒用纸及纸板》标准，对涉及生产档案卷皮卷盒的企业就是进入档案卷皮卷盒市场的强制标准。

《DA/T 31—2017 纸质档案数字化规范》标准对涉及纸质档案数字化的企业，就是进入纸质档案数字化市场的强制标准。

《DA/T 7—1992 直列式档案密集架》《DA/T 65—2017 档案密集架智能管理系统技术要求》标准对档案密集架生产企业，就是进入档案密集架市场的强制标准。

《DA/T 45—2021 档案馆高压细水雾灭火系统技术规范》标准对高压细水雾灭火系统生产企业，就是进入高压细水雾灭火系统市场的强制标准。

《DA/T 87—2021 档案馆空调系统设计规范》标准对档案馆空调系统设计生产企业，就是进入档案馆空调系统市场的强制标准。

《JGJ 25—2010 档案馆建筑设计规范》标准对档案馆建筑设计建筑企业，就是进入档案馆建筑设计建筑市场的强制标准。

3. 身份——标准即规制

对档案行业服务企业具有强制性的推荐标准，对于不以市场为活动空间的档案机构来讲，不仅不具有强制性，而且往往处于被忽略、被遗忘的境地。根据主体在档案工作中的身份和地位，将相应标准作为应知应会内容，以"四个准入"方式强制性推行，或是档案"贯标"行动最有效的方式。

（1）入"学"准入。包括两个方面：一是将档案标准列入档案专业教材中涉及档案实务的部分，特别是术语类标准；二是将基础类档案标准列入档案职业教育教材的内容。

（2）入"行"准入。是指将档案标准列入档案职位招录考试的内容，成为社会人士由其他行业准备进入或进入档案行业前的准入条件。包括作为非档案行业人士调入档案行业担任领导职务的干部到任前须知的内容。

（3）入"岗"准入。是指进入档案行业从业人员，在就任具体工作岗位前，需要对其就该岗位应当了解掌握的档案标准进行测试或考评，作为入"岗"的必备条件。

（4）入"职"准入。是指在职档案行业人员，在就任高一级管理岗位或技术职称岗位前，需要对其就任新岗位应当熟悉掌握的档案标准内容进行测试或考评，作为入"职"的考查条件。

4. 体系——纳入即落实

制定标准是为了用标准规制我们在档案工作中的言行，重在应用，贵在落实。"五纳入"将有效推动档案标准在档案工作中的应用与落实。"五纳入"是指将档案标准纳入目标、纳入规划、纳入执法、纳入评估、纳入督查。

（1）纳入目标。是指将档案标准落实纳入档案工作目标体系，推进档案标准从字面上落实到行动上。

（2）纳入规划。是指将档案标准应用纳入档案工作规划体系，不仅"立"要有规划，而且"用"也要有规划。

（3）纳入执法。是指将档案标准条款纳入档案工作执法体系，将档案标准作为档案执法时的重要指标，使档案执法不仅有大道理（法条），而且有小依据（标准项），实现档案执法的有"理"有"据"。

（4）纳入评估。是指将档案标准效用纳入档案工作评估体系，对采用档案标准是否产生效用，以及效用的方向、大小、是否持续等进行客观评估，推动档案标准落地落实。

（5）纳入督查。是指将档案标准执行程序、后果纳入档案工作督查体系，对档案标准执行的过程、结果进行督查，奖优罚劣。

（二）变通

1. 标准源于实践，高于实践

（1）档案标准源于实践，但又高于一般实践，对推动档案工作的发展与进步具有普遍意义。档案工作"贯标"，就是档案工作标准化的过程。

（2）档案工作"贯标"是提升自身发展质量的过程。由于现实档案工作的许多领域和方面距离档案标准存在一定的差距，因此档案"贯标"就是档案工作质量达标的过程。

2. 在无法实现环境贯标的场景下，以环境寻找应用标准

（1）档案标准的制定是基于一定环境的，不同的环境条件对标准的执行也会产生一定的影响，有时影响还非常大。

（2）档案标准适用的环境变了，执行的方式、方法、要求，甚至标准本身，也应当随之调整。比如库房温湿度标准，我国地域辽阔，南北温差大，东西降水不同，各地执行起来就应该有所差别。

（3）有些情况下，档案标准要求的环境条件一时或者较长时间内无法得到满足，那就要依据现有环境条件提出尽可能贴近档案标准的相对灵活的要求，避免机械照搬或标准执行流于形式。

第五章　档案规范性文件对档案工作的规范

档案规范性文件是指涉及档案及档案工作的法定文件集合体，包括国务院部门规章、地方政府规章及其他行政规范性文件。档案规范性文件规范档案工作的途径，就是对档案形成主体及档案工作主体的程序、行为及言语进行规制。以部门规章为分析对象，从空间、时间和软环境上，对档案规范性文件与档案工作规范建设的关系及影响进行分析，总结出"定原则、建组织、立制度、确规范、划范围"的档案规范性文件建设工作思路以及具体的途径和方法。

第一节　对档案规范性文件的分析与解读

一　档案规范性文件概述

（一）档案规范性文件含义

规范性文件是各级机关、团体、组织制发的一类文件，因其内容具有普遍约束和规范的性质，故被称为规范性文件。广义规范性文件，有宪法、法律、法令、条例、规章、命令等。狭义规范性文件，指行政规范性文件，如《国务院办公厅关于加强行政规范性文件制定和监督管理工作的通知》规定：行政规范性文件是除国务院的行政法规、决定、命令以及部门规章和地方政府规章外，由行政机关或者经法律、法规授权的具有管理公共事务职能的组织依照法定权限、程序制定并公开发布，涉及公民、法人和其他组织的权利与义务，具有普遍约束力，在一定期

第五章　档案规范性文件对档案工作的规范

限内反复适用的公文①。

从研究的需要出发,本章所称档案规范性文件是指涉及档案及档案工作的法定文件集合体,包括国务院部门规章、地方政府规章及其他行政规范性文件。

(二) 档案法律法规规章的分层与规模

2021年4月23日,在司法部网站(中国政府法制信息网、原国务院法制办)、智慧普法平台、法律法规数据库,以"档案"为检索词,分别以标题、正文为检索项,获得各大类样本数量统计结果,见表5-1。

表5-1　　　　　　　档案法律法规规章数量统计表

分类	法律	行政法规	国务院部门规章	地方性法规	地方政府规章	司法解释
标题(部)	3	6	28	150	225	0
正文(条)	103	235	1311	4307	4129	29

其中,国务院部门规章、地方政府规章、其他规范性文件居于承上启下的位置,是国家档案及档案工作规范体系的重要组成部分。

(三) 档案规范性文件规范档案工作的方式及特点

1. 方式

依据上位法律法规制发本级规范性文件,下达到所属单位;或在辖区公共媒体上公布施行。

2. 特点

对档案与档案工作的规制具有跨层级、跨区域、跨行业的特点。

通过对档案规范性文件制发共性要求的归纳,课题组从整体性与系统性的视角,总结出"定原则、建组织、立制度、确规范、划范围"的档案规范性文件建设工作思路,并以新《上海市档案管理条例》为例探讨档案工作规范体系建设的途径与方法。

---

① 《国务院办公厅关于加强行政规范性文件制定和监督管理工作的通知》,2018年5月31日,http://www.gov.cn/zhengce/content/2018-05/31/content_ 5295071.htm,2021年11月3日。

（四）档案规范性文件规范档案工作的途径

档案规范性文件规范档案工作的途径，说到底就是对档案及档案工作主体的程序、行为及言语进行规制。在档案及档案工作主体的程序、行为及言语规制中，程序与行为规制已有相对成熟的方法，这种方法就是档案工作标准。

基层档案工作，在相对宏观的法律法规和相对微观的标准之间，更多的是以计划、规划、通知、办法等规范性文件的形式，从时间和空间两个维度对档案工作进行规制。本章以《"十四五"档案事业发展规划》（以下简称《"十四五"规划》）和档案工作语境为对象，通过"规划"的运用与实践和档案工作语境的建立，阐述规范性文件在时间和空间上对档案工作的规制。

二 档案规范性文件梳理

（一）国务院部门规章

1. 国务院部门规章统计

2020年4月23日，对司法部网站（中国政府法制信息网、原国务院法制办）、智慧普法平台、法律法规数据库，以标题为检索项，以"档案"为检索词获得了28部国务院部门档案规章。

2. 国务院部门规章梳理

（1）依规章发布部门

依规章发布部门，共涉及10个部委，即国家档案局（16部）、住房和城乡建设部（建设部，7部）、广播电影电视部（3部）、对外贸易经济合作部（2部）、环境保护部（1部）、财政部（1部）、农业部（1部）、文化部（1部）、审计署（1部）、国家经济贸易委员会（1部）。除国家档案局外，涉及9个部委，占目前国务院26个部门的34.62%。超过了全部国务院部门的1/3。

国家档案局是部门档案规章的主要制定者。由国家档案局主导或参与的部门档案规章有16部，按颁布部门数次统计，占到了全部部门次数的近半数（47%），如果按部门规章数量统计，则占到28部部门规章的近六成（57.14%）。

由于国务院所属部门是全国各行各业的主管部门，因此，依照部门划分，在一定程度上也就是依照行业划分，依照专业专门档案类别划分。

（2）依参与规章发布部门数量

单一部门发布25部。两部门联合发布2部。三部门联合发布1部。

档案部门规章以单个部门制定发布为主（25部，占89.29%），多部门联合制定发布为辅（3部，占10.71%）。多部门联合制定发布的规章均有国家档案局参与其中，但居非主导地位。

（3）依发布时间

从国务院部门规章发布时间看，最早的是1994年广播电影电视部与国家档案局联合发布的《电影艺术档案管理规定》，最新的是国家档案局2017年发布的《村级档案管理办法》，24年间共发布28部，年平均发布1.17部。实际有规章发布的年份12个，分别是：1994年（5部）、1997年（3部）、1998年（4部）、2000年（1部）、2001年（3部）、2005年（2部）、2006年（2部）、2011年（3部）、2012年（1部）、2015年（2部）、2016年（1部）、2017年（1部）。最高是1994年的5部，最低是2000年、2012年、2016年、2017年的各1部。

由此可以看出如下特征：

一是档案法律法规规章的颁布遵循由高（位阶）到低（位阶）的次序，并随上位法律法规规章的修正或修订呈周期性变化。

二是低位阶法律法规规章的颁布相较于高位阶法律法规规章的颁布有一定时间的延后。

三是位阶差距与时间延后幅度正相关，即位阶差距越大，公布延后时间越长。

四是同一周期低位阶法律法规规章颁布数量与公布延后时间负相关，即上位法律法规规章颁布后，随着时间的推移，低位阶法律法规规章颁布数量逐渐递减，直到上位法律法规规章再一次修正修订颁布。

（4）依效力时限

正式20部，占71.43%。暂行6部，占21.43%。试行2部，占 7.14%。

暂行或试行合计 8 部，占比接近全部门规章的 30%，即现行部门规章中有约三分之一是非正式规章。其中有些规章"暂行"一"行"就是 20 年，"试行"一"试"就是 20 多年，规章制定颁布后的后续"转正""正名"，没有跟上实际工作发展的步伐。

（5）依文种

办法 15 部，占 53.57%。规定 12 部，占 42.86%。准则 1 部，占 3.57%。

"办法""规定"是部门规章最常用、使用频率最高的文种。

（6）依颁布形式

部门令 17 部，占 60.71%。部门字文 11 部，占 39.29%。"令"是部门规章最常用的文种颁布形式，占比六成以上。

（7）依规制对象

依规制对象，部门规章可以分成档案、归属与流向、收集范围、程序、教育、科技、归档范围和保管期限七大类 26 种。

七大类按数量多少排序的结果：档案 20 部，占 71.43%；归档范围和保管期限 2 部，占 7.14%；程序 2 部，占 7.14%；归属与流向 1 部，占 3.57%；收集范围 1 部，占 3.57%；教育 1 部，占 3.57%；科技 1 部，占 3.57%。

由此可以明显看出：

部门规章的规制对象以对档案的整体规制为主、分环节规制为辅。

在建、归、收、管、用、销六大环节中，对归、收、管的规制更为突出。8 个以档案工作环节为规制对象的规章中，涉及归、收、管的 4 个，占 50%。涉及档案行政管理的 2 个，占 25%，涉及档案教育、科技的各 1 个，分别占 12.5%。

3. 国务院部门规章的特点

归纳上述梳理结果，可以看出国务院部门规章具有如下特点：参与部门多，以档案为主；涉及面宽，重点突出；时间跨度大，变化有序；单独制定为主，联合制定为辅；"令"字当头、暂行试行久、办法规定占比高。

(1) 参与部门多，以档案为主

从规章发布部门看，28 部规章涉及 10 个部门。除国家档案局外，涉及 9 个部门，占目前国务院 26 个部门的 34.62%，超过了全部国务院部门的 1/3。从各部门制定的规章数量上看，由国家档案局主导或参与的部门档案规章有 16 部，按部门规章数量统计，则占到 28 部部门规章的近六成（57.14%），国家档案局的主导者身份明显。

(2) 涉及面宽，重点突出

从规章规制的对象看，28 部规章涉及档案、归属与流向、收集范围、程序、教育、科技、归档范围和保管期限 7 个大类，共 26 种。其中涉及两种的各有 2 部。部门规章的规制对象以对档案的整体规制为主，分环节规制为辅。在分环节规制中，对归、收、管的规制更为突出。

(3) 时间跨度大，变化有序

从时间跨度看，28 部规章分布在 1994 年至 2017 年的 24 年间。规章颁布遵循由高（位阶）到低（位阶）的次序，并随上位法律法规的修正修订呈周期性变化，在时间上有延后。位阶差距越大，时间延后越长。但同一周期规章颁布数量与公布延后时间负相关。

(4) 单独制定为主，联合制定为辅

从规范制定机构看，单个部门制定发布 25 部，占 89.29%，成为主体。两个或三个部门联合制定发布 3 部，占 10.71%，是为辅助。多部门联合制定发布的规章均有国家档案局参与其中，但居非主导地位。

(5) "令"字当头、暂行试行久、办法规定占比高

从规章颁布形式看，"令"是部门规章最常用的文种颁布形式，占比达六成以上。

从法定效力上看，28 部规章中暂行试行合计 8 部，占比接近全部部门规章的 28.57%。规章制定颁布后的后续"正""改""修""废"衔接存在不足。

从规章涉及的文种看，"办法""规定"合计占比 96.43%，是部门规章最常用、使用频率最高的文种。

（二）地方政府规章

1. 地方政府规章统计

2020年4月23日，在司法部网站（中国政府法制信息网、原国务院法制办）、智慧普法平台、法律法规数据库，以标题为检索项，以"档案"为检索词获得了225部地方政府档案规章。

2. 地方政府规章梳理

（1）依规章发布政府层级

省级人民政府共95部，占42.22%。其中省人民政府64部、自治区人民政府9部、直辖市人民政府22部（北京市人民政府2部、上海市人民政府5部、天津市人民政府14部、重庆市人民政府1部）。

副省级人民政府共55部，占24.45%。在15个副省级城市中，除西安、济南外，共涉及13个副省级人民政府。其中广州市人民政府5部、深圳市人民政府2部、南京市人民政府8部、武汉市人民政府3部、沈阳市人民政府4部、西安市人民政府0部、成都市人民政府1部、济南市人民政府0部、杭州市人民政府7部、哈尔滨市人民政府10部、长春市人民政府3部、大连市人民政府3部、青岛市人民政府3部、厦门市人民政府6部、宁波市人民政府2部。

市级人民政府共75部，占33.33%。

（2）依发布时间

从各级政府规章发布时间看，最早的是南京市人民政府1981年发布的《南京市人民政府办公厅关于转发科学技术档案工作条例的通知》，最新的是贵阳市人民政府2018年发布的《贵阳市城市建设档案管理规定》，38年间共发布225部，年平均发布5.92部。实际有规章发布的年份37个，分别是：1981年1部、1983年2部、1984年2部、1985年5部、1986年3部、1987年3部、1988年7部、1989年1部、1990年2部、1991年3部、1992年4部、1993年3部、1994年7部、1995年5部、1996年6部、1997年12部、1998年2部、1999年9部、2000年7部、2001年6部、2002年7部、2003年9部、2004年12部、2005年8部、2006年10部、2007年8部、2008年10部、2009年5部、2010年

8部、2011年9部、2012年5部、2013年3部、2014年13部、2015年10部、2016年7部、2017年6部、2018年5部。最高是1997年、2004年的15部，最低是1981年、1989年的1部。

（3）依效力时限

正式207部，占92%；暂行14部，占6.22%；试行4部，占1.78%。

暂行和试行合计18部，占全部地方政府规章的8%。即现行地方政府规章中约有十分之一是非正式规章。其中有些规章"暂行"一"行"就是35年多，"试行"一"试"也是35年多，规章制定颁布后的后续"转正""正名"，没有跟上实际工作发展的步伐。

（4）依修改类型

未修改168部，占74.67%；修正50部，占22.22%；修改7部，占3.11%；修订0部，占0%。

修正修改合计57部，占全部地方政府规章的25.33%。即现行地方政府规章中有四分之一是经过修改的。至少有半数地方政府规章自颁布没有修改修正修订。规章制定颁布后的后续"正""改""订""废"衔接存在不足。

（5）依文种

办法167部，占74.22%；规定52部，占23.11%；条例3部，占1.33%；细则3部，占1.33%。

"办法""规定"是地方政府规章最常用、使用频率最高与次高的文种，占比合计超过97%。

（6）依颁布形式

通知9部，占4%；决定7部，占3.11%；其他209部，占92.89%。

超过92%的地方政府规章直接发布，只有7%左右分别采用"通知"或"决定"的形式发布。

（7）依规制对象

依规制对象，地方政府规章涉及建设档案（78部）、档案（39部）、档案馆（22部）、企业档案（13部）、地下管线工程档案（12部）、重大活动档案（10部）、档案资料（6部）、非国家所有档案（5部）、名人档案（4部）、档案利用（4部）、档案征集（3部）、职工档案（3部）、行政村档案（3部）、村级档案（3部）、人物档案（3部）、档案登记（3部）、档案中介服务机构（2部）、城建档案（2部）、行政执法档案（2部）、档案收集（2部）、机关档案（2部）、乡镇档案（2部）、文书档案（2部）、技术档案（2部）、侨批档案（1部）、数字档案（1部）、声像档案（1部）、电子档案（1部）、企事业档案（1部）、行政复议案件档案（1部）、测绘档案（1部）、接收档案（1部）、合同档案（1部）、文书档案（1部）、历史档案（1部）、科学技术档案（1部）36种。

可细分为档案、工作环节、档案机构三个大类。如下：

以档案为规制对象的（建设档案78部、档案39部、企业档案13部、地下管线工程档案12部、重大活动档案10部、档案资料6部、非国家所有档案5部、名人档案4部、档案利用4部、职工档案3部、行政村档案3部、村级档案3部、人物档案3部、城建档案2部、行政执法档案2部、机关档案2部、乡镇档案2部、文书档案2部、技术档案2部、侨批档案1部、数字档案1部、声像档案1部、电子档案1部、企事业档案1部、行政复议案件档案1部、测绘档案1部、合同档案1部、文书档案1部、历史档案1部、科学技术档案1部）29种193部。

以档案机构为规制对象的（档案馆22部、档案中介服务机构2部）2种24部。

以工作环节为规制对象的（档案利用4部、档案征集3部、档案登记3部、档案收集2部、接收档案1部）5种13部。

地方政府规章规制对象以各类档案为主，以档案馆为主的档案机构为次，档案工作环节再次之。

在建、归、收、管、用、销六大环节中，对收、用的规制更为突出。5种13部以档案工作环节为规制对象的规章中，涉及收、用的4种10部，占76.92%；涉及档案行政管理的1种3部，占23.08%。

3. 地方政府规章的特点

归纳上述梳理结果，可以看出地方政府规章具有如下特点：涉及层级多，以省级为主；涉及面宽，重点突出；时间跨度大，变化有规律；

多数未修改；暂行试行久、办法规定占比高。

（1）涉及层级多，以省级为主

从 225 部地方政府规章看，省级人民政府共 95 部，占 42.22%；副省级人民政府共 55 部，占 24.45%；副省级以下市级人民政府共 75 部，占 33.33%；市级人民政府共颁布 15 部，占比达 66.66%；地方政府规章以省级人民政府为主。

（2）涉及面宽，档案收用突出

依规制对象，地方政府规章涉及档案、工作环节、档案机构三个大类 36 种 23 部（次）。其中涉及档案 29 种 193 部，档案机构 2 种 24 部，档案工作环节 5 种 13 部。地方政府规章规制对象以各类档案为主，以档案馆为主的档案机构次之，档案工作环节再次之。在建、归、收、管、用、销六大环节中，对收、用的规制更为突出。5 种 13 部以档案工作环节为规制对象的规章中，涉及收、用的 4 种 10 部，占 76.92%；涉及档案行政管理的 1 种 3 部，占 23.08%。

（3）时间跨度大，变化有规律

从时间跨度看，225 部地方政府档案规章分布于 1981 年到 2018 年的 38 年间，年平均发布 5.92 部。最高是 1997 年、2004 年的 15 部，最低是 1981 年、1989 年的 1 部。从趋势线上看，地方各级政府制发的档案规章呈逐年上升的态势。但从整体趋势上看，是一下波动快、起伏大的走势。三个波峰分别出现在 1997 年、2004 年和 2014 年。

（4）多数未修改

225 部地方政府档案规章中，修正修改合计 57 部，占全部地方政府规章的 25.33%，即现行地方政府规章中有四分之一是经过修改的。至少有半数地方政府规章自颁布没有修改修正修订。规章制定颁布后的后续"正""改""订""废"衔接存在不足。

（5）暂行试行久、办法规定占比高

从规章颁布形式看，超过 92% 的地方政府规章直接发布，只有 7% 左右分别采用"通知"或"决定"的形式发布。

从法定效力上看，暂行试行合计 18 部，占全部地方政府规章的

8%，即现行地方政府规章中有约十分之一是非正式规章。其中有些规章"暂行"一"行"就是35年多，"试行"一"试"也是35年多，规章制定颁布后的后续"转正""正名"，没有跟上实际工作发展的步伐。

从规章涉及的文种看，"办法""规定"是地方政府规章最常用、使用频率最高的文种，占比合计超过97%。

三 国务院部门规章与各级地方政府规章的异同比较

对比上述国务院部门规章与各级地方政府规章的特点，我们可以清楚地看到其中的共性与差异。表5-2是国务院部门规章与各级地方政府规章的异同比较。

表5-2　国务院部门规章与各级地方政府规章的异同比较

序号	国务院部门规章	各级地方政府规章	异同
1	参与部门多，以档案为主	涉及层级多，以省级为主	有异有同
2	涉及面宽，重点突出	涉及面宽，档案收用突出	同
3	时间跨度大，变化有序	时间跨度大，变化有规律	同
4	单独制定为主，联合制定为辅	多数未修改	异
5	"令"字当头、暂行试行久、办法规定占比高	暂行试行久、办法规定占比高	同

在5个对比项中，有3个相同相似，有1个有异有同，1个相异。这表明虽然国务院部门规章意在"条"，各级地方政府规章意在"块"，但两者却有着较多的共性特点和较高的相似性。这些较多的共性特点和较高的相似性，有利于我们寻找和采用相同或相似的方式方法对相似相同的对象进行规制。

第二节　部门规章对档案工作的规制及具体表现

一　部门规章规制档案工作的分析维度

部门规章对档案工作的规制表现在多个方面，我们从"法律依据"

"制定、公布、解释、执行主体""规制对象""调整的法律关系与范围""规制的途径与方法"这五个维度加以分析。

1. 法律依据

法律依据是规范性文件的合法性依据。在依法行政语境下，法无授权不可为。因此，法律依据是制定档案规范性文件合法性依据，同时也划定了该规范性文件的适用范围边界。明晰规范性文件的法律依据，有助于明确规范性文件的授权和渊源，解决凭什么做的问题。

2. 制定、公布、解释、执行主体

制定、公布、解释、执行主体是规范性文件规制主体，即行政权力行使"人"，行政行为实行"人"，是规范性文件的责任主体。在多个部门联合制发的规范性文件中，署名顺序有主次之分。在规范性文件调整、规制的法律关系中居主导、主动地位。不同类型的规范性文件，主体不同，适用范围不同，责任也会不同。明确规范性文件制定、公布、解释、执行主体，有助于我们区分责任主体，确定责任人，并解决"谁来做，谁负责"的问题。

3. 规制对象

规制对象是规范性文件规制的客体，即行政权力行使的"相对人"，行政行为"相对人"。

在规范性文件调整、规制的法律关系中居非主导、被动地位。由于档案工作对象具有人（法人和自然人）、事（档案事务和档案事件）、物（档案）合一的特殊性，规制性文件所规制的客体，包括人、事、物。掌握各个规范性文件的规制对象，既涉及规制主体，又涉及规制客体的问题。

4. 调整的法律关系与范围

规范性文件是具有一定强制性的公文，从这个意义上讲即具有某种法律属性。因此，规范性文件调整的行政关系，可以视为一种法律关系。不同的规范性文件，调整的关系不同，适用范围亦不相同。体现了规范性文件适用范围的有限性，解决了在什么范围、做什么的问题。

5. 规制的途径与方法

文件是用来办事的[①]。制定规范性文件就是用来办理和解决档案工

[①] 吴雁平：《论档案、文件、图书、情报的共性与区别》，《中国档案研究》2018年第1期。

作中特定的"事","事"定了,规范性文件中制定的途径与方法,就是解决这些特定"事",达到预期目标的"船"和"桥"。解决了怎么做的问题。

二 不同部门规章规制档案工作的具体表现

(一)《各级各类档案馆收集档案范围的规定》对档案工作的规制

1. 法律依据

《中华人民共和国档案法》《中华人民共和国档案法实施办法》和《全国档案馆设置原则和布局方案》,是《各级各类档案馆收集档案范围的规定》制定的法律依据。

2. 制定、公布、解释、执行主体

《各级各类档案馆收集档案范围的规定》制定、公布、解释、执行主体,在《各级各类档案馆收集档案范围的规定》[①]标题之下,"2011年11月21日国家档案局令第9号公布自公布之日起施行"一句,明确了国家档案局是该规范性文件的制定、公布者。该规范性文件第十一条规定:本规定由国家档案局负责解释。明确了国家档案局是该规范性文件的解释主体。从而明确了国家档案局《各级各类档案馆收集档案范围的规定》责任主体的位置。

3. 规制对象

《各级各类档案馆收集档案范围的规定》的规制对象有两个:一是各级各类档案馆;二是收集档案的范围。

4. 调整的法律关系与范围

《各级各类档案馆收集档案范围的规定》调整的法律关系,即该规定所列档案馆在收集档案时,与主管部门和被收集对象间产生的法律关系。笼统地讲就是,档案馆与主管部门、档案馆与其收集范围内档案形成者和保管者(包括机构法人和自然人)间的关系。

---

① 《各级各类档案馆收集档案范围的规定》,2012年12月21日,https://www.saac.gov.cn/daj/xzfgk/202112/66fde533456a45ee9f4e6242e54a81e7.shtml,2021年11月3日。

5. 规制的途径与方法

《各级各类档案馆收集档案范围的规定》所规制的收集途径是"在档案主管部门的监督指导下,按照统一规划、分级管理的原则,依法开展档案收集"①,具体方法包括:依法接收、协商、代存、接受捐赠、购买等。

(二)《机关档案管理规定》对档案工作的规制

1. 法律依据

《中华人民共和国档案法》《机关档案工作条例》,是《机关档案管理规定》制定的法律依据。二者在机关档案工作的地位、作用、原则、基本任务,机关档案工作体制、机构和干部,档案的接收,档案的管理和提供利用,档案的移交,各级机关具体执行方案制定、参照执行范围六个方面对机关档案工作进行了规制。

2. 制定、公布、解释、执行主体

《机关档案管理规定》制定、公布、解释、执行主体是国家档案局。《机关档案管理规定》第六十九条规定:本规定由国家档案局负责解释②。国家档案局是《机关档案管理规定》制定、公布、解释、执行主体,也是《机关档案管理规定》的责任主体。

3. 规制对象

《机关档案管理规定》的规制对象有两个:一是"机关档案工作";二是"机关档案"。

4. 调整的法律关系与范围

《机关档案管理规定》调整的法律关系涉及国家档案主管部门在监督、指导和检查中央和国家机关档案工作中产生的法律关系,地方档案主管部门在接受上级档案主管部门指导时产生的法律关系,地方档案主管部门在对本行政区域内机关档案工作实施监督、指导和检查时产生的法律关系,档案主管部门在指导中央、地方专业主管机关时产生的法律

---

① 《各级各类档案馆收集档案范围的规定》,2012年12月21日,https://www.saac.gov.cn/daj/xzfgk/202112/66fde533456a45ee9f4e6242e54a81e7.shtml,2021年11月3日。

② 《机关档案管理规定》,2018年10月11日,https://www.saac.gov.cn/daj/xzfgk/202112/6e4f1d909e2443fc85111b8f82973e37.shtml,2021年11月4日。

关系，中央、地方专业主管机关对本系统和直属单位的档案工作进行监督、指导时产生的法律关系，等等。

《机关档案管理规定》直接调整的范围，涉及机关档案工作的机构、内容和环节。从机构上看，包括党和国家机关、人民团体的档案管理工作；从机关档案工作的主要内容上看，涉及机关档案工作的地位、作用、体制、原则、基本任务以及机构人员、设施、管理、信息化建设、奖励与处罚等；从机关档案工作管理的主要环节上看，集中在形成、收集、整理、归档、保管、保护、鉴定、销毁、利用、开发、统计、移交12个环节。

5. 规制的途径与方法

《机关档案管理规定》规制机关档案管理工作的途径有三个：一是档案主管部门（现在称档案主管部门）对同级机关档案管理工作进行规制；二是中央、地方专业主管机关对本系统和直属单位机关档案管理工作进行规制；三是本单位分管机构或领导对机关档案管理工作进行规制。

《机关档案管理规定》规制机关档案管理工作的方法有指导、监督、检查三种。

（三）《村级档案管理办法》对档案工作的规制

1. 法律依据

《中华人民共和国档案法》《中华人民共和国村民委员会组织法》和《中华人民共和国农业法》，是《村级档案管理办法》制定的法律依据。

2. 制定、公布、解释、执行主体

《村级档案管理办法》制定、公布、解释、执行主体是国家档案局、民政部、农业部。该办法第十八条规定：本办法由国家档案局、民政部、农业部负责解释[1]。国家档案局是《机关档案管理规定》制定、公布、解释、执行的第一主体，也是《机关档案管理规定》的第一责任主体。民政部、农业部是为《机关档案管理规定》制定、公布、解释、执行的第二、第三顺位主体，也是《机关档案管理规定》的第二、第三责任主体。

---

[1] 《村级档案管理办法》，2018年3月12日，https：//www.saac.gov.cn/daj/xzfgk/202112/5a824162340f4bc29fa7ed67300b0ad9.shtml，2021年11月5日。

3. 规制对象

《村级档案管理办法》的规制对象有三个：一是村级机构，包括村党组织、村民委员会、村集体经济组织等；二是农民；三是村级档案。

4. 调整的法律关系与范围

《村级档案管理办法》调整的法律关系，简单地讲就是调整村级机构、村民（农民）、村级档案（村务档案或农村档案）三者间档案法律关系。具体涉及村党组织、村民委员会、村集体经济组织在档案工作中产生的关系，专门工作人员在工作中与村级组织、上级业务部门、村民产生的关系，村级组织和档案专门人员与县级档案主管部门的关系，村干部、档案工作人员和其他组织、个人在村级档案工作中的关系，等等。

《村级档案管理办法》调整的范围，除《村级档案管理办法》第二条、《中华人民共和国村民委员会组织法》第三十四条规定的范围外，还涉及村级档案安全管理、村级档案利用服务、村级档案管理制度健全、村级档案信息化建设等内容[①]。

5. 规制的途径与方法

《村级档案管理办法》规制的途径有些与众不同。从村级向上看，呈现出头绪多、层级多的特征。行业主管及业务主管各部门，省部、市县、乡镇各级，均可以对村级档案进行规制，可谓是"上面千条线，下面一根针"，步步下移。从村级向下看，《村级档案管理办法》规制的只有本级（姑且称为一级）一级，一步到底。

《村级档案管理办法》规制的方法有监督、指导、培训、检查、表彰、奖励等。而《村级文件材料归档范围和档案保管期限表》，是村级档案管理最为直接的参考。

（四）《会计档案管理办法》对档案工作的规制

1. 法律依据

《中华人民共和国会计法》《中华人民共和国档案法》等有关法律和

[①] 《村级档案管理办法》，2018 年 3 月 12 日，https：//www.saac.gov.cn/daj/xzfgk/202112/5a824162340f4bc29fa7ed67300b0ad9.shtml，2021 年 11 月 5 日。

行政法规，是《会计档案管理办法》制定的法律依据[①]。这部档案规范性文件的法律依据，与前几部明显的不同之处，在于将专业法《中华人民共和国会计法》置于首位。表明在《会计档案管理办法》这部档案规范性文件中，专业法的依据作用更强、更重要。

2. 制定、公布、解释、执行主体

《会计档案管理办法》的执行与责任实行双主体制。财政部是《会计档案管理办法》制定、公布、解释、执行的第一主体和第一责任主体。国家档案局成为《会计档案管理办法》制定、公布、解释、执行的第二主体和第二责任主体。

3. 规制对象

《会计档案管理办法》的规制对象有两个：一是会计档案；二是会计档案工作。

4. 调整的法律关系与范围

《会计档案管理办法》调整的法律关系，是在会计档案管理、保护、利用中产生的各种法律关系。具体涉及财政部和国家档案局对全国会计档案工作实行监督和指导时产生的法律关系，单位的会计机构或会计人员所属机构与单位档案管理机构间的法律关系，单位撤销、解散、破产或其他原因终止时产生的档案法律关系，单位分立后原单位存续或解散时产生的档案法律关系，单位合并后原各单位解散或者一方存续其他方解散时产生的档案法律关系，单位之间交接会计档案时产生的法律关系，电子会计档案与其元数据间的法律关系，单位的会计档案与其复制件间的法律关系等。

从《会计档案管理办法》第二条"国家机关、社会团体、企业、事业单位和其他组织管理会计档案适用本办法"的表述中可以看出，《会计档案管理办法》调整的范围几乎涉及所有会计事务的机构。

5. 规制的途径与方法

《会计档案管理办法》规制的途径，可以用"双管齐下"来表述。

[①] 《会计档案管理办法》，2016年1月22日，http：//www.mof.gov.cn/gkml/caizheng-wengao/wg2016/wg201601/201605/t20160516_1992270.htm，2021年11月6日。

国家层面，由财政部和国家档案局共同或各自进行规制；地方层面，由县级以上地方人民政府财政部门和档案主管部门共同或各自进行规制。

《会计档案管理办法》规制的方法有监督、指导、处罚、授权。

（五）小结

1.《各级各类档案馆收集档案范围的规定》规制的是"馆"，即档案馆

档案馆是档案行业自身的主体机构。从上到下，纵向有国家，省、直辖市、自治区，市、地区，县、区各级。从左到右，横向有综合档案馆、专业档案馆、部门档案馆、企业档案馆、事业单位档案馆各类。它是一个自成体系的立体网络。《各级各类档案馆收集档案范围的规定》是一部规制档案专业机构的范本式档案规范性文件。

2.《机关档案管理规定》规制的是"室"，即档案室

在机关，档案工作机构有专门的档案处、档案科，也有综合性的办公厅、办公室。具体管理档案的大都称档案室。档案室被称为"档案工作的细胞"，麻雀虽小，五脏俱全，是具有档案工作特性的最小单位。由于业务部门立卷，在基层始终没有真正实行，档案室不仅是机关档案的保管地，还是机关公文转变为档案的"变身"地，更是各级各类机关的档案管理工作和事务的枢纽。档案室是一个与档案馆网络相似，但规模远大于档案馆网络的庞大专业网络。《机关档案管理规定》是一部规制档案行业基层机构，涉及档案属概念（文件）的档案专业规范性文件。

3.《村级档案管理办法》规制的是"村"，即农村村民委员会

村民委员会是村民自治组织，法律上不属于国家行政管理体制中的一个层级，习惯上和实际工作中长期被作为一级机构对待。农业、农村、农民是谓"三农"，农业属第一产业，归口农业部。农村基层政权建设，归口民政部。村级档案，涉及档案，归口国家档案局。《村级档案管理办法》是一部具有代表性的，依产业，跨专业（农业、民政、档案），跨体制（村民自治），没有层级，一竿子到底的"点"式档案规范性文件。

4.《会计档案管理办法》规制的是"账"，即会计账目票据

只要是机构，就有财务活动，无论属于哪个产业、行业。有账务活

动，就会产生账目票据，自然就有相关档案产生，就有管理这些档案的需求与必要。《会计档案管理办法》是一部典型的，跨产业、跨行业的专业档案规范性文件。

第三节 档案规范性文件与档案工作规范体系建设

本节从"条""块"维度阐述建设档案规范性文件与档案工作规范体系的方法和途径。

一 "条"（部门规章）上的档案规范性文件与档案工作规范体系建设

"条"指国务院各部委。"条"的档案规范性文件制定，就是制定部门规章，属于立法活动。应当以"法"为纲、以"档"为核、以"行"为主、以"用"为要。

（一）以"法"为纲

以法为纲，是指在制定行业档案规范性文件和建设档案工作规范体系的过程中，须依法。宪法是国家的根本大法，是治国安邦的总章程。因此，我国的立法必须以宪法为依据，行业档案规范性文件的制定也必须以宪法为依据。

由于宪法对立法权限的划分不够具体、明确，为解决和防止法规、规章相抵触或者相互矛盾、冲突等问题，国家制定了《中华人民共和国立法法》，以提高立法质量；国务院制定了《规章制定程序条例》，以保证规章质量；国务院办公厅印发了《国务院办公厅关于加强行政规范性文件制定和监督管理工作的通知》，从而切实保障了群众合法权益、维护了政府公信力。

《中华人民共和国立法法》《规章制定程序条例》和《国务院办公厅关于加强行政规范性文件制定和监督管理工作的通知》，从不同层面规定了规范性文件制定的原则、内容、程序、要求，是我们制定档案规范性文件时在技术和操作层面的指南。

纲举目张，只有抓住"以'法'为纲"这个纲，才能够保障档案规范性文件的制定，在正确的轨道上又稳、又好、又快地行驶。

（二）以"档"为核

以"档"为核，是指在立法内容上，无论是单件规范性文件制定，还是体系化的行业档案工作规范体系建设，都要以档案和档案工作为核心。防止喧宾夺主。

档案规范性文件，顾名思义，是用来规范档案及档案工作的规范。档案和档案工作是这些规范的核心内容。与档案相关的"人""事""物"是档案规范性文件规制的对象。

判断档案规范性文件，是否以档案和档案工作为核心，不能简单地看规范性文件的制定机关，是否是国家和地方档案主管部门，而是要看制定档案规范性文件的依据，是否是《档案法》《档案法实施办法》等一众档案法律法规规章。

部门规章虽然有多"条"主管部门领衔或参与，但只要是与档案相关的规范性文件，其立法的法律依据就应当以《档案法》为主。是否以《档案法》为主的标识，就看《档案法》是不是排在立法依据的主要位置。除非有特别说明，一般情况下，排序的先后反映的是重要程度。如前所列的四个部门规章中，《各级各类档案馆收集档案范围的规定》《机关档案管理规定》《村级档案管理办法》三部，《中华人民共和国档案法》都排在立法依据的首位。《中华人民共和国档案法》作为档案工作的根本大法，凡"从事档案收集、整理、保护、利用及其监督管理活动，适用本法"[1]。因此，一切与档案或档案工作相关的法律、法规、规章，乃至规范性文件，皆应以《档案法》为依据。

抓不住档案和档案工作这个"核"，行业档案规范性文件就会失去其应有的价值，就可能偏离其职能所在、责任所系、初心所向。

---

[1] 《中华人民共和国档案法》，2020 年 6 月 20 日，http：//www.npc.gov.cn/npc/c30834/202006/14a5f4f6452a420a97ccf2d3217f6292.shtml，2021 年 11 月 8 日。

（三）以"行"为主

以"行"为主，是指在立法过程上，应当以行业主管部门为主导，不可越俎代庖。虽然，我们强调在档案规范性文件内容上要以"档"为核，将档案与档案工作放在规范性文件调整的主要关系和规制的主要对象上，但并不表示在具体的规范性文件的制定过程中，都要由档案主管部门亲力亲为。

从职责法定的角度看，《档案法》第九条关于"中央国家机关根据档案管理需要，在职责范围内指导本系统的档案业务工作"[①] 的规定，为行业档案规范性文件的制定以行业主管部门主导，提供了法律依据。

俗话说，"隔行如隔山"。档案主管部门熟悉档案与档案工作的特点与规律，可以说是了然于心。但对其他行业的特点、规律却未必了如指掌。因此，在行业档案规范性文件的制定中，应当尽可能地由行业主管部门主导，发挥其行业"专家"的作用，既可以防止越俎代庖做出夹生饭，又可以避免隔靴搔痒难以解决问题。

在以"行"为主，发挥行业主管部门主导作用的同时，档案行政主管部门，既要从档案专业的角度，把好档案"专业"关，从行业特性与档案的共性中凝聚共识，又要从整个国家档案事业发展视角，当好协调员，在各行各业档案与档案工作的个性中发现档案工作的共性，寻求平衡与发展，推动档案工作规范体系的建设与完善。

（四）以"用"为要

以"用"为要，是指在立法目的上，当以应用为要旨。切忌为立法而立法。在依法治国的大环境下，在依法治档的小环境中，档案事业、档案工作、档案进入了法治时代。依法行政、依法办事成为风尚。这就不可避免地会出现一些"为立法而立法"的现象。

"天下之事，不难于立法，而难于法之必行。"[②] 意为：天下的事

[①] 《中华人民共和国档案法》，2020 年 6 月 20 日，http：//www.npc.gov.cn/npc/c30834/202006/14a5f4f6452a420a97ccf2d3217f6292.shtml，2021 年 11 月 8 日。

[②] 谷文国：《盖天下之事，不难于立法，而难于法之必行》，《中国纪检监察》2017 年第 11 期。

情，制定法令并不困难，难的是认真切实地贯彻执行。因此，档案规范性文件的制定，档案工作规范体系的建设，需要以"用"为要，坚持"从实践中来，到实践中去"的原则，从档案与档案工作的实际需求出发，在落实中发现问题，在解决问题中修改完善，在修改完善中不断前进。

二 "块"（地方性法规）上的档案规范性文件与档案工作规范体系建设

（一）以新《上海市档案管理条例》与新《档案法》的比较看档案规范性文件制定

要做好地方性法规及规范性文件的制定修订工作，"需要以整体观与系统性的视野，遵循定原则、建组织、立制度、确规范、划范围的思路，以新修订的《中华人民共和国档案法》为依据，以解决难点问题为突破口，充分细化法律条款的内容，着力打造符合时代要求的能够落地落实的档案法律规范"①。这里我们尝试采用"定原则、建组织、立制度、确规范、划范围"五项原则，以新《档案法》为依据，对新《上海市档案条例》（以下简称新《条例》）作一些分析。

1. 定原则

定原则是针对需要修改的具体法律、法规、规章和其他规范性文件，依照上位法的立法原则、立法环境和法条，从整体上提出修改时应当遵循的具体原则②。包括回应新《档案法》中指明地方档案主管部门的工作、新《档案法》条款具化、去局馆一体化、新《档案法》法条需要落实的不缺项、因时因地制宜的创新等。

（1）回应新《档案法》中指明地方档案主管部门的工作

①按照层级划分应当由本级履行的职责。新《条例》中将新《档案

---

① 陈忠海、吴雁平、刘东斌：《定原则、建组织、立制度、确规范、划范围——〈中华人民共和国档案法实施办法〉修订思路及修改建议》，《档案学研究》2021年第4期。
② 陈忠海、吴雁平、刘东斌：《定原则、建组织、立制度、确规范、划范围——〈中华人民共和国档案法实施办法〉修订思路及修改建议》，《档案学研究》2021年第4期。

法》涉及国家及国家档案主管部门的职责与工作中的主体转为"本市""市档案主管部门"。

②新《档案法》中指各级人民政府的责任。新《条例》中将新《档案法》规定的"各级人民政府"转为"本市各级人民政府"。

③新《档案法》中指明地方档案主管部门的工作。新《条例》中将新《档案法》规定的"县级以上地方档案主管部门"转为"市、区档案主管部门"。

（2）新《档案法》条款具化

新《条例》将新《档案法》关于"确需出境的，按照国家有关规定办理审批手续"的规定具化为"确需出境的，应当向市档案主管部门办理审批手续；依法应当经国家档案主管部门批准的，按照国家有关规定办理审批手续"。

（3）去局馆一体化

新《条例》中没有出现"局馆""馆局""档案管理部门""档案局和档案馆"这样的"局馆合一"时期的称谓。新《条例》中出现"档案主管部门"25处、"档案馆"78处，明确规定了档案主管部门和档案馆各自的职责，两者的职守权责规定得十分清晰，不再有局馆一体化的迹象。

（4）新《档案法》法条需要落实的不缺项

新《档案法》法条需要落实的，新《条例》虽然不是逐条对应，但基本上逐条给予了回应，没有重大缺项。比如新《条例》将"信息化建设"与"档案收集、整理、保护、利用"一同列为档案工作的重要环节，同时从"留存城市记忆，发挥存史、资政、育人的作用"与"维护档案完整与安全，便于社会利用"拓展了相关要求。

（5）因时因地制宜的创新

新《条例》专设了红色档案保护利用条款，旨在贯彻落实习近平总书记关于"要把蕴含党的初心使命的红色档案保管好、利用好"的重要批示，加强本市红色档案的保护利用，更好地发挥档案在弘扬红色文化、传承红色基因、培养和践行社会主义核心价值观中的独特作用，彰显上海是党的诞生地和初心始发地的历史地位[①]。

2. 建组织

建组织是指对上位法规定的权利与义务，以及有明确要求的事项，如果在现有组织框架中没有具体对应的部门承接，下位法就可以通过设立临时组织或常设组织的方式来加以解决[②]。

比如，新《条例》第五章红色档案的保护利用一章，就规定了市、区档案主管部门主导，档案馆以及其他档案保管单位参与的红色档案组织架构。

3. 立制度

立制度是指落实上位法中所规定的周期性、长期性、可重复、可循环的事项，在与现有制度对接、更新的基础上，对那些新内容，通过建立新制度的方法进行固化[③]。

比如，新《条例》规定了档案形成单位或者保管单位"在移交进馆时将档案到期开放建议、限制利用意见、密级变更和解除、政府信息公开属性以及向社会提供利用等情况，书面告知档案馆"的书面告知制度。

4. 确规范

确规范是指在上位法规定的具体档案工作中，具有程序性、行为性和语言性的内容，在与现有规范对接、更新的基础上，对新内容，通过建立和使用新的程序规范、行为规范、语言规范，推动档案工作和档案工作人员在程序、行为及语言上更加规范化[④]。

5. 划范围

划范围是指对上位法规定的有关事项，确定具体的范围，并使不同

[①] 《新修订〈上海市档案条例〉将于12月1日正式实施，红色档案、数字赋能、为民服务等成为关键词》，2021年10月29日，https：//mp.weixin.qq.com/s/PJbaI3FYUK2b_OQI-IG3J0w，2021年11月2日。

[②] 陈忠海、吴雁平、刘东斌：《定原则、建组织、立制度、确规范、划范围——〈中华人民共和国档案法实施办法〉修订思路及修改建议》，《档案学研究》2021年第4期。

[③] 陈忠海、吴雁平、刘东斌：《定原则、建组织、立制度、确规范、划范围——〈中华人民共和国档案法实施办法〉修订思路及修改建议》，《档案学研究》2021年第4期。

[④] 陈忠海、吴雁平、刘东斌：《定原则、建组织、立制度、确规范、划范围——〈中华人民共和国档案法实施办法〉修订思路及修改建议》，《档案学研究》2021年第4期。

的主体在授权范围内行使权力①。

比如新《条例》第九条、第二十二条、第三十八条、第五十条、第五十一条分别规定了市、区两级档案主管部门各自的权责。

除上述典型条款外，还有不少符合上述原则的条款，限于篇幅，不一一列举。从整体上看，新《上海市档案条例》与上述原则有着很高的契合度，是一个依据新《档案法》修订修改和制定地方档案规范性文件的经典范例。

（二）以新《上海市档案管理条例》为例探讨档案工作规范体系建设

档案工作规范体系是由档案法律、法规、地方性法规、部门规章以及规范性文件共同构成的规范性文件集合。档案工作规范体系建设就是以整体观与系统性的视野对这个集合进行整体构建，着力打造符合时代要求的能够落地落实的档案法律规范②。

以新《上海市档案管理条例》为例，地方档案工作规范体系建设可以从清楚职属、明晰权责、准确定位、熟悉环境、明确目标、量力而行、循序渐进七个方面着手。

1. 清楚职属

清楚职属是指准备制发档案规范性文件的档案机构，需要清楚本机构的职责与隶属，在自己的职责范围内依法制发新档案规范性文件，或修改、修订既有的档案规范性文件。上海市是省级行政区划，上海市人民代表大会是具有立法权的立法机构。上海市人民代表大会常务委员会，是上海市人民代表大会闭会期间代行职责的长设机构，制发或修改、修订地方单项条例是其职属范围内的工作。

2. 明晰权责

明晰权责，一是规范性文件中负责执行规范性文件的主体需要具备

---

① 吴雁平、刘东斌：《编制档案事业发展"十四五"规划的若干思考》，《档案》2020年第5期。
② 陈忠海、吴雁平、刘东斌：《定原则、建组织、立制度、确规范、划范围——〈中华人民共和国档案法实施办法〉修订思路及修改建议》，《档案学研究》2021年第4期。

相应的权力,承担相应的责任。二是严禁越权发文,坚持法定职责必须为、法无授权不可为,严格按照法定权限履行职责,严禁以部门内设机构名义制发行政规范性文件[①]。

3. 准确定位

准确定位,一是指规范性文件中负责执行规范性文件的各主体需要有准确的定位。比如,新《上海市档案管理条例》明确了各级人民政府、档案主管部门、市档案馆、区档案馆、企业事业单位、社会团体和个人在档案事务中的定位。二是指规范性文件在本级档案规范性文件体系中的定位。新《上海市档案管理条例》在上海市档案规范性文件系统中居于最高位阶,是除《档案法》《档案法实施办法》等法律法规之外,上海市范围内其他档案规范性文件制定时的依据。对上海市范围内其他档案规范性文件的制定、修改、修订具有指导和规制作用。

4. 熟悉环境

熟悉环境是指对区域内与规范性文件相关环境信息的掌握程度。既包括自然环境等硬环境信息,又包括社会、经济、人文等方面的软环境信息,特别与规范性文件实施有关的法治与专业环境。如果对这些情况不了解、不清楚,就很难制定出与环境相适应的规范性文件。规范性文件与其实施环境不相适应,即便制定发布,也难以达到制定时的预想结果。比如,新《上海市档案管理条例》在对上海市整体信息化环境了解的基础上,将"信息化建设"与"档案收集、整理、保护、利用"一同列为档案工作的重要环节。

5. 明确目标

明确目标是制定规范性文件的基本要求。规范性文件是用来规制人们言行的,但规制人们的言行一要出之有名,二要出之有理,三要遵守法度,四要易懂易行。出之有名就是要有明确的目标。新《上海市档案管理条例》将"加强档案管理,规范档案收集、整理工作,有效保护和

[①] 《国务院办公厅关于加强行政规范性文件制定和监督管理工作的通知》,2018年5月31日,http://www.gov.cn/zhengce/content/2018-05/31/content_5295071.htm,2021年11月3日。

利用档案，提高档案信息化建设水平，推进城市治理体系和治理能力现代化"作为其主要目标。目标不同，规范性文件的规制范围、强度、方式、方法亦会有所不同。一把钥匙开一把锁，一份规范性文件集中解决一个问题。即便是具备强大实力，也不可用一份规范性文件解决所有问题，切不可平均分配资源，"一视同仁"。

6. 量力而行

量力而行是指在资源有限的情况下，规范性文件要聚焦关键问题、核心问题、应急问题、重大问题。有什么条件，打什么仗。不在规范性文件中提不切实际的要求、目标。特别是全局性、高层级的规范性文件，必须防止写得很好、很全、很带劲，但与基层条件与能力相差过大，造成"高大上"的规范性文件，要么束之高阁，要么烂尾。

7. 循序渐进

循序渐进是指对一些需要一定时间，特别是需要时间较长的过程性、程序性问题，在制定规范性文件时，不可操之过急。将长问题分解成短问题，循序渐进，逐一解决。这种应用规范性对需要时间较长的过程性、程序性问题的方法，是一种化整为零的方法。

第六章　档案业务指导对档案工作的规范

档案业务指导是为推动档案管理机构贯彻执行档案法律法规规章及其他档案规范性文件，以提高档案工作规范化和科学化水平所做的引导性和帮助性工作，是档案法律规制档案工作的基础环节。档案业务指导是法律法规赋予档案主管部门的职能，既是一项权利，又是一项必须履行的职责。档案业务指导者、指导对象与范围以及指导内容，都必须体现档案法律法规规章的要求。档案业务指导对档案工作的规范包括两个方面：一是考评式提升，就是通过"上等级"、达标升级、规范化认证、示范单位等形式，对档案馆、档案室的档案工作进行全面式的提高活动；二是日常式推动，就是通过日常单项的档案业务促进，推动档案馆、档案室工作不断地发展和进步。

第一节　对档案业务指导规范档案工作的分析解读

一　考评式提升

（一）概述

所谓考评式提升，就是通过"上等级"、达标升级、规范化认证、示范单位等形式，按照一定的档案工作标准对档案馆、档案室的档案工作水平进行全面式的提高活动。

考评式提升是伴随《档案法》的颁布实施开始的。湖南省是最早探索试点,后来在全国普遍开展起来。最初的考评式提升是开展档案馆(室)的"上等级"活动。"湖南省档案局在试点的基础上,1987年度在全省范围突出地狠抓了'企业档案管理上等级'、'档案馆上等级'、'机关档案室上等级'活动。"①

在湖南省开展档案工作"上等级"的启发下,"上等级"这种考评式提升形式迅速在全国全面开展,到1990年全国绝大部分省、自治区、直辖市都开展了此项工作。大部分都是先开展机关档案室"上等级"工作,1987年国家档案局印发《企业档案管理升级试行办法》(国档发〔1987〕15号)后,企业档案工作也纳入"上等级"的行列,随后档案馆工作也纳入"上等级"的行列。随着档案工作"上等级"活动的深入开展,各个省、自治区、直辖市档案局也相继出台了"机关档案室定级升级办法""企业档案管理升级办法""档案馆升级办法"等。表6-1就是各省(自治区)、直辖市《机关档案室定级、升级办法》一览表。

表6-1 各省(自治区)、直辖市《机关档案室定级、升级办法》一览表

序号	年度	省别	定级、升级规范文件名称	备注
1	1987	湖南	《湖南省各级机关档案室定级、升级工作试行办法》	
2	1988	河南	《河南省各级机关档案工作定级、升级试行办法》	
3	1988	辽宁	《辽宁省档案工作定级升级试行办法》	
4	1988	吉林	《吉林省档案工作定(升)级试行办法》	
5	1988	黑龙江	《黑龙江省机关文书档案管理升级暂行规定》	

---

① 国家档案局办公室、中央档案馆办公室编:《档案工作文件汇集》第五集,中国档案出版社1997年版,第377页。

续表

序号	年度	省别	定级、升级规范文件名称	备注
6	1988	云南	《云南省机关档案综合管理达标升级试行办法》	
7	1988	四川	《四川省档案局印发〈四川省各级机关档案工作升级试行办法〉及其附件的通知》	
8	1988	山西	《机关档案室试行标准》	
9	1988	浙江	《关于开展省级机关档案工作达标活动的通知》	
10	1988	陕西	《陕西省各级机关档案室升级试行办法》	
11	1989	湖北	《湖北省机关档案管理升级试行办法》	
12	1989	上海	《关于印发〈上海市市级机关档案工作升级办法（试行）〉的通知》	
13	1989	广东	《广东省机关档案综合管理升级试行办法》	
14	1989	广西	《广西壮族自治区各级机关档案室定级升级办法》	
15	1990	北京	《北京市档案工作定级升级试行办法》	
16	1990	宁夏	宁夏回族自治区档案局《关于在全区开展机关档案工作上等级活动的通知》	
17	1990	安徽	《安徽省机关档案管理升级试行办法》	
18	1990	新疆	《新疆维吾尔自治区机关档案管理升级办法》	
19	1990	甘肃	《甘肃省各级机关档案管理上等升级试行办法》	
20	1990	贵州	《贵州省机关档案工作达标升级试行办法》	
21	1990	山东	《山东省机关档案工作定级升级试行办法》	

续表

序号	年度	省别	定级、升级规范文件名称	备注
22	1990	天津	《天津市市级机关档案工作升级试行办法》	
23	1990	河北	《关于印发〈河北省档案工作上等升级暂行办法〉及三个标准的通知》	
24	1991	内蒙古	《内蒙古自治区旗县（市）直属机关档案管理升级考核标准》	
25	1991	福建	《福建省地、市、县机关档案室"八五"期间定级标准》	
26	1990	江西	《江西省综合档案馆、机关档案室、企业档案管理升级试行办法》	
27	1993？	青海	《青海省机关档案工作目标管理办法》	具体时间不详
28	1989	江苏	苏州市《机关档案工作升级暂行办法》	未查到江苏省最早的文件。2009年《江苏省机关团体企业事业单位档案工作规范》应该是修改之后的
29	1994	西藏	《拉萨市机关档案工作定级升级试行办法》	未查到西藏最早的相关文件

  随着三个"上等级"工作的深入以及档案工作水平的提高，"上等级"这种形式也在改进提高，有的改为目标管理，有的改为规范化认证，其考评指标也加入了新的内容，如档案信息化建设等。后来这种考评式提升档案工作水平的方法，不再仅限于机关档案工作、企业档案工作和档案馆工作的整体领域，而是逐步扩大到单项档案工作的各个方面。在档案信息化建设方面，河南省档案局出台了《河南省档案信息化建设示范单位测评办法》（豫档发〔2011〕22号）；在社会主义新农村建设档案工作方面，河南省档案局出台了《河南省社会主义新农村建设档案工作示范乡（镇、街道办事处）、村（居委会）测评办法》（豫档发〔2011〕16号）；在数字档案室建设方面，江苏省档案局出台了《江苏省数字档案室等级评估办法》（苏档规发〔2012〕2号）；等等。

（二）分析解读

从概述中可以看出，考评式提升已经成为一个庞大的体系，不仅种类多，而且各个省、自治区、直辖市甚至各个地市都存在很大的差异，无法一一细说。这里仅以《河南省机关档案工作规范化管理认证办法》（豫档文〔2006〕54号）为例，对机关档案工作水平提升内容和依据进行分析解读。

《河南省机关档案工作规范化管理认证标准》中的绝大部分内容都有相关的档案法律法规规章以及规范性文件作为规制依据。在40条标准中，有37条都有具体的规制依据，占92%。其他3条，如果仔细分析也都有依据，如第16条"各种档案目录统一采用打印件（近5年，手工抄写的扣0.5分）"。机器代替人工劳动是必然趋势，也是档案信息化最基础的工作；第21条"有单独的档案库房、阅览室和办公室（3分，缺一项扣1分）"。这是机关档案室建设参考《档案馆建筑设计规范》的结果；第27条"本系统档案管理自上而下（省、市、县）全部联网或建有专业网站，在网上发布档案工作动态、公布档案业务文件、解答档案业务问题、开展档案业务指导工作"，这应该是档案信息化建设的基础应用内容。可以说，《河南省机关档案工作规范化管理认证标准》中的内容都是档案法律法规规章以及规范性文件规制机关档案工作的具体化。

可以看出，考评式提升是对档案工作整体性和系统性的规制，对全面提高档案工作水平有着积极的作用和意义。

二 日常式推动

日常式推动，就是依据档案法律法规规章及其他档案规范性文件，对档案馆、档案室的档案工作进行单项具体的档案业务指导，相对而言，这类指导更为具体和细致。下面以对机关档案室工作的业务指导为例，对日常式推动活动的开展进行分析解读。

档案主管部门对机关档案工作的业务指导主要有以下内容：

首先，帮助提高认识，明确任务责任。指导帮助各机关的领导和有关人员弄清单位档案工作的性质、作用和任务，了解和掌握国家档案法律法规对单位档案工作在管理体制、机构设置、人员配备、管理设施和档案管理等方面的基本要求。其次，帮助建章立制，确定运行条件。指导机关建立档案工作领导小组，建立档案工作组织网络，建立健全档案管理的各项规章制度，建立规范的档案室，配备必要和充足的档案管理设施设备，制订机关档案工作的建设方案和发展计划，为机关档案工作的开展提供必要的条件。最后，帮助建立机制，实现统一管理。促进机关领导把档案工作逐步列入领导的议事日程，列入机关各项管理的范围，列入机关工作和行业（专业）发展计划，列入各有关部门及其人员的工作职责，列入机关的各种规章制度，实现机关档案工作的集中统一管理。主要规范内容与依据见表6－2。

表6－2　　　　　　机关档案工作内容及其法规、标准依据

序号	项目	具体内容	档案法律法规等依据
1	档案收集工作	1. 档案收集内容。主要有两个方面：一是机关单位的档案室对本单位（部门）需要归档的档案进行接收；二是机关单位的档案室对那些未及时归档的档案进行补充收集 2. 档案收集的齐全完整。齐全完整始终贯穿整个收集工作以至于整个归档工作全过程，必须注意抓好全面收集、重点收集、账外文件的收集 3. 建立归档制度。归档制度主要包括归档范围、归档时间、归档份数、归档手续等内容。对归档范围，一般机关单位，应该按照《机关文件材料归档范围和文书档案保管期限规定》的规定，确定归档和不应当归档文件材料的范围	1.《机关文件材料归档范围和文书档案保管期限规定》 2. 各省贯彻《机关文件材料归档范围和文书档案保管期限规定》的有关文件，如《河南省档案局关于学习宣传贯彻国家档案局8号令〈机关文件材料归档范围和文书档案保管期限规定〉的通知》 3.《机关档案工作条例》第十一条　机关应建立、健全文件材料的归档制度。凡机关工作活动中形成的具有保存价值的文件材料（包括党、政、工、团以及人事、保卫、财会等工作中形成的文件材料），均由文书部门或业务部门进行整理、立卷，并定期向档案部门归档。第十二条　机关档案部门接收的档案，应符合下列要求：（一）应归档的文件材料齐全、完整……

第六章　档案业务指导对档案工作的规范

续表

序号	项目	具体内容	档案法律法规等依据
2	档案鉴定工作	1. 建立机关档案鉴定小组或鉴定委员会，制定档案价值鉴定工作制度 2. 各机关单位要根据《机关文件材料归档范围和文书档案保管期限规定》制定各自单位相应的具体的档案鉴定标准，也就是制定本机关的《机关文件材料归档范围和文书档案保管期限表》 3. 开展档案鉴定与销毁工作	1.《机关档案工作条例》第十七条　机关应定期对已超过保管期限的档案进行鉴定。鉴定档案必须在机关办公厅（室）主任的主持下，由档案部门和有关业务部门组成鉴定小组共同进行。鉴定工作结束后，应提出工作报告，对确无保存价值的档案进行登记造册，经机关领导人批准后销毁。第十八条　机关销毁档案，应指定两人负责监销，防止档案遗失和泄密。监销人要在销毁清册上签字 2. 国家档案局《机关档案工作业务建设规范》8.2　档案的鉴定工作，应在机关分管负责人的领导下，由档案部门和有关业务部门的人员共同组成鉴定小组，按规定进行。8.3　销毁失去保存价值的档案须由鉴定小组提出意见，登记造册，经机关分管负责人批准后，由二人在指定地点监销，并在销毁清册上签字。情况特殊的专门档案另有销毁规定的按有关规定执行 3.《机关档案工作条例》第十六条　机关档案部门应根据国家的有关规定，编制本机关或本专业系统的《档案材料保管期限表》，经机关领导人批准后执行，并报同级档案业务管理机关备案 4.《机关文件材料归档范围和文书档案保管期限规定》第十二条　各机关应根据本规定，结合本机关职能和各部门工作实际，编制本机关的文件材料归档范围和文书档案保管期限表，经同级档案行政管理部门审查同意后执行 5.《机关文件材料归档范围和文书档案保管期限规定》
3	档案整理工作	1. 编制档案分类与编号方案 2. 一年一度的归档文件整理 3. 归档案卷的局部调整，案卷的排列、编号、编制目录、上架等 4. 零散文件的整理。一些基层机关由于是兼职档案员，还要做好对归档文件整理以及各种门类档案整理的指导	1. 国家档案局《机关档案工作业务建设规范》4.2　机关档案，应按照其内容和载体的不同，制定统一的分类方案。分类应保持前后一致，不能随意变动 2. 国家档案行业标准《档号编制规则》（DA/T 13—1994） 3. 国家档案行业标准《归档文件整理规则》（DA/T 22—2000）（现 DA/T 22—2015） 4. 各省《归档文件整理规则》实施细则，如《河南省档案局〈归档文件整理规则〉实施细则》 5.《档案法》第七条　机关、团体、企业事业单位和其他组织的档案机构或者档案工作人员……对所属机构的档案工作实行监督和指导

191

续表

序号	项目	具体内容	档案法律法规等依据
4	档案保管工作	1. 集中统一保管机关各种门类档案 2. 做好档案库房的防盗、防火、防尘、防潮、防虫、防鼠、防霉、防高低温、防光、防污染等"十防"工作 3. 做好档案装具的选用、档案柜架的编号、档案进出库房的管理等工作 4. 做好档案安全检查工作 5. 建立与补充完善全宗卷。做好全宗卷的管理工作	1. 《档案法》第十三条 各级各类档案馆，机关、团体、企业事业单位和其他组织的档案机构，应当建立科学的管理制度，便于对档案的利用；配置必要的设施，确保档案的安全 2. 《档案法实施办法》第九条 机关、团体、企业事业单位和其他组织的档案机构依照《档案法》第七条的规定，履行下列职责：（三）统一管理本单位的档案……第十五条 各级国家档案馆应当对所保管的档案采取下列管理措施：……（二）配置适宜安全保存档案的专门库房，配备防盗、防火、防渍、防有害生物的必要设施；……机关、团体、企业事业单位和其他组织的档案保管，根据需要，参照前款规定办理 3. 《机关档案工作条例》第三条 各机关在工作活动中形成的全部档案均由本机关档案部门集中统一管理。第十九条 机关的档案库房应该坚固，并力求逐步做到有防盗、防火、防虫、防鼠、防潮、防尘、防高温等设施 4. 《机关档案工作业务建设规范》2.2 集中统一管理机关各种门类和载体的档案。5.6 机关档案部门应定期组织人员对档案保管的状况进行全面检查，并做记录，发现问题要及时向分管领导汇报，采取积极有效措施，保护档案的安全。如遇特殊情况应及时检查，发现问题要及时解决。5.1 机关应根据保存档案资料的数量，设置必需的档案专用库房和柜架；新建单位或新建办公用房，应把档案部门的用房列入基建计划。库房要坚固，并有防盗、防光、防潮、防高温、防火、防潮、防尘、防鼠、防虫等设施。5.5 机关都应建立全宗卷，以积累存储本机关案卷的立卷说明，分类方案，鉴定报告，交接凭证，销毁清册，检查记录，全宗介绍等材料 5. 国家档案行业标准《全宗卷规范》（DA/T 12—1994）
5	档案统计工作	1. 建立档案管理和档案工作情况台账，档案统计年报和随机调查情况的编制汇交，主管机关对本系统（行业、专业）档案工作情况的调查统计 2. 建立档案利用登记簿、档案借出登记簿、档案利用效果登记	1. 《机关档案工作条例》第二十条 ……积极主动地开展档案的利用工作，为机关各项工作服务，并注意掌握档案的利用效果 2. 《机关档案工作业务建设规范》6.4 凡利用者都应按规定办理利用手续，并填写《档案借阅登记簿》。6.4.1 档案部门在向利用者提供档案的同时，应根据需要附一张《档案利用效果登记表》，利用工作结束后，由利用者如实填写，及时交档案部门存查。7.2 准确编制档案工作情况统计年报，及时上报有关部门 3. 《全国档案事业统计年报制度》

续表

序号	项目	具体内容	档案法律法规等依据
6	档案提供利用工作	1. 编制归档文件目录、专题目录、文号索引、全宗指南等档案检索工具 2. 编写档案文件汇编、大事记、组织沿革、基础数字汇集、专题概要、会议简介等档案编研材料 3. 做好档案利用组织工作，开展档案利用服务	1.《机关档案工作条例》第二十条　机关档案部门应根据工作需要，编制必要的目录、卡片、索引等检索工具，编辑档案文件汇集和各种参考资料，积极主动地开展档案的利用工作，为机关各项工作服务 2.《机关档案工作业务建设规范》6.3　机关档案部门应开展档案史料的编研工作，积极配合有关部门编写全宗介绍、组织沿革、大事记、基础数字汇编、发文汇集和专题文件汇集等
7	档案信息化工作	档案信息化建设，电子档案的收集归档，室藏档案的数字化加工，数字化档案提供利用，数字档案室建设等	1.《全国档案信息化建设实施纲要》 2.《数字档案室建设指南》 3. 国家标准《电子文件归档与管理规范》（GB/T 18894—2002） 4. 国家档案局《电子公文归档管理暂行办法》

对档案室工作的日常指导，一般都是针对上述中的某一项或者某几项内容进行的。对于档案收集工作，一般是从一年一度的归档文件整理工作开始的；对于档案鉴定工作，一般都是机关档案工作需要时才进行的；对于档案整理工作，这是重头工作，特别是对一年一度的归档文件整理，需要档案业务指导人员经常地反复地进行；对于档案保管工作，一般都是机关建立档案室或者改造、搬迁档案室才会进行的内容。其中的建立与补充完善全宗卷内容，一般都是在一年一度归档文件整理结束后才进行的；对于档案统计工作，一般都是年终开展档案统计工作才进行的；对于档案提供利用工作，一般都是机关档案室有需要或者开展达标升级工作时才进行的；对于档案信息化工作，由于时代快速地发展，信息化技术在机关单位档案工作中的普及，这类指导也日益增多，成为日常指导经常开展的项目。

档案室工作的日常式推动相对于考评式提升来说，更加专一细致，可以说是落实档案法律法规规章及其他档案规范性文件的最重要的环节和方式。

第二节 档案业务指导对规范档案工作的影响

档案业务指导是档案主管部门履行的一项重要职责，具有独特的功能。在肯定档案业务指导作用的同时，也应该看到其局限性。档案业务指导是建立在档案馆、档案室自愿接受指导并付诸实施的基础之上，如果没有档案馆、档案室的大力配合，该项行政职能的履行就很难取得实际的效果。

一　档案业务指导对规范档案工作作用的有限性

（一）从档案业务指导的性质看其规范档案工作作用的有限性

档案业务指导的性质有两个方面：

一是法定性。档案业务指导既是法律法规规章赋予的一项行政管理职能，是一项权利，又是一项必须履行的职责。档案业务指导坚持法律优先的原则，即档案业务指导者、指导对象与范围以及指导内容，都是由档案法规所确定的。档案业务指导的法定性，要求档案业务指导者必须在法规的范围内，按照党和国家的方针政策与法律法规规定开展工作。档案法律法规对档案工作内容的规范大都是宏观层面的，而档案工作的方方面面又都是由具体的细节构成的，这就使得档案业务指导不能直接通过档案法律法规的规定具体规范档案工作的各项内容。

二是非强制性。档案业务指导是档案主管部门为实现档案行政管理目的，通过倡导、引导、劝告和激励等方式，指导档案机构和档案工作者按照某种规范作为或者不作为的一种不具有强制力的行政行为，也就是说档案业务指导不具有法律上的强制力。档案业务指导与以强制执行为突出特征的档案执法行为有着本质的区别。档案业务指导行为的非强制性，使得档案业务指导在规范档案工作的过程中显现出"柔性"特征，作用十分有限。

（二）从档案业务指导的特点看其规范档案工作作用的有限性

档案业务指导的特点有三个：

一是引导性。档案业务指导主要采用指导、劝告、提醒、建议、协商、发布指导性政策、提供技术指导和帮助等积极的非强制性手段，引导或诱导被指导者自觉做出档案主管部门所希望的行为。档案业务指导的引导性是指它的工作方式及其所起的作用具有引导、示范辅导的性质，它要求档案业务指导人员采用循循善诱、言传身教的方法帮助被指导人员遵循档案法律法规规章及档案规范性文件对档案工作的规定和要求，掌握档案和档案工作管理的规范、标准和方法，把档案规范、标准落实到具体的档案工作中去。这种引导方法所产生的实际效果不是取决于档案业务指导人员，而是取决于被指导单位的接受程度和重视程度及其执行能力。

二是反复性。档案业务指导的反复性，主要表现在对机关、团体、企业事业单位及其他组织基础档案工作（如归档文件整理等）的指导和基层中小型单位档案室工作的指导上。由于一些单位的档案工作人员调动频繁，兼职过多，档案意识相对薄弱，专业思想不牢固，档案业务不够熟悉，再加上档案工作制度不够健全，这就迫使基层档案主管部门的档案业务指导人员反复地对其开展内容大体相同的指导活动，无论是工作内容还是指导方法都显得具体、重复、琐碎，但实际上效果又难以把握。

三是探索性。随着经济发展和社会建设的高速推进，新的行业领域、新的记录形式和记录载体不断涌现，档案工作的领域在不断扩大，这些新领域的档案和档案工作，并没有现成的规范和整理方法。如何对这些新的行业领域、新的记录形式和记录载体进行规范，就需要档案业务指导人员不断探索新的档案管理模式和档案整理方法。这种探索，既是档案业务指导部门的任务，又是档案形成单位的责任，如果后者无所作为，单靠档案业务指导人员的努力就会事倍功半。

（三）从档案业务指导的原则看其规范档案工作作用的有限性

档案业务指导的原则分为：

1. 自愿性原则

自愿性原则是指档案业务指导行为应当以被指导者自愿接受为前提，

充分尊重被指导者的自主选择，只有通过综合指导说理，使被指导者认同和接受，才能达到预期的档案行政管理目的。如果被指导者拒绝接受档案业务指导，那么档案主管部门则不得采取或者变相采取行政强制行为以及其他不利于被指导者的档案行政处理手段强迫其接受。自愿性原则实际上限制了档案业务指导发挥作用的空间，使之局限于"帮扶"范围之内。

2. 合法性原则

档案主管部门应当在法定职能和管辖事务范围内开展档案业务指导，所实施的业务指导行为应当合乎法律规范和基本法理，不得违背法律精神、基本原则和具体规定，不得侵害被指导者的合法权益。档案业务指导的合法性原则，可以说从两个方面限制了其在规范档案工作中的作用。一方面，法律规定档案业务指导不具有强制性；另一方面，许多档案工作规范和标准也不具有强制性，对这些标准的落实也就不能强制推行。

3. 分类指导原则

分类指导是指针对不同指导对象的实际，要区别不同情况，提出不同要求，采取不同措施，不搞"一刀切"，从而增强指导工作的针对性。档案工作的分类指导，主要是由档案和档案工作的差异性所决定的。档案及档案工作的差异性主要表现在：不同载体的档案在其形成程序、形成规律、记录方式、载体材料和具体内容上存在着特殊性；党政档案工作与科技档案工作、机关档案工作与企业事业单位档案工作、档案馆工作与档案室工作，也是千差万别的。这就要求档案业务指导人员根据具体情况提出不同的措施灵活处置，以达到帮助不同单位的档案管理人员把各自的档案收齐、管好的目的。

二 考评式提升对档案工作的影响

（一）考评式提升对档案工作的意义与作用

1. 考评式提升档案工作推进了档案法律法规的贯彻落实

党和国家为保障和促进档案工作的发展，制定了一系列档案工作的法律法规规章和档案规范性文件，为档案工作提供了法律保障和政策依据。考评式提升档案工作就是将档案法律法规规章和档案规范性文件与档案业务指导有机结合，使之更加具体化、目标化、分值化、实践化，目的是促进档案事业的持续和健康发展。

2. 考评式提升档案工作增强了社会的档案意识

通过具体的细化的标准要求，把档案馆以及各个立档单位的领导、有关部门、有关人员在档案工作上的责、权、利予以明确和强调，使档案工作目标分解、职责明确，便于调动有关部门和有关人员的积极性，从而进一步宣传档案工作，为档案工作的发展创造良好的氛围。随着档案工作规范化水平的提高和社会档案意识的增强，各立档单位的领导普遍关心和重视档案工作，将档案工作列入领导的议事日程，列入有关人员的职责范围，并在人力、物力、财力等方面支持档案工作，有力地促进了档案工作的发展和进步。

3. 考评式提升档案工作加强了档案工作的规范化管理

长期以来，由于缺乏统一的规范要求，档案工作在不同地区、不同部门发展极不平衡。同时，各级档案主管部门由于人少、面广、战线长，档案业务指导工作往往顾此失彼。通过开展考评式提升档案工作，实行统一标准、区分等级、细化要求，将档案法律法规规章及档案规范性文件对档案工作的要求纳入具体的管理活动之中，实现广泛动员，全面指导，对规范档案工作起到了事半功倍的效果。

4. 考评式提升档案工作促进了档案管理和服务水平的全面提高

考评式提升对档案业务工作的各个环节，都确定了具体的工作目标；同时，在档案治理手段上，它把档案法律法规以及规范性文件和档案工作的方方面面细致入微地综合在一起。考评式提升运用各种方法，对档案和档案工作管理进行综合治理、目标管理，提出了达到规范、标准的要求，达到了全面提高档案馆、档案室管理能力和服务水平的目的，极大地促进了档案事业的发展。

（二）考评式提升档案工作的利与弊

1. 考评式提升档案工作的利

自1986年开展考评式提升档案工作以来，不论是对档案主管部门工作还是对档案馆、档案室工作都产生了很深的影响。

首先，提高了认识，为档案工作的科学化、专业化管理提供了条件。该项工作的开展，使立档单位的领导干部和工作人员认识到档案管理升级标准都是档案法律法规规章及档案规范性文件规范档案工作的具体化、细致化和实践化，认识到档案从收集、整理、保管到提供利用等都要受档案法律的规制，因而有力促进了档案法律的贯彻与落实，持续提升了依法治档的能力和水平。

其次，提高了档案管理水平，为档案信息资源的开发利用创造了条件。一是基础工作得到加强，体现在档案基础业务建设的各个方面，包括档案的收集、保管、保护、利用等都得到了加强，促进了档案基础业务建设的全面发展，防止了顾此失彼的倾向。二是服务能力得到提升。多数单位重点鉴定开放档案、编制开放目录、编研档案资料、举办档案展览等，或为档案服务工作打好基础，或直接为社会公众提供服务，产生了良好的效果。三是基础设施建设得到加强，包括库房建设、技术用房建设，设备和其他设施建设，使得档案馆的基础设施和物质条件迅速得到改善。

最后，分散管理问题有所解决。通过达标升级活动，落实了集中统一管理原则，使得该归档的材料归档了，保证了档案的齐全与完整。

经过档案主管部门和机关、单位的努力，大部分档案室都通过了等级考评。据湖北省对10年来开展机关档案管理升级工作的统计，"截止到1998年上半年，全省达到省一级的2300多家，省二级的4800多家"，"全省县级以上机关共11000多家，达到等级标准的已有7100多家，达70%左右"[①]。1995年甘肃张掖地区"地、县、市370个机关档案室有342个达到省一、二、三级标准，达92.4%"[②]。湖北省和甘肃张掖地区的成效可以说是全国开展考评式提升档案工作的缩影，全国大致有三分之二以上的机关档案室通过了等级考评或认证。而对于档案馆，全国绝

---

① 李圭雄：《现状·问题·对策——我省机关档案管理升级工作的回顾与思考》，《湖北档案》1998年第4期。

② 廉毓：《张掖地区档案事业全面发展》，《档案》1996年第2期。

大部分档案馆通过了等级考评，有不少地方要求达到全部升级"一片红"，并且达到了"一片红"。如山西省要求 1994 年"全省 129 个地、县级综合档案馆全部达到省三级标准"①；河南省濮阳市"到 1990 年底，市、县 6 个综合档案馆实现'上等级'一片红"②；1998 年湖北省十堰市"全市七个综合档案馆全部达到省三级以上标准，其中省二级馆 1 个，实现全市档案馆升级一片红"③。

2. 考评式提升档案工作的弊

随着时间的推移和考评式提升活动的持续开展，其弊端和缺陷也日益显现。

最早提出考评式提升档案工作的定级、升级活动存在问题的是管先海。1992 年，他提出了档案升级的有关问题：其一，升级前搞突击活动。"搞突击升级也有其不可忽视的弊端：首先，搞突击升级必然集中有限人员全力以赴，容易打乱正常工作秩序，使全面工作难以统筹兼顾，造成顾此失彼的被动局面，影响档案工作的正常开展；其次，搞突击升级，临时抱佛脚，做表面文章，'大干快上'搞'立竿见影'，容易淡化平时艰苦细致、严谨务实的优良作风，势必影响升级的质量；再者，搞突击升级，必然限期抢时，临时拼凑班子，不少人员缺乏专业训练，只管完成任务，不求高质量，马虎从事，必然影响档案业务工作的规范化和标准化，造成业务管理上的不良后果。"④ 其二，"不必要的浪费人、财力的'大拆大换''大一统'"。如"有些单位为了实现规范化，大拆大换，全部换成新买的规范的档案盒。有些评审人员还要求档案柜要统一样式、统一颜色"⑤。其三，升级初审后的整改工作表面化。"有些单位在初审后的整改工作上只做了一些诸如补份文件、换张封面、重抄一些目录等简单易办且不费时的工作，而把诸如建立全宗卷、编写全宗介

---

① 许爱香、郭文平：《新的一年 新的套套——山西省档案局公开接受大家监督，公布今年重点工作目标责任制》，《中国档案》1994 年第 4 期。
② 东斌、申先：《不信春风唤不回——濮阳市档案工作纪实》，《档案管理》1997 年第 4 期。
③ 邢杰：《十年磨一剑——十堰市档案事业发展纪实》，《湖北档案》1998 年第 4 期。
④ 管先海：《档案升级刍议》，《档案管理》1992 年第 6 期。
⑤ 管先海：《档案升级刍议》，《档案管理》1992 年第 6 期。

绍、机构沿革、档案馆指南和专题汇编等在档案管理中地位重要且难度较大、费时费力的基础工作放到了一边。"① 其四，为升级而升级的形式主义。"据了解，有些档案馆、档案室为了升级，削弱甚至中断了提供档案为利用者服务的工作，全力以赴搞升级，这就割裂了档案升级工作和档案服务工作的有机联系，势必造成为升级而升级的不良后果。"② 其五，"把档案升级当作档案工作的'闭幕戏'"③。

继管先海之后，有不少学者也陆续分析了有关弊端。其观点可以大致归为两类：其一，规范标准的问题。上述所举的一些事例有不少是规范标准引起的问题。由于考评式档案工作的定级、升级活动，其达标定级、升级标准单一，形成了事实上的"一刀切"。即便是有些省细分了定级、升级标准，如《河南省各级机关档案工作定级、升级试行办法》（豫档发〔1988〕39号）又分别制定《省直机关档案工作等级标准》《市、地直机关档案工作等级标准》《县（区）直机关档案工作等级标准》，每个等级标准中又分一级、二级两个等级。即便是如此的细分，仍然有"一刀切"的嫌疑。就是同为县（区）直机关的也有大小之分，大机关如发改委（计委）、财政局等每年产生的档案就多，而像宗教局等每年产生的档案要少得多。其二，竞争性和荣誉性的问题。不得不承认考评式档案工作的定级升级活动是一种竞争性和荣誉性的活动，这是其固有的性质，它既有激励的一面，又有为荣誉而荣誉的一面，这是其自带的副产品，主要表现为两个方面：一方面是由档案室所在的单位和档案馆的领导想要获得达标升级这个荣誉，而并不是真正热心档案工作、关注档案工作、提升档案工作。也就是并非一夜之间对档案的认识产生了飞跃，档案意识提高了，而只是为了荣誉。所以，就有了突击达标升级、临时达标升级、形式主义与短期行为，甚至弄虚作假的行为等。事实上已经偏离了考评式规范档案工作的定级升级活动的初衷。另一方面是档案局的领导也想获得完成达标升级数这个荣誉，有不少地方的档案

---

① 管先海：《档案升级刍议》，《档案管理》1992年第6期。
② 管先海：《档案升级刍议》，《档案管理》1992年第6期。
③ 管先海：《档案升级刍议》，《档案管理》1992年第6期。

局对下级定有达标升级的任务数，还有的追求所谓"一片红"等。这就有了"欠账"达标升级，"欠账"达标升级并不仅仅是社会上"人情风"和"关系风"的碍于情面和关系，只有搞个折中，明知申请达标升级的单位条件还不成熟，也要过关。也有档案局为了完成目标任务而半推半就。这里不是说定目标任务促进积极努力工作不好，而是说有时目标任务定得不合理也会产生负面效应。

随着时代的发展，达标升级的不利一面又添了新内容，这就是档案中介服务企业的加入。档案中介服务企业是随着档案信息化建设而兴起的，最初这类企业公司大多承揽档案数字化加工、网站建设之类的工作，后来根据档案部门的需要又扩大到承包档案达标升级的相关工作。这样又带来了新的问题：其一，决定档案工作做得好与差的不是档案工作者的业务素质和责任心，而是所在单位的财力。财力雄厚的单位，可以按照达标升级的最高标准外包给档案中介服务企业。其实，这种财力决定结果的现象，在没有档案中介服务企业的时候就有，以往的达标升级工作中，硬件部分占有很大的比例，也容易看见，如计算机、空调机、复印机、档案柜架（密集架），还有后来要求的防磁柜，等等，有财力的单位很容易配齐这些硬件，也容易得印象分。现在，外包给档案中介服务企业，又增加了档案"软件"，等于将档案工作的"软件"——整理、编目、鉴定、编研等都外包了出去。没有财力的单位只好甘拜下风。其二，标准质量问题。将档案工作的"软件"外包出去，看似可以保证档案达标升级的"软件"质量，其实不然。在将档案工作的"软件"外包出去的同时，实际上也等于将档案工作的"软件"质量交给了档案中介服务企业。而档案中介服务企业，由于其从业人员的档案业务素质参差不齐，对档案规范标准的把握也就有了差别，特别是对地方标准的掌握有些力不从心，甚至张冠李戴。例如，有个河南的单位要达标升级，就外包给了一家非河南的有名的档案中介服务企业，结果在把握档案保管期限方面出了问题。这家档案中介服务企业是按照国家档案局《机关文件材料归档范围和文书档案保管期限规定》来划分档案保管期限的，国家档案局的《机关文件材料归档范围和文书档案保管期限规定》对保管期限的划分实行的是"三分法",而河南的是《河南省文书档案保管期限表》,其中对保管期限的划分实行的是"两分法"。结果是这家档案中介服务企业全是按照国家档案局的"三分法"对保管期限划分来整理档案,完全不符合河南的标准,最后只有全部返工。这只是被档案业务指导人员检查出来了,如果没有检查出来,等到该单位的档案进馆后,问题还会冒出来,这样的达标升级不仅没有给档案工作带来方便提高质量,反而留下了隐患。其三,弱化了档案人员的业务素质。如果长期实行档案工作外包,特别是将档案立卷(归档文件整理)以及选择保管期限外包,那么,长此以往档案工作人员的档案业务素养就会大大降低。像挑选什么档案保存,如何划分保管期限、整理档案,这些都应该是一个档案人员的基本功,只有熟练掌握这些技能,并在整理档案中熟练应用,才能对熟悉室藏档案有作用。外包不仅废了档案人员的基本功,而且把档案的选择权交给了外包企业。这有可能会影响到单位的档案工作实际作用的发挥。

考评式提升档案工作还有一个弊端就是可能会增加被考评单位的负担。因此,与之相同的考评活动屡次被国家叫停,考评式提升档案工作也随着全国的统一号令被叫停。此后,档案部门改变方式,采取自愿的原则,并且将定级升级改为认证,但还是被叫停了。最近几年,该项活动又改以档案业务评价的形式进行。如2018年浙江省档案局出台了《浙江省市县级国家综合档案馆业务建设评价办法》(浙档发〔2018〕26号),就是此类形式的表现。

三 日常式推动档案工作的影响

(一)日常式推动档案工作的利

日常式推动档案工作是档案业务指导人员经常使用的一种指导方法,也是规范档案工作量最多的一种方式,对档案工作产生了重要的影响,其有利之处有三个方面:

1. 随时性

立档单位在日常档案工作中有了问题,档案业务指导人员可以随时进行指导。既可以上门指导，又可以通过电话、微信等进行指导。档案业务指导人员也可以在日常的检查工作中发现问题，随时指导解决。如在一年一度的归档文件整理工作中，一般都有检查指导归档文件整理工作，在检查指导中就可以发现问题并随时帮助解决。

2. 针对性

日常式推动档案工作所解决的大都是有针对性的问题，很少有多项问题或者全面的问题。即便是指导立档单位定级、升级这样具有全面性的工作，日常式指导也是一个问题一个问题地指导规范，而不是一下子把所有的问题都一次性地办结。日常式推动档案工作指导最多的问题是一年一度的归档文件整理工作，这是非常有代表性的针对性的日常式推动档案工作。针对性的日常式推动档案工作最大的优点是能够集中时间集中精力解决一个问题，这也是日常式推动档案工作最经常应用的一种指导规范档案工作的方法。

3. 灵活性

灵活性是日常式推动档案工作的另一个优势，它可以是多种多样的方式方法，档案业务指导者可以根据需要灵活选用。总有一种方法可以激发被指导者的档案工作热情，使之提高档案业务素质，并将其所掌握的档案工作方法运用到规范档案工作中去。

日常式推动档案工作的方式方法大致有以下几个方面：

1. 会议型指导

由档案主管部门召开会议，有计划、有目的地召集各个机关、企业事业单位等部门的档案人员以及主管档案工作的领导，对档案工作的有关事宜进行部署、传达、研究、总结、交流、学习。通过与会者的共同商量，交流思想，互通信息，互相补充，集思广益，统一思想，明确方向。根据会议内容和规格的不同，可以将档案业务指导会议分为工作会议、座谈会、研讨会、经验交流会等。

2. 咨询型指导

指导者与被指导者通过各种方式询问和答复，及时沟通和解决面临的问题，具有随机、灵活和效果明显的特点。它是一项经常性的、重要的档案业务指导工作,也是档案业务指导中见效最快、对基层档案工作帮助最直接的形式。

3. 示范型指导

档案主管部门选取在档案工作中成熟的技术、工作成果、典型经验和工作样板,并向所在区域各单位演示、展示、宣传和推广,能够起到其他方式所不具有的实际效果。

4. 电信载体型指导

电信载体型指导就是运用计算机技术、信息技术、网络电子通信技术相结合的方式进行档案业务指导,具有简捷高效的特点。最常用的如电话(固定的、移动的)、微信、电子信箱等,可以随时随地方便高效地进行档案业务指导。

(二)日常式推动档案工作的弊

其不利之处有五个方面:

1. 不系统

在日常式推动档案工作中,被指导者提出的问题多数是随机的、临时的和具体的,具有零散性,档案主管部门人员无法给予被指导者以全面的系统的档案业务规范知识。

2. 被动性

在日常式推动档案工作中,被指导者提出什么问题,档案业务指导者就回答什么问题,档案业务指导者没有主动权。档案业务指导者除了工作会议、经验交流会指导以及示范型指导具有主动权外,其他情况下,档案业务指导者基本没有主动权,只能被动适应。

3. 反复性

在日常式推动档案工作中,由于机关、单位档案工作人员变动或者档案接受、整理的标准把握等,相关人员会经常或者反复询问档案主管部门人员各种或者同一问题,后者需要及时作答。例如,一年一度的归档文件整理指导,几乎年年都要重复,因为一些单位的档案工作人员调动频繁、兼职过多,每年都会有不少档案管理岗位被换成新的档案员,就算不换,也有一些档案员会问去年同样的问题。

4. 效力弱

由于档案业务指导并不具有强制性，加上档案业务标准都是推荐性标准，档案业务指导者只能通过引导、建议、协商等形式进行指导、诱导被指导人员遵循档案法律法规、标准规范以及规范性文件的规定和要求，其效力和作用是有限的。

5. 依赖性

由于档案业务指导的效力弱，加上一些单位的档案工作人员调动频繁、兼职过多，专业思想不够牢固，档案业务不够熟悉。"档案业务指导人员常抱怨基层档案人员业务素质不高，不能独立完成每年的归档文件整理工作任务，而只好越俎代庖，以上门服务代替业务指导，使档案业务指导变了味，由授之以'渔'，变成了授之以'鱼'。"[①] 为了保证归档档案质量，档案业务指导人员不得不一边指导一边亲手操作，久而久之，立档单位的档案人员也看出了门道，于是立档单位的档案人员就产生了依赖性，名义是提问题需要指导，实际是让档案业务指导人员帮助档案整理，最后演化为档案业务指导变成了档案整理。而且，这并不是一两个地方的特殊现象，在全国可以说是普遍现象，这种现象的披露屡见于诸报刊。久而久之，"机关档案员的素质得不到提高，而且依赖思想越来越重，随着档案业务指导工作中越俎代庖现象的产生，逐渐形成了越是业务指导人员包办，指导对象就越不主动干和越没有能力干，而越是指导对象不干，业务指导人员就越需要包办的恶性循环。"[②] "从档案资料的收集、立卷、归档等，样样都成为业务指导人员的工作。"[③] 从中可以看出，由档案业务指导人员代替被指导单位整理档案并非个别现象，而是一种普遍现象。因而，就有学者发出感叹："如果我是其他单位的领导，我就不配档案员，兼职的也不要，反正到时候档案局的人会来干；如果我是其他单位的档案员，我也不学，反正到时完不成任务，

[①] 刘银华：《数字环境下档案业务指导面临的问题》，《档案管理》2010年第3期。
[②] 许小林：《谈谈当前业务指导工作中存在的问题及解决办法》，《湖南档案》1995年第1期。
[③] 吕刚：《县级档案业务指导工作存在的问题及对策》，《档案学研究》1995年第1期。

档案局的人比我着急。"① 依赖性的弊端也就由此产生。

第三节 对档案业务指导影响档案工作规范体系建设的思考

档案业务指导在档案工作规范体系建设中处于档案法律法规规章及档案规范性文件直接作用于档案工作的"最后一公里",是将档案法律法规规章及档案规范性文件落到实处的重要环节。

一 从考评式提升看档案工作规范体系建设

从《河南省机关档案工作规范化管理认证标准》依据分析可以看出,其中的绝大部分内容都有相关的档案法律法规标准及档案规范性文件依据。在40条标准中,有37条都有具体的依据,占92%;其他3条,也都有相关的依据。可以说考评式提升档案工作是档案法律法规标准及档案规范性文件规制档案工作的系统化,在档案工作规范体系建设中具有重要的地位与作用。

(一) 对考评结束后档案工作"滑坡"问题的思考

最早提出考评结束获得升级荣誉后出现的档案业务"滑坡"问题的是鞠文华。他在1991年就提出:"少数档案馆在达标升级之后,在局、馆调整任务、调整力量时,过多地抽了档案馆的人,使一些行之有效的管理形式和管理方法因此而名存实亡或干脆作罢,有些档案馆又回到了达标升级之前的状态。"② 随后,有不少研究者也探讨了这个问题。

针对考评式规范档案工作的定级升级活动中出现的"滑坡"现象,有学者建议:"为巩固发展达标升级成果,机关档案达标升级活动,可建立一年一次复查制度,对'滑坡'单位限期改进,否则取消升级证书。"③ 一些省虽在出台档案工作定级、升级办法时也制定了应对措施,

---

① Zhz、一束草根、泊客:《越俎代庖的原因之一》,《档案管理》2007年第5期。
② 鞠文华:《档案馆达标升级活动漫谈》,《档案工作》1991年第6期。
③ 徐向鸿:《达标升级要力戒形式主义与短期行为》,《云南档案》1992年第6期。

但是仍没有制止这一现象的发生。

通过修改档案升级办法,各省都规定了"届满制"或复查制度。如2006年修改后的《河南省机关档案工作规范化管理认证办法》(豫档文〔2006〕54号)第十三条规定:"认证等级证书有效期为五年,在五年内对不能保持认证等级标准的单位,同级档案局要责令其限期整改,到期仍未整改的,作降级处理或收回等级证书;五年届满,由原认证单位组织复核,根据其实际水平认证相应的等级标准。"

尽管档案工作的定级、升级实行"届满制"或复查制度,但"滑坡"现象依然没有得到很好的解决。事实上,虽然实行了"届满制"或复查制度,但是达标升级工作是锦上添花,而"届满制"或复查制度就有挑毛病的意思。所以,在许多地方"届满制"或复查制度是形同虚设的,基本上既不开展届满复核,又不开展复查工作。

对此的建议是,改定级升级或达标、"届满制"或复查制度为先进制、评选制。也就是对于符合一定标准的档案馆、档案室授予先进称号,先进称号只代表对过去取得成绩的肯定,而不代表对未来情况的承认,不存在有效期的问题。这同样有激励的作用,也不失考评式提升档案工作的竞争性和荣誉性。这样可以避免仍然顶着达标单位的名称,但在有效期内出现"滑坡"现象造成的尴尬,也避免了有复查复核制度形同虚设的现象。这种先进称号的评选可以与先进单位评选结合在一起,也可以单独列为评奖项目。评选有两种方法可选择:一种是一年一评选。评选可以与一年一度的综合考评结合在一起,也可以单独列为评奖项目。这样的评选可以与一年一度的归档文件整理检查结合在一起,在其中好的单位中最后检查考评选定。另一种是五年一评选。可以与五年一度的先进单位评选结合在一起,也可以单独列为评奖项目。每年都要进行检查考评,最后根据每年检查考评的结果,在连续五年检查考评中的最好单位中选定,也就是将原来的一次评审定"终身"和评审后的复查,分散到获得荣誉称号的前面进行,将复查前移,避免出现复查制度形同虚设的现象。另外,实行先进名额数量限制,一般掌握在10%—30%,根据时代的发展、整体水平情况做适当调整,也可以根据情况随时调整,不追求达到多少比例,也不追求"一片红",做到宁缺毋滥。

（二）对考评式提升档案工作中"标准"问题的思考

考评式提升档案工作的定级升级标准单一,形成了事实上的"一刀切"。尽管有些省将考评标准分为省级、地（市）级和县（区）级,但仍然有"一刀切"的嫌疑。这样的达标定级、升级标准实际上是等于将一些小单位排除在考评式规范档案工作的定级、升级活动之外,变成了大单位、实力雄厚单位的"游戏",违背了开展考评式规范档案工作的定级、升级活动的初衷。

要避免上述现象的发生,让考评式提升档案工作的定级升级活动回归全面提升档案工作的初衷。其一,分级分类细化考评式规范档案工作中的"标准"。也就是在原来分级（分省、市和县级,省、市和县级中又分一级、二级）、分类（机关、企事业单位、档案馆）的基础上,继续细化。如在县级机关类的一级、二级中再加一个层次,即按照机关的大小分类,如按照机关的总人数和每年产生档案的数量为标准进行分类,根据当地的具体情况可分为两类或者三类不等,其他的类推。目的是将所有的单位都纳入考评式提升档案工作的定级升级活动中,使所有的单位只要努力提升档案工作标准都有可能进入达标升级的先进行列。其二,在考评式提升档案工作"标准"中对"硬件"的要求和分值应分级分类细化。对省级、大单位、实力雄厚的单位,对"硬件"的要求和分值应相对高一些;而对县级、小单位、财力有限的单位,对"硬件"的要求和分值应相对低一些。

二 从日常式推动看档案工作规范体系建设

除了上述所说的弊端,日常式推动还存在一些普遍问题：

（1）档案业务指导的目的不明确。档案业务指导的目的是落实档案法律法规标准及档案规范性文件对档案工作的规范。但从实际运行过程和结果看,档案业务指导大多数情况下都是围绕着档案部门的中心工作来进行的。考评式提升档案工作的定级升级活动虽然具有积极意义,但它是阶段性的,不是经常性的工作。档案业务指导的目的是将档案法律法规规章及档案规范性文件对档案工作的规范落实到每一个单位的每一项档案工作中去。

（2）档案业务指导思想陈旧。"由于长时期封闭、保守思想的影响，使指导人员跻身于有限的区域和战线，反复片面地弹奏着整理、立卷——立卷、整理的乐章，人为地将自己限制在传统的整、装、订的圈子里"[①]，淡化了对其他档案工作规范标准贯彻执行的指导。

（3）档案业务指导方法落后。在市、县级档案业务指导工作中，大都是沿用传统地实地示范操作的方法，甚至越俎代庖包办所有的档案业务工作，很难发挥基层档案人员的积极作用。由于基层档案业务指导人员很难得到系统培训，导致知识陈旧、老化，缺乏创新和活力。

（4）理论与实践的有机结合还需要加强。"一些档案业务指导人员对有关的档案业务标准、办法理解得不深不透，对如何结合本地实际情况贯彻业务标准、办法和进行指导研究得不够，工作中往往靠经验，而对存在的问题研究不够，不能及时将工作实践中的经验教训从感性认识上升到理性认识，这些都是理论与工作实践不能很好地相结合的表现。"[②]

以上问题不仅影响了档案业务指导作用的发挥，也影响了档案法律法规标准及档案规范性文件对档案工作的价值和意义。为此，应该采取下列措施：

（1）明确档案业务指导的目的。深入学习档案法律法规，明确档案业务指导的职责，要认识到《档案法》是一部规范档案工作的法律，档案业务指导是档案法律赋予的职责，档案业务指导的目的就是要指导各个立档单位的档案工作按照档案法律法规标准及档案规范性文件对档案工作的要求去做。

（2）思想观念要与时俱进。现在我们正处在一个不断深入推进依法治档和档案治理现代化的时代，必须跟上时代的发展，在思想观念上要

---

① 王耀萍：《档案业务指导工作中存在的问题与对策》，《兰台内外》2011年第3期。
② 毛少伟：《对新时期档案业务指导工作的几点思考》，《档案与建设》2006年第7期。

破除封闭、保守的思想障碍，摒弃陈旧、落后的档案业务指导观念，变封闭为开放，变保守为开拓，强化档案业务指导工作的创新意识。

（3）创新档案业务指导工作机制。要在依法治档的指引下创新档案业务指导工作机制，运用法治的思维来规范档案业务指导行为，采用符合时代发展要求的运行机制开展工作。

（4）创新档案业务指导工作方式方法。要充分认识和考虑依法治档和档案治理现代化的新特点，多做调查研究，少发号施令；多提供服务，少行政干预，如运用柔性管理的档案业务指导新方法开展工作等。

（5）提高档案业务指导人员的素质。其一，要加强学习，努力成为档案业务指导工作的行家里手和创新型人才。其二，要勤于实践，积极投身于新时代档案工作实践中，坚持在实践中增长工作才干。其三，要增强档案业务指导的具体能力建设，做一个合格的业务员。

（6）加强理论与实践的有机结合。作为档案业务指导人员，其一，要加强对档案业务规范标准的学习，深刻领会其内涵，并结合本地实际情况将档案业务规范标准贯彻到实际的档案工作之中。其二，由于在许多新领域或某些领域尚无档案法规及标准规范，档案业务指导人员就要善于借鉴、勇于探索，总结经验并反映给上级部门，等条件成熟时，再将其上升为档案法规及规范标准。

三　从档案业务指导看档案工作规范体系建设中的"规范标准"

有关规范档案工作的档案法律法规规章及档案规范性文件适应不适应档案工作的实际需要，从档案业务指导的难易程度上最能反映出来，因此，档案业务指导也是观察档案工作规范体系建设中的"规范标准"是否合理的一个窗口。

（一）对档案工作规范体系建设中"规范标准"的思考

档案工作规范体系中的"规范标准"基本上都是推荐性标准，推荐性标准可以理解为不具有强制性，而不具有强制性的推荐性标准还可以理解为最高标准要求，因为强制性标准要求必须做到，也就意味着是最低要求标准，否则就没有强制的必要了。从这一方面来看，档案业务指导都是按照最高要求来规范档案工作的。如果这一认识是正确的，就很容易解释考评式提升档案工作的定级、升级活动和日常式推动档案工作中出现的弊端现象。

1. 两类标准概述

（1）考评式提升档案工作定级升级活动标准

考评式提升档案工作的定级升级活动依据的是有关档案工作的"规范标准"，不是具体的"规范标准"，而是依据这些"规范标准"内容细化为考评式提升档案工作定级、升级活动的标准。如《河南省机关档案工作规范化管理认证标准》40条标准中，有37条都有具体的规制依据，占92%。如果我们把《河南省机关档案工作规范化管理认证标准》依据的"规范标准"看作是对档案工作的基本要求的话，就等于说按照《河南省机关档案工作规范化管理认证标准》达标的只不过是各类档案规范标准的基本要求，是档案工作必须做到的。如此来说获得92分的才能算是基本达到档案工作规范标准的要求。也就是说达到一级标准的才算是及格，二级以下的就都不算是达标了。但是，事实上开展考评式提升档案工作的定级升级活动，制定"机关档案工作等级标准""企事业单位档案工作等级标准"和"档案馆工作等级标准"，就是要制定一个较高的档案规范标准来通过竞争和荣誉引导其做好档案工作、规范档案工作。这是不是反证规范档案的规范标准都是推荐性标准，是最高要求，是档案工作努力的方向，而不是档案工作部门必须做到的。

然而，《河南省机关档案工作规范化管理认证办法》（豫档文〔2006〕54号）第五条规定："河南省机关档案工作规范化管理标准由省档案局制定，采用100分制。96—100分为省特级，91—95分为省一级，81—90分为省二级，70—80分为省三级。省特级为目前机关档案管理最高等级，省一级为高等级，省二级为较高等级，省三级为起点等级。"也就是说达到70分的就达到省三级标准，就可以获得先进荣誉称号。但是，"其中带※的为机关档案工作必备项，无论认证与否，都应具备这些基本条件"，意味着不管参不参加评审认证，都必须做到。带※的共有27条，占全部的67.5%，分值占69分。就是说立档单位档案工作必须做到的分值离省三级的标准仅有1分之差。如果按照这一标准来看，机关达标升级率应该几乎可以达到100%。因为只有1分之差的距离是经过努力容易达到的，即便是努力了还有1分之差，评审者只要略微松一点就可以达到，更何况评审者大多是指导者，这1分还是会送的。但是，事实上并没有达到100%的升级率。通过档案局和档案室的大力努力，除了个别地方，大部分的机关档案升级率都在50%—70%之间。而在随后的第二轮达标（第一轮的达标升级活动应全国形势要求都停止了，后来大都改为规范化管理认证之类的，其实质还是达标升级，如《河南省机关档案工作规范化管理认证办法》）活动中，其达标率就更低了。即便是第一轮的达标升级活动中的升级率在50%—70%之间，其实，很多都是达不到标准的。否则，就没有达标升级活动中的"形式主义与短期行为""出现了弄虚作假行为""突击达标升级""临时达标升级""'欠账'达标升级"等"为了升级而升级"的现象。

通过上述可以看出，档案部门有一个误区，就是把有关档案工作的推荐性规范标准当作强制性规范标准来对待，认为这个规范标准的要求是必须要做到的，而不是努力的方向。这可以从《河南省机关档案工作规范化管理认证办法》中"带※的为机关档案工作必备项"的涉及除条例以上法律法规和省级以上规范性文件以外的规范标准的条文与分值中看得更清楚一些。《河南省机关档案工作规范化管理认证办法》中"带※的为机关档案工作必备项"中共涉及17条，分值共49分，分别占带※的27条、69分的62.9%和71%，规范标准的内容占了大部分分值。从中也可以看出考评式提升档案工作的定级升级活动矛盾的一面。考评式提升档案工作的定级升级活动本来是竞争性奖励性的激励档案工作向更高层次发展的活动，实际却成了激励档案工作达到最低要求的活动（档案部门认为的必须达到"带※的为机关档案工作必备项"——71%的规范标准要求）。究其原因就在于对档案工作规范体系中"规范标准"认识以及"规范标准"本身上（"规范标准"要求的是高还是低）。按理说考评式提升档案工作的定级升级这类竞争性奖励性的激励活动，其标准应该是50%—60%的档案法律法规（强制性的内容，也就是必须要做到的内容）和规范性文件（有一定强制性的内容，也就是应该要做到的内容）的规定，30%—40%的是"规范标准"（推荐性规范标准而非强制性规范标准，提高档案工作水平的内容）的规定，10%是前瞻性（档案工作负责的方向，有可能纳入"规范标准"但还没有纳入"规范标准"的内容）的规定。后两类是激励性的内容，朝这个目标努力才能起到激励的作用，才有利于按照"规范标准"的方向发展。显然，从考评式提升档案工作的定级升级活动中暴露出来的问题中，有两个问题值得深思：一个是档案人对"规范标准"（国家有关档案方面的"规范标准"和档案行业的"规范标准"）地位的认识；另一个是"规范标准"自身的问题，因此，考评式提升档案工作的定级升级活动可以说是对"规范标准"整体适应性的检验。

（2）日常式推动档案工作标准

日常指导档案工作依据的标准是具体的有关档案工作的"规范标准"。以前在日常式推动档案工作的指导中依据最多的是1987年《机关档案工作业务建设规范》中有关案卷的内容及《文书档案案卷格式》（国家标准 GB/T 9705—88）、1987 版《国家档案局关于机关档案保管期限的规定》和《机关文件材料归档和不归档的范围》，现在是《归档文件整理规则》（国家档案行业标准 DA/T 22—2000）现（DA/T 22—2015）和国家档案局8号令《机关文件材料归档范围和文书档案保管期限规定》，尤其是前者的有关案卷立卷的规范和后者《归档文件整理规则》，其中的每一个细节都是档案业务指导的具体内容的依据。事实上有关案卷立卷整理和归档文件整理的规范标准大都是推荐性的，但大多数档案业务指导或者说档案局（馆）的人员都认为这些是强制性的。然而，不管档案局（馆）的人员如何认识，如何作为，效果始终不够理想。从案卷立卷整理到归档文件整理，虽然简化了整理程序和要求，但基层档案人员不能独立完成案卷立卷整理和归档文件整理工作任务的局面始终没有改变。

从上述内容可以看出，日常式推动档案工作的"规范标准"，不管是推荐性的还是强制性的，它们都有一个共同的特点，就是不易掌握。

是档案整理方法高深莫测吗？如果把这些档案工作的"规范标准"看作是推荐性的最高要求的"规范标准"，而档案整理方法的"规范标准"又高深莫测的话，那么，就可以解释为什么档案业务指导人员怎样指导基层档案人员，都难以使他们熟练地掌握档案整理方法，也就更容易解释为什么考评式提升档案工作的定级升级活动出现那么多的问题了。因为，一两个"规范标准"都使档案人员难以掌握，定级、升级活动标准中的那么多"规范标准"，就更难掌握了。当然，仅仅这样解释日常式推动档案工作的"规范标准"和定级、升级活动标准中"规范标准"，对解决问题并没有多少帮助，除了基层档案人员的档案业务素养不高外，还有没有其他的因由呢？我们认为，这些规范档案工作的"规范标准"本身也是有问题的，也就是说其本身有不合理的一面。

2. 两类标准存在问题分析

（1）考评式提升档案工作定级、升级活动标准存在的问题

对考评式提升档案工作的定级、升级活动标准的"规范标准"来说，它基本上涵盖了机关档案工作的方方面面，是有关机关档案工作的"规范标准"的全面集中体现。可是，其中的大部分内容，平时的机关档案工作是不怎么接触的，但是考评式提升档案工作的定级升级活动就将这些日常不怎么用的"规范标准"化为一分二分等实实在在的分数，要想达标升级，就必须将这一分二分的分值分解完成，这实际上就有难为基层档案工作者的意味了。例如，笔者在为一个立档单位申报特级档案室做指导的过程中，为这个单位的档案人员讲解达标升级的标准，结果竟然把她给说哭了。问她为什么哭，她说没有想到这么复杂，并流露出特别为难的意思。这是个老档案员，做档案工作很长时间了，而且是一个很认真的人。对这样一个档案员尚且如此，对只做了一两年档案工作的档案员来说，问题和困难就可想而知了。为什么会这样呢？为什么那么多的"规范标准"在实际档案工作中并不常用呢？显然，这是规范档案工作的"规范标准"存在问题。

以《机关档案工作业务建设规范》为例来分析。选择《机关档案工作业务建设规范》是因为它本身规范的内容很多，规定得很细，在考评

式提升档案工作的定级、升级活动的标准中占的分值也很多。它的最大问题在于涉及的面广而又细致，而没有考虑机关规模大小对档案工作的影响及存在的差异。如《机关档案工作业务建设规范》规定："6.2 机关档案部门必须编制《案卷目录》，并根据利用工作的需要编制档案著录卡片或专题文件目录（卡片）等。"考评式提升档案工作的定级升级活动标准就以此为依据规定了"编制有文书、会计、声像（照片、录音带、录像带）、科技（基建、设备）、荣誉、电子和其他业务档案目录和专题目录等档案检索工具"（《河南省机关档案工作规范化管理认证标准》），而不考虑机关和机关档案工作规模的大小。这就带来了问题，有学者指出：其"检索工具太烦琐。有些小单位一年产生的文件不到50份，组成案卷也不过四五个，可编制的检索工具却有二三十本，出现了检索工具数量比案卷数量还多的笑话。按照《山西省机关档案工作定级、升级标准》，不论大小单位，单是案卷目录就要按六大类十几个二级类目编十几本，再加上全引目录、专题文件目录、文号索引，检索工具种类繁多，数量巨大，可在实际工作中利用率却很低。我们认为，达标升级一定要从本单位实际出发，检索工具应该具有很强的实用性，不可死抠标准，强求一律"[①]。再如，《机关档案工作业务建设规范》规定："5.1 但机关应根据保存档案资料的数量，设置必需的档案专用库房和柜架；新建单位或新建办公用房，应把档案部门的用房列入基建计划。库房要坚固，并有防盗、防光、防高温、防火、防潮、防尘、防鼠、防虫等设施。"这同样也是不管机关大小，不管其档案工作规模大小的规范。又如，《机关档案工作业务建设规范》规定："6.3 机关档案部门应开展档案史料的编研工作，积极配合有关部门编写全宗介绍、组织沿革、大事记、基础数字汇编、发文汇集和专题文件汇集等。"而"50%的单位一般每年都在10卷左右，加上其他门类的档案，10年也不过150卷上下"[②]，这对于县级机关单位来说已经是很多的了，实际上还有很多

[①] 李注、陈波：《档案达标升级工作的十个问题》，《山西档案》1998年第5期。
[②] 谈云波：《机关档案工作达标升级问题的再探讨》，《档案管理》1996年第2期。

县级机关单位每年产生的档案大都在5卷（盒）左右，人员在5—10人之间，这样小的机关，有多少大事？有多少基础数字可以汇编？需要编发文汇集吗？严格意义上说他们没有这种需求。实际上绝大多数市级以下的机关单位的这种需求都不大，所以才会有机关档案人员不知道还有编写全宗介绍、组织沿革、大事记、基础数字汇编、发文汇集和专题文件汇集等任务，更不知道如何编写的现象。

  从以上分析可以看出，机关单位的大小、产生档案的多少与其对档案工作的需求是不一样的，差异明显。一个国家部委的机关档案室一年接收的档案数量可能是一个市、县级机关档案室二三十年才能接收的档案数量，显然不是一般的差异，而是非常大的差异，因而，我们建议应该出台有差异性的《机关档案工作业务建设规范》。2018年发布的《机关档案管理规定》是升级版的《机关档案工作业务建设规范》，共有9900字，1987年发布的《机关档案工作业务建设规范》，共有3800字，前者是后者的1.5倍，主要是增加了规范机关档案工作业务的内容，规定得更为细致。《机关档案管理规定》虽然也有区别对待"县级或形成档案数量较少的机关"的意思，在《机关档案管理规定》里只提到四处，但都与档案工作本身没有关系，基本都是"硬件"问题。例如：《机关档案管理规定》第八条规定："经同级档案行政管理部门同意，办公地点相对集中且条件成熟的县级或形成档案数量较少的多个机关可以成立联合档案工作机构，对相应机关的档案进行集中管理。"第九条规定："县级或形成档案数量较少的机关可以综合考虑工作量等情况，配备适当数量的专（兼）职档案工作人员。"第十四条规定："县级或形成档案数量较少的机关设置库房以外其他档案用房时，可以按照办公、整理、阅览等基本功能分区设置。"第二十二条规定："县级或形成档案数量较少的机关按照本规定第十九条至第二十二条配备基础设施设备的，应当满足温湿度调控、消防、安防和信息化工作的基本需求。"第八条联合档案工作机构的问题，需要协调很多部门和问题（房屋、人员、经费、管理等），不是一时半会儿就能解决的。第九条的问题，实际上大多数单位能配备1名兼职档案工作人员已经相当不错了，有少数单位能配备1名专职档案工作人员就很"奢侈"了,不可能配备适当数量的专职档案工作人员。第十四条的问题,意味着有专用的档案库房,其他的用房可以合并。实际上县级机关基本上有一半左右的单位没有单独的档案室(库房),更不可能奢望在档案库房外加一间办公、整理、阅览等合在一起的房间了。就是市级机关也有相当多的单位没有单独的档案室(库房)。第二十二条的问题,要求单独的档案室(库房),这一条基层单位根本就做不到。由此可见,《机关档案管理规定》根本就起不到差异化规范档案工作的作用。

我们建议,《机关档案工作业务建设规范》应当采用分级、分类、分数量进行规范。就机关档案工作规范分级来说,可以分为四级,即中央国家级机关、省(自治区)级机关、市(地)级机关、县(区)级机关四级,并分别制定规范标准。就机关档案工作规范分类来说,有些类型的机关与同类别的机关相比其专业档案很多,如民政部门、法院、养老保险部门等;就机关档案工作规范分数量来说,在同级别的机关中其每年产生的档案数量的差异有很大的区别,每年产生档案数量多的如政府办、发改委等,每年产生档案数量少的如文联、宗教部门等,尤其是在市级以下的机关中其差异更加明显,档案数量可以相差数十倍。

《机关档案工作业务建设规范》只是众多档案工作"规范标准"的一种,其存在的问题在其他规范档案工作的"规范标准"中同样存在。因此,对涉及规范档案工作的所有"规范标准"进行梳理,凡是影响差异式规范档案工作的"规范标准"都应该进行修订,使之成为分级、分类、分数量的规范档案工作的"规范标准"。这样才能真正发挥既规范档案工作,又真正提高档案工作水平的作用。

(2)日常式推动档案工作标准存在的问题

以归档文件整理(立卷)为例,分析日常式推动档案工作的"规范标准"存在的问题。

2000年之前称为立卷整理,2000年档案行业标准《归档文件整理规则》(DA/T 22—2000)出台之后,就改称归档文件整理了。将立卷整理改为归档文件整理的目的之一就是"缓解机关档案工作压力","调查表明，在省级机关，档案工作人员每年要拿出 3 个月乃至半年的时间用于立卷；文件形成量较大的机关则往往刚立好上年度的案卷，下一个年度的立卷任务又接踵而至。而现实情况是机关专职档案人员的配备往往得不到保证，尤其是基层单位负责档案工作的常常是兼职人员，繁重的立卷工作占用了他们的大部分时间，使归档文件整理工作的质量往往得不到保证。另一方面，由于立卷工作繁杂，难以熟练掌握，各机关立卷人员流动性又大，常常是刚熟悉立卷工作又被调岗，使得立卷方法'常讲常新'，整理工作质量却始终得不到保证。调查显示，有的地方在 100 多个市直机关中，能基本按要求完成立卷工作的单位只有四五家。有的单位由于档案人员不能按要求完成文件整理归档工作，不得不每年定期外聘人员协助立卷。这种状况在某些地方已形成恶性循环。"① 这就是上文所述的档案业务指导工作渐渐变成了包办代替。归档材料的收集、立卷等，都成为档案业务指导人员的工作。"《归档文件整理规则》（以下简称《规则》）采用与传统立卷方法完全不同的思路，从'简化整理、深化检索'出发，对归档文件整理工作的许多环节进行了调整或简化，使《规则》体现出了鲜明的特点。""《规则》的颁布实施，满足了机关简化手工劳动的要求，在保证归档文件整理工作质量的同时，减少了人力占用，缩短了工作时间，提高了工作效率。同时由于其方法简便，也更容易被机关文档人员理解和掌握。这就为机关档案工作以自身改革来适应新的形势打下了良好的基础。"② 可以说简化整理是《归档文件整理规则》最主要的目的之一，这一目的达到了没有？从实践情况来看，尚未达到，依旧是"档案业务指导人员常抱怨基层档案人员业务素质不高，不能独立完成每年的归档文件整理工作任务，而只好越俎代庖，以上门服务代替业务指导，使档案业务指导变了味，由授之以'渔'，变成了授之以'鱼'。"③ 基本上与实行立卷整理时一样，没有任何改变。这说明什么呢？说明这种整理方法并没有简化到"方法简便，也更容易被机

---

① 郭树银主编：《归档文件整理工作指南》，中国大百科全书出版社 2001 年版，第 14—15 页。
② 郭树银主编：《归档文件整理工作指南》，中国大百科全书出版社 2001 年版，第 14—24 页。
③ 刘银华：《数字环境下档案业务指导面临的问题》，《档案管理》2010 年第 3 期。

关文档人员理解和掌握"的地步，说明与传统立卷方法没有两样，说明《归档文件整理规则》依然烦琐且不易理解和掌握。结合笔者的档案业务指导生涯来看，在推行归档文件整理的十几年里，只遇到过一位通过公务员考试招录的本科生，仅仅通过一本《归档文件整理方法》小册子，就掌握其整理方法来整理归档文件而没有出差错的。其他的人员虽然经过培训和多次指导，但仍然出现了这样或那样的差错。这都说明《归档文件整理规则》依然烦琐而不够简化。2015版的《归档文件整理规则》（DA/T 22—2015）对2000版的《归档文件整理规则》进行了修订，说是"《规则》的修订继续秉持'简化整理、深化检索'的理念，在整理上以不增加不必要的手工劳动为原则，在检索上以适应信息条件下的归档文件信息管理和利用的新需求为目标，在丰富和完善归档文件管理信息、拓宽检索途径、更加高效便捷提供档案利用方面进行了探索"[1]。但是，实际上并没有做出进一步的简化，反而从2000版的1700字增加到2015版的4300字，增加了1.5倍。主要修订内容："优化整理流程，细化操作指引"，"新《规则》增加或细化了修整、装订、排架等步骤的操作指南，详细规定了归档章、归档文件目录中各项目的填写要求与方法"，"增加档号内容"，"明确装订要求"，"增加页码编制要求"[2] 等，从这些增加的内容来看，多数都是增加整理的烦琐程度。就是增加的"合理"内容也有商榷的地方，如按照"全宗号—档案门类代码—年度—保管期限—机构（问题）代码—件号""Z109-WS-2011-Y-BGS-0001"的要求增加档号内容。这样复杂的代号，完全是按照大机关或产生档案多的机关设计的，并且是从档案馆的角度出发制定的。就这一串长长的夹杂着字母与数字的代码，看着都眼晕。像"全宗号"这是档案馆的管理方法，机关档案室一般不需要，尤其是定期类不进馆的档案更不需要。再如，像一个县文联一年也就产生十几二十几份需要归档

---

[1] 丁德胜：《〈归档文件整理规则〉修订背景、思路与内容（之一）》，《中国档案》2016年第10期。

[2] 丁德胜：《〈归档文件整理规则〉修订背景、思路与内容（之一）》，《中国档案》2016年第10期。

的文件，只有文书类的没有其他类的文件，也没有其他内设机构，需要那么复杂的档号吗？又如，规定"装订"方法需要那么细吗？使用"两孔一线""四孔一线"装订行不行？它们与"直角装订""三孔一线"装订有多大区别呢？能影响对档案的阅读和保管吗？总之，这样"继续秉持'简化整理、深化检索'理念"的2015版《归档文件整理规则》并没有简化，也没有解决归档文件整理难的现状，反而增加了难度。

从不同机关单位的实际出发，应该出台真正简化版的《归档文件整理规则》，真正简化到"方法简便，也更容易被机关文档人员理解和掌握"的程度。可以采用分级进行规范，即分为四级——中央国家级机关、省（自治区）级机关、市（地）级机关、县（区）级机关四级，或者两类——省（自治区）级机关以上的、市（地）级机关以下的，从中央到县级由繁到简分别制定了不同要求的档案整理规则。

（二）对档案局馆分设后的档案业务指导"标准"的思考

2018年档案机构改革后，档案局馆分设，即分机构、分职能，理顺关系，开启各自依法履职的新模式。随着形势的变化，原来的档案业务指导模式和运用的"标准"也会随之发生改变。

1. 档案局馆合一下的档案业务指导"标准"回顾

长期实行的档案局馆合一体制，其档案业务指导及其标准必然带有这种体制的痕迹。档案局馆合一，使得档案局馆业务不分，大到以档案局的行政命令出台《档案馆接收档案办法》或者《档案馆接收档案标准》，小到要求档案室整理的档案盒上要盖好具体全宗号章，就是这种理念或者说是任务的反映。

将《档案馆接收档案标准》带进档案业务指导规范档案工作的"规范标准"是很自然的。所以，就有了这样的认识："在档案业务指导工作中一定要明确重点。各级综合档案馆是档案事业的主体，是永久保存档案的基地。档案馆所保存的档案不是自身形成的，是依据有关法律法规按照一定进馆序列由各级档案室定期向档案馆移交的。因此，档案业务指导的重点应放在进馆范围内的立档单位上，从而把好进馆档案质量的关口。"① 甚至还有的将档案业务指导不按照进馆档案标准指导作为档案业务指导的失范现象加以批评，如"积累档案史料的方式是机关完成年度立卷归档任务，档案在本单位档案室保存一段时间后向档案馆移交。所以机关年度立卷的质量直接关系馆藏档案的质量。目前档案室工作和档案馆工作脱节现象比较严重。指导人员不是从为档案馆积累高质量档案的角度出发，而是为完成工作任务和应付上级的检查，所以上级业务部门和领导那里过得去，工作任务也就算完了。至于接收是馆内人员的事，所以出现一些单位档案质量不合格，甚至不立卷的情况，特别是应归档文件材料不齐全的问题，待到档案馆接收时再弥补，因时过多年，多数无法补救。按规定不合格档案应由立档单位整理好后向档案馆移交，可是质量差或不立卷单位档案人员多数不能独立立卷，因此，而对到期应接收进馆和撤并单位的不合格档案，档案馆人员只能亲自指导、帮助整理，或者降低标准，将不合格档案接收进馆，因而造成馆藏档案质量不高、先天不足"②。可见以进馆档案标准对档案业务指导"标准"的影响有多深。

以进馆档案标准为"标准"不仅表现在档案业务指导中，还体现在规范档案工作的"规范标准"之中。如2015版的《归档文件整理规则》中的档号规定就包括"全宗号"，而"全宗号"是档案馆的档案管理方法，机关档案室基本不需要，机关档案室定期类不进馆的档案和一些不是进馆范围的单位更不需要。2015版的《归档文件整理规则》规定的适用范围是："本标准适用于各级机关、团体、企事业单位和其他社会组织对应作为文书档案保存的归档文件的整理。其他门类档案可以参照执行。"这里并没有说是只适用进馆范围的档案，这里的立档单位也不都是进馆范围的立档单位。但是，"全宗号"明显的是为进馆范围的立档单位而设置。这样的规范档案工作的"规范标准"也为局馆分设后档案业务指导"标准"的莫衷一是埋下了伏笔。

---

① 冀春生、王运平、廉学波：《关于档案业务指导工作中若干问题的思考》，《档案天地》2002年第2期。

② 白玉爽：《档案业务指导工作中存在的问题及对策》，《档案天地》1997年第5期。

局馆合一下的档案业务指导"标准"的另一个问题是，档案局只对档案室进行业务指导，对同级档案馆是不会实施档案业务指导的，因而，也就没有对同级档案馆进行业务指导的"标准"。

2. 档案局馆分设后对档案室业务指导的"标准"

在局馆合一体制下的档案业务指导实际是以档案馆进馆档案的标准为"标准"的指导。现在局馆分设了，档案业务指导属于档案局的职能，档案馆成为档案局的档案行政管理相对人，档案馆与档案室是同等地位的档案行政管理相对人。档案局与档案馆是监督管理与被监督管理的关系，2020版新修订的《档案法》第六章"监督检查"中第四十二条明确规定"档案主管部门依照法律、行政法规有关档案管理的规定，可以对档案馆和机关、团体、企业事业单位以及其他组织的下列情况进行检查……"，在事实上明确了档案局与档案馆的这种监管与被监管的关系，也明确了档案馆与档案室（机关、团体、企业事业单位）是同等地位的被档案局监管的对象。这时，档案局如果再以档案馆进馆档案的标准为"标准"进行指导，就有违法和偏袒之嫌。因此，档案局应当放弃以往几十年形成的以档案馆进馆档案的标准为"标准"的指导，必须采用以规范档案工作的"规范标准"为"标准"的档案业务指导。

档案主管部门对档案室的业务指导"标准"可作如下理解：

其一，对档案的整理、管理，以推荐有关规范档案工作的"规范标准"为"标准"，即全部采用国家档案标准、行业档案标准、档案工作业务规范等。既不设其他标准，尤其是不再出台《档案馆接收档案标准》之类的标准，又不推荐其他标准，更不强迫使用其他标准。引导机关单位档案工作者逐步熟悉国家规范档案工作的有关"规范标准"，并自觉按照这些标准整理、管理档案。

其二，兼顾档案馆的需求，允许档案室自由选择档案整理方法。2020版新《档案法》第十五条规定："机关、团体、企业事业单位和其他组织应当按照国家有关规定，定期向档案馆移交档案，档案馆不得拒绝接收。"因此，档案业务指导部门要兼顾档案馆和移交单位各自的需求。对于有档案进馆义务的立档单位，对其需要进馆的那一部分档案，尽量推荐其使用有关的国家规范档案工作的"规范标准"来整理。对不需要进馆的档案，比如保管10年期限的档案，可以不按有关的国家规范档案工作的"规范标准"整理，或者说放宽有关国家规范档案工作的"规范标准"的要求，可以自由选择其他档案整理方法。对于那些没有进馆档案义务的单位，允许其自由选择方法整理档案，但必须做到整理有序，有目可查，这是最基本的要求。

其三，在一定范围内允许档案室自由选择归档内容及保管期限。对于那些有进馆档案义务的立档单位，对其需要进馆的那一部分档案，尽量做到既保证单位的需要，又兼顾国家档案局8号令《机关文件材料归档范围和文书档案保管期限规定》。对于那些没有进馆档案义务的立档单位，可以允许他们参考《机关文件材料归档范围和文书档案保管期限规定》自由选择归档内容及保管期限。

其四，探索档案室规范档案工作的规范化管理新方法。档案室规范档案工作的规范化管理新方法要以服务档案室所在单位为目的、兼顾档案馆的需求，并进行档案室规范档案工作的档案管理规范化探索，引导档案室不断提高档案管理规范化水平和服务本单位档案利用的能力。

其五，对相关档案室的规范档案工作的"规范标准"进行修订。从上述对2015版《归档文件整理规则》分析来看，在规范档案工作方面明显存在着与2020版新《档案法》相悖的地方，应当对2015版《归档文件整理规则》涉及规范档案工作的"规范标准"部分作出相应的修订，以贯彻档案法和顺应局馆分设后各自依法履责的现实。

3. 档案局馆分设后对档案馆业务指导的"标准"

局馆合一的体制，档案局对同级综合档案馆的业务指导无从谈起。档案局不对同级档案馆进行业务指导，几乎就是"潜规则"。2020版新《档案法》已经明确了档案局与档案馆的监督管理与被监督管理的关系，因此对档案馆的档案业务指导也就成为档案主管部门必须履行的职责。档案主管部门对档案馆的业务指导"标准"应作如下理解：

其一，倡导"贯标"，推动档案馆工作标准化。指导档案馆以贯彻有关规范档案工作的"规范标准"为唯一"标准"，即全部采用国家档案标准、行业档案标准、档案工作业务规范等，不设其他标准，也不推荐其他标准，更不强迫使用其他标准。

其二，鼓励档案馆创新，探索适合自身馆藏档案管理实际的工作规范。在此过程中，给予相应的指导，总结归纳成功的经验，为国家规范档案工作的"规范标准"修订与制定提供成功的案例。

其三，引导档案馆发展，采用符合时代发展的规范化管理方法。引导档案馆采用符合时代发展需要的规范化管理方法，将会极大地提高档案馆档案管理的规范化和科学化水平，持续提高服务党和国家大局、服务人民群众的能力，进而为国家治理和社会治理现代化做出自己应有的贡献。

第七章 档案行政监督对档案工作的规范

档案行政监督对档案工作的规范是档案主管部门通过档案行政监督的形式将档案法律法规规章及其他规范性文件对档案工作的各项要求贯彻到实际工作之中，使其得以基本规范的过程，它是档案法律法规规制档案工作的保障性环节。档案行政监督的法定性，要求档案行政监督者必须在法律规定的职责范围内，按照党和国家的方针政策与法律法规规章及其他规范性文件的要求履行监督职能。档案行政监督对档案工作的规范包括两个方面：一是评估式监督规范档案工作，就是通过"档案事业综合评估"等形式，对某一地的档案工作进行全面式的监督规范；二是日常式监督规范档案工作，就是通过日常对档案馆、档案室的档案工作进行监督规范，以保障档案工作的正常、有序运行。

档案行政监督是法律赋予档案主管部门的一项职能，1987版《档案法》第六条规定："国家档案行政管理部门主管全国档案事业，对全国的档案事业实行统筹规划，组织协调，统一制度，监督和指导。县级以上地方各级人民政府的档案行政管理部门主管本行政区域内的档案事业，并对本行政区域内机关、团体、企业事业单位和其他组织的档案工作实行监督和指导。"[①] 新《档案法》第八条规定："国家档案主管部门主管

[①] 《中华人民共和国档案法》，2020年6月20日，http://www.npc.gov.cn/npc/c30834/202006/14a5f4f6452a420a97ccf2d3217f6292.shtml，2020年9月29日。

全国的档案工作，负责全国档案事业的统筹规划和组织协调，建立统一制度，实行监督和指导。县级以上地方档案主管部门主管本行政区域内的档案工作，对本行政区域内机关、团体、企业事业单位和其他组织的档案工作实行监督和指导。"[①] 相较于1987版《档案法》，新《档案法》将主管"档案事业"改成了主管"档案工作"，似乎县级以上地方档案主管部门不再主管"档案事业"了。但是，根据新《档案法》第八条第一款对国家档案主管部门职责的规定，以及第三条"各级人民政府应当加强档案工作，把档案事业纳入国民经济和社会发展规划，将档案事业发展经费列入政府预算，确保档案事业发展与国民经济和社会发展水平相适应"的规定，可以确定这里的档案工作包含档案事业。新《档案法》将主管"档案事业"改成了主管"档案工作"，可以认为"档案工作"是一个具体化的词组，或者说是将抽象的"档案事业"概念具象化了，更容易与具体的某一项档案工作相结合，来实现对档案工作的规范。

档案行政监督是档案主管部门按照档案工作规范的最低标准和要求衡量监督对象的，特别是评估式监督规范档案工作。当然，这里既有最低的要求，又有激励的成分，并通过激励来达到监督的目的。日常的档案行政监督就是档案主管部门为了及时纠正被监督者的档案工作偏离档案法治轨道的行为而开展的日常活动。

第一节 对档案行政监督规范档案工作的分析解读

一 评估式监督规范档案工作

所谓评估式监督规范档案工作，就是通过"档案事业综合评估"等形式，按照一定的档案工作标准对某一地方的档案工作进行全面式的监督规范评估。

[①] 《中华人民共和国档案法》，2020年6月20日，http://www.npc.gov.cn/npc/c30834/202006/14a5f4f6452a420a97ccf2d3217f6292.shtml，2020年9月29日。

第七章　档案行政监督对档案工作的规范

评估式监督规范档案工作开始于2003年，这一年江苏省连云港市档案局发布《关于开展连云港市档案事业"十五"发展计划中期评估工作的通知》（连档〔2003〕33号），"在全市开展了档案事业'十五'发展计划中期评估工作。评估工作旨在对各县区、各单位落实'十五'计划的情况进行监督检查，切实改变目前规划工作中存在的'重编制、轻实施、缺评估'现象，维护'十五'计划的严肃性，进一步加大工作力度，保证'十五'计划的顺利完成。同时，通过评估，找出'十五'计划实施过程中存在的问题，分析原因，对不适应形势变化的规划内容进行调整修订"[①]。2005年浙江省档案局制定出台了《"十五"期间全省各市档案事业发展综合评估办法》，并根据此办法部署开展了对全省11个市档案局（馆）的评估工作，评估内容涉及综合性工作、档案法制工作、档案馆工作、机关档案工作、经济社会档案工作、档案信息化工作、档案科技工作和档案宣传工作八个方面[②]。同年，国家档案局成立档案事业发展咨询委员会、档案事业发展综合评估委员会，"将定于2005年启动对全国各省、自治区、直辖市档案事业发展的综合评估工作。评估体系包括：综合性工作、档案法制工作、档案馆工作、机关档案工作、经济科技档案工作、档案信息化工作、档案科技工作、档案教育工作和档案宣传出版工作。评估内容涉及的工作时间范围为2001年至2005年，采取百分制记分的方法"[③]。2006年7月12日，国家档案局、中央档案馆办公室印发了《档案事业发展综合评估试行办法（征求意见稿）》后，并开展试点工作，确定甘肃、浙江等省为档案事业综合评估工作试点单位。取得试点经验后，在全国省级开展档案事业发展综合评估工作。

经过充分地调研论证和前期准备，2007年国家档案局、中央档案馆印发了《档案事业发展综合评估办法》，并下发了《关于开展档案事业

[①] 葛新成：《连云港市开展档案事业"十五"计划中期评估》，《档案与建设》2003年第9期。

[②] 浙江省省局法规宣传处：《省局部署开展"十五"档案事业发展评估工作》，《浙江档案》2005年第10期。

[③] 小军：《国家档案局成立档案事业发展咨询委员会、档案事业发展综合评估委员会》，《中国档案》2005年第1期。

发展综合评估工作的通知》（档函〔2007〕31号），"决定对全国的档案事业发展进行综合评估。评估工作涉及31个省、自治区、直辖市和5个计划单列市，自2007年开始，计划两年完成"①。"《档案事业发展综合评估指标体系及评分细则》的框架结构，突出了以《档案法》为依据、以档案业务建设为基础、以档案馆建设为主体的特点，内容涵盖了档案工作的外部条件、法治建设、业务指导、档案馆工作、科技与信息化建设、服务社会功能等方面，注意体现当前档案事业发展的水平和与时俱进的时代要求，并力求对今后档案事业的发展具有前瞻性指导作用。开展档案事业发展综合评估，就是要通过扎扎实实地工作，建立符合科学发展观要求的档案事业发展评估体系，并在档案工作实践中充分运用评估这一手段，逐步完善评估体系，促进档案事业全面、协调、可持续地发展。开展档案事业发展综合评估是档案事业管理模式的创新探索。档案事业发展综合评估与以前开展的档案馆目标管理考评和档案行政执法检查既有联系又有所不同。档案事业发展综合评估是依据现行档案法律法规和相关制度制定评估指标体系，并据此对各地档案工作的整体发展水平进行全方位的综合评估。"②"评估工作的主导思想是，通过制定定性定量的指标体系、科学公正的评估程序并实施综合评估，从而对各地区乃至全国的档案事业发展现状及存在的问题有一个更加科学、能够量化的认识，进而为评价、引导和推动档案事业发展提供客观依据和具体的数据支持。切实发挥综合评估的作用"，"有助于最终实现档案监督指导工作从宏观粗放型向科学量化型转变，档案工作机制从行政命令型向自我约束型转变，档案管理模式从封闭管理型向开放服务型转变"。③

随后，档案事业发展综合评估在各地展开，有不少省、自治区、直辖市也出台了相关的评估办法，例如：2007年，贵州省档案局出台《贵州省档案事业发展综合评估办法》（黔档通〔2007〕52号，2007年6月26日）。同年，宁夏档案局出台《市、县（区）档案事业发展综合评估

---

① 本刊评论员：《档案系统贯彻落实科学发展观的重要举措》，《中国档案》2007年第2期。
② 本刊评论员：《档案系统贯彻落实科学发展观的重要举措》，《中国档案》2007年第2期。
③ 本刊评论员：《档案系统贯彻落实科学发展观的重要举措》，《中国档案》2007年第2期。

办法（试行）》及《实施细则（试行）》，北京市档案局出台《北京市区县档案事业发展综合评估办法》和《北京市区县档案事业发展综合评估指标体系及评分细则》，河南省档案局出台《河南省档案事业发展综合评估办法》（豫档发〔2007〕2号）；2008年，广东省档案局出台《广东省档案事业发展综合评估办法》；2009年，吉林省档案局出台《吉林省市（州）县（市、区）档案事业发展综合评估办法》，内蒙古自治区档案局出台《全区盟市档案事业发展综合评估办法》；2011年，上海市档案局出台《上海市区（县）档案事业发展综合评估办法》（沪档〔2011〕78号）。随着"档案事业发展综合评估办法"一系列规范标准文件的出台，"档案事业发展综合评估"这种评估式监督规范档案工作形式也正式成型。

上述"档案事业发展综合评估"的历史发展说明，评估式监督规范档案工作已经形成一种规范档案工作的模式。从《河南省档案事业发展综合评估指标及评分细则》《河南省档案事业发展综合评估办法》（豫档发〔2007〕2号）中可以看出，其内容绝大部分都有相关的档案法律法规规章以及规范性文件作为依据，在29条标准中，有27条都有具体的依据，占93%。如第一条"档案事业或档案馆建设列入同级政府国民经济及社会发展计划"，其依据：一是《档案法》第四条"各级人民政府应当加强对档案工作的领导，把档案事业的建设列入国民经济和社会发展计划"；二是《档案法实施办法》第五条"县级以上各级人民政府应当加强对档案工作的领导，把档案事业建设列入本级国民经济和社会发展计划，建立、健全档案机构，确定必要的人员编制，统筹安排发展档案事业所需经费"。其他2条，如果仔细分析也都有依据。如第6条"人大、政协支持档案工作"，这也是加强档案工作领导的一部分；第26条"科技成果应用"，既是档案科研工作的继续，也是提高业务能力的措施。当然，还有一些小项虽没有具体的法律法规规章依据，但都是这些年档案部门提出和提倡的工作内容，如对重点建设项目进行档案管理登记、指导民营企业建立档案管理工作、与涉农部门配合并制定为"三农"服务的具体措施或办法等。可以说《河南省档案事业发展综合评估指标及评分细则》的内容都有相关的档案法律法规规章以及规范性文件作为规制的依据，也可以说是档案法律法规规章以及规范性文件规制机关档案工作的具体化。

实践证明，评估式监督规范档案工作是对某一地方档案工作的全面系统的监督规制，对全面提高档案工作质量和水平有着积极的作用。

二　日常式监督规范档案工作

日常式监督规范档案工作，就是档案主管部门通过日常的档案监督检查活动以实现规范档案馆工作和档案室档案工作的过程。其依据是档案法律法规规章及其他规范性文件，监督内容更具体、更细致。按照国家档案局《档案执法监督检查工作暂行规定》第九条规定："档案执法监督检查的主要形式为：一、对规章、规范性文件备案审查；二、建立档案行政执法情况报告制度；三、开展各种形式的档案执法检查；四、受理群众举报、申诉；五、法律、法规规定的其它形式。"[①]但是，由于档案部门长期实行局馆合一的体制，加上档案法治建设进展缓慢，尤其在实践层面上的档案法治建设滞后，使得《档案执法监督检查工作暂行规定》第九条规定的档案执法监督检查的五种形式，发挥实效的只有对档案室工作进行执法监督检查一种形式。其内容主要是依照国家档案局《档案执法监督检查工作暂行规定》第十条[②]相关规定。以国家档案局《档案执法监督检查工作暂行规定》第九条的十项规定为例进行分析，见表7-1。

对档案室工作的日常式监督，并不是针对上述10项内容的全部铺开，而是一般针对其中的某一项或者某几项内容进行的。当然，在实际执法监督检查工作中，各省也会根据自身情况采取不同内容的日常式监督。例如，河南省档案局就制定了《档案行政监督检查基本程序》，其

---

①《档案执法监督检查工作暂行规定》，1992年3月20日，https://www.saac.gov.cn/daj/xzfgk/202112/541e5919d3ca445fb9a93395f9e8a518.shtml，2020年9月28日。

②《档案执法监督检查工作暂行规定》，1992年3月20日，https://www.saac.gov.cn/daj/xzfgk/202112/541e5919d3ca445fb9a93395f9e8a518.shtml，2020年9月28日。

中监督检查的内容有六项,也都有法律法规依据。即:1.是否建立各项制度(档案法第十三条);2.是否危及档案安全(档案法实施办法第十五条);3.是否及时立卷归档(档案法第十条);4.是否集中管理档案(档案法第十条);5.是否及时移交档案(档案法第十一条);6.重大活动是否备案(河南档案管理条例第三十二条)。当然,最多的监督检查内容是一年一度的立卷归档(归档文件整理)和档案安全。档案室工作的日常式监督档案工作相对于评估式监督档案工作来说,就更加专一细致,可以说是对档案法律法规规章及其他规范性文件规制档案工作最重要的环节和方式。

表 7-1　　　　　对档案室执法监督检查的内容及依据

序号	具体项目内容	档案法律法规等依据
1	未建立档案工作或档案管理制度	1.《档案法》第七条　机关、团体、企业事业单位和其他组织的档案机构或者档案工作人员,负责保管本单位的档案,并对所属机构的档案工作实行监督和指导 2.《档案法》第十三条　各级各类档案馆,机关、团体、企业事业单位和其他组织的档案机构,应当建立科学的管理制度…… 3.《档案法实施办法》第九条　机关、团体、企业事业单位和其他组织的档案机构依照《档案法》第七条的规定,履行下列职责: (一)贯彻执行有关法律、法规和国家有关方针政策,建立、健全本单位的档案工作规章制度……
2	档案保管条件差,危及档案安全	1.《档案法》第十三条　各级各类档案馆,机关、团体、企业事业单位和其他组织的档案机构,……配置必要的设施,确保档案的安全;采用先进技术,实现档案管理的现代化 2.《档案法实施办法》第十五条　各级国家档案馆应当对所保管的档案采取下列管理措施:(二)配置适宜安全保存档案的专门库房,配备防盗、防火、防渍、防有害生物的必要设施;……机关、团体、企业事业单位和其他组织的档案保管,根据需要,参照前款规定办理
3	档案管理制度不健全或执行制度不严,可能造成档案损毁	1.《档案法》第十三条　各级各类档案馆,机关、团体、企业事业单位和其他组织的档案机构,应当建立科学的管理制度…… 2.《档案法实施办法》第九条　机关、团体、企业事业单位和其他组织的档案机构依照《档案法》第七条的规定,履行下列职责: (一)贯彻执行有关法律、法规和国家有关方针政策,建立、健全本单位的档案工作规章制度……

续表

序号	具体项目内容	档案法律法规等依据
4	发现档案破损、变质、下落不明或泄密等情况，未及时采取有效措施	1. 《档案法》第二十四条　有下列行为之一的，由县级以上人民政府档案行政管理部门、有关主管部门对直接负责的主管人员或者其他直接责任人员依法给予行政处分；构成犯罪的，依法追究刑事责任：……（七）明知所保存的档案面临危险而不采取措施，造成档案损失的；…… 2. 《档案法实施办法》第二十六条　有下列行为之一的，由县级以上人民政府档案行政管理部门责令限期改正；情节严重的，对直接负责的主管人员或者其他直接责任人员依法给予行政处分：……（五）明知所保存的档案面临危险而不采取措施，造成档案损失的；……
5	拒不向本单位档案部门移交应当立卷归档的文件材料	1. 《档案法》第十条　对国家规定的应当立卷归档的材料，必须按照规定，定期向本单位档案机构或者档案工作人员移交，集中管理，任何个人不得据为己有 2. 《档案法实施办法》第十二条　按照国家档案局关于文件材料归档的规定，应当立卷归档的材料由单位的文书或者业务机构收集齐全，并进行整理、立卷，定期交本单位档案机构或者档案工作人员集中管理；任何人都不得据为己有或者拒绝归档 3. 《档案法》第二十四条　有下列行为之一的，由县级以上人民政府档案行政管理部门、有关主管部门对直接负责的主管人员或者其他直接责任人员依法给予行政处分；构成犯罪的，依法追究刑事责任：……（六）违反本法第十条、第十一条规定，不按规定归档或者不按期移交档案的；…… 4. 《档案法实施办法》第二十六条　有下列行为之一的，由县级以上人民政府档案行政管理部门责令限期改正；情节严重的，对直接负责的主管人员或者其他直接责任人员依法给予行政处分：（一）将公务活动中形成的应当归档的文件、资料据为己有，拒绝交档案机构、档案工作人员归档的；……
6	不按规定向档案馆移交档案	1. 《档案法》第十一条　机关、团体、企业事业单位和其他组织必须按照国家规定，定期向档案馆移交档案 2. 《档案法实施办法》第十三条　机关、团体、企业事业单位和其他组织，应当按照国家档案局关于档案移交的规定，定期向有关的国家档案馆移交档案。属于中央级和省级、设区的市级国家档案馆接收范围的档案，立档单位应当自档案形成之日起满20年即向有关的国家档案馆移交；属于县级国家档案馆接收范围的档案，立档单位应当自档案形成之日起满10年即向有关的县级国家档案馆移交。经同级档案行政管理部门检查和同意，专业性较强或者需要保密的档案，可以延长向有关档案馆移交的期限；已撤销的单位的档案或者由于保管条件恶劣可能导致不安全或者严重损毁的档案，可以提前向有关档案馆移交 3. 《档案法》第二十四条　有下列行为之一的，由县级以上人民政府档案行政管理部门、有关主管部门对直接负责的主管人员或者其他直接责任人员依法给予行政处分；构成犯罪的，依法追究刑事责任：……（六）违反本法第十条、第十一条规定，不按规定归档或者不按期移交档案的；…… 4. 《档案法实施办法》第二十六条　有下列行为之一的，由县级以上人民政府档案行政管理部门责令限期改正；情节严重的，对直接负责的主管人员或者其他直接责任人员依法给予行政处分：（二）拒不按照国家规定向国家档案馆移交档案的；……

第七章　档案行政监督对档案工作的规范

续表

序号	具体项目内容	档案法律法规等依据
7	科研成果、产品试制、基建工程或其他技术项目鉴定验收时，未按规定验收档案，致使档案残缺不全	《科学技术档案工作条例》第七条　各单位在对每一项科研成果、产品试制、基建工程或其他技术项目进行鉴定、验收的时候，要有科技档案部门参加，对应当归档的科技文件材料加以验收，没有完整、准确、系统的科技文件材料的项目，不能验收
8	借阅档案未按规定及时归还，且屡催不还	《机关档案工作业务建设规范》6.4　凡利用者都应按规定办理利用手续，并填写《档案借阅登记簿》
9	在保管或利用档案中涂改、撕毁、丢失档案	《档案法》第二十四条　有下列行为之一的，由县级以上人民政府档案行政管理部门、有关主管部门对直接负责的主管人员或者其他直接责任人员依法给予行政处分；构成犯罪的……依法追究刑事责任：（一）损毁、丢失属于国家所有的档案的；（二）擅自提供、抄录、公布、销毁属于国家所有的档案的；（三）涂改、伪造档案的；……
10	其他可能导致档案损毁的行为	1.《档案法》第二十四条　有下列行为之一的，由县级以上人民政府档案行政管理部门、有关主管部门对直接负责的主管人员或者其他直接责任人员依法给予行政处分；构成犯罪的，依法追究刑事责任：……（八）档案工作人员玩忽职守，造成档案损失的 2.《档案法实施办法》第二十六条　有下列行为之一的，由县级以上人民政府档案行政管理部门责令限期改正；情节严重的，对直接负责的主管人员或者其他直接责任人员依法给予行政处分；……（六）档案工作人员、对档案工作负有领导责任的人员玩忽职守，造成档案损失的

第二节　档案行政监督对规范档案工作的影响

档案行政监督的功能更多的是将档案法律法规规章及其他规范性文件对档案工作的最低要求落实到档案工作中，具有强制性特征。档案行政监督对规范档案工作具有一定的积极意义，但对于提高档案馆（室）的档案工作水平则有一定的局限性。

一　档案行政监督的局限性

（一）从档案行政监督的性质看其规范档案工作作用的局限性

档案行政监督具有两个方面的性质：

1. 法定性

档案行政监督既是法律法规规章赋予档案主管部门的一种档案行政管理职能，也是一项权力，还是一项必须履行的职责。《档案法》第八条明确规定了各级档案主管部门的职能，其中监督职能是第一位的。档案行政监督坚持法律优先的原则，即档案行政监督者、监督对象与范围以及监督内容都是由档案法所规定的。档案行政监督的法定性，要求档案行政监督者必须在法定的职权范围内履行职责，按照党和国家的方针政策与法律、制度来开展监督工作。

档案行政监督依据的档案法律法规规章，其对档案工作的规制大都是宏观的内容，而档案工作大部分都是收、管、存、用等具体内容，这就使得档案行政监督不能通过档案法律法规规章的规定强制规范档案工作的细节。

2. 强制性

档案行政监督是档案主管部门为实现档案行政管理目的，通过监督检查等方式，监督档案机构和档案工作者按照某种规范作为或者不作为的一种具有强制力的行政行为，也就是说，档案行政监督具有法律上的强制力，属于强制性档案行政行为。由于其具有强制性，就不可能将档案工作的方方面面都纳入其中，只能是规范档案工作的基本内容和主要方面，这也就使得档案行政监督在规范档案工作方面具有很大的局限性。

（二）从档案行政监督的原则看其规范档案工作作用的局限性

档案行政监督具有三个方面的原则：

1. 合法性

档案主管部门应当在法定职责、职能和管辖事务范围内开展档案行政监督工作，所实施的档案行政监督行为应当合乎法律规范和基本法理，不得违背法律精神、基本原则和具体规定，不得侵害被监督者的合法权益。档案行政监督的合法性原则，可以说从两个方面限制其规范档案工作的作用。一方面，法律规定档案行政监督具有强制性，但是其强制性必须在法定职责、职能和管辖事务范围之内有效，不能超出其范围实施强制性的监督；另一方面，档案法律法规规章规范的档案工作内容是很有限的，且都是宏观方面的要求，而许多档案工作规范和标准并没有纳入档案法律法规的强制性范围，对它们的贯彻并不具有强制性。

2. 经常性

社会实践活动中每日每时都在产生档案，档案管理和利用活动也每日每时地都在进行着。因此，档案行政监督不应是一种临时的措施，而应是一种经常性的活动。一些单位的档案工作人员调动频繁、兼职过多，档案意识相对薄弱，专业思想不够牢固，档案业务也不够熟悉，再加上档案工作制度不健全，客观上要求档案主管部门对其档案工作进行经常性的监督检查。如果档案主管部门不经常开展监督检查工作，就会使这些单位档案工作出现的各种问题得不到及时的纠正和解决。档案工作领域和一些单位存在问题是常态性的，而许多地方档案行政监督工作的非常态性就说明档案行政监督对规范档案工作作用存在一定的局限性。

3. 客观性

档案行政监督与其他监督工作一样，应该实事求是、客观公正地对待事物，处理问题。因而，档案主管部门就需要深入机关、团体、企业事业单位及其他组织档案部门，在开展监督检查的同时，开展调查研究，听取各种不同意见，收集第一手材料，切实掌握实际情况。因此，档案主管部门必须严格依法监督，公正廉明，坚持法律面前人人平等。当然，在坚持程序合法、事实客观清楚、处理公正的同时，使得其效率降低，这也是档案行政监督对规范档案工作作用局限性的另一个方面。

二 评估式监督对规范档案工作的影响

（一）评估式监督规范档案工作的意义与作用

1. 评估式监督规范档案工作是贯彻档案法律法规的重要措施

评估式监督规范档案工作是加强档案法治建设，改革档案事业管理方法的有效途径。长期以来，档案事业的主管部门虽然在档案业务建设、档案业务指导方面作出了很大贡献，但也形成了以"指导为主，监督为辅"的档案事业管理方式。这种管理方式已经不能适应新形势发展的需要，需要打破旧有的工作格局，实行档案行政管理法治化。党和国家为保障和促进档案工作的发展，制定了一系列档案工作的法律法规规章及规范性文件，为档案工作步入法治轨道提供了法律保障和政策依据。评估式监督规范档案工作就是将档案法律法规规章及其他规范性文件与档案行政监督有机结合，使之更加具体化、实践化。评估式监督规范档案工作既是打破以档案业务指导为主的管理方式的措施，又是依法治档使档案工作走向法治化的重要途径，将有力促进档案事业的持续健康发展。

2. 评估式监督规范档案工作是贯彻落实科学发展观的具体行动

"建立体现科学发展观要求的经济社会发展综合评价体系是落实科学发展观的一个重要方面。作为一个系统工程，综合评估指标体系的设置是关键。《档案事业发展综合评估指标体系及评分细则》的框架结构，突出了以《档案法》为依据、以档案业务建设为基础、以档案馆建设为主体的特点，内容涵盖了档案工作的外部条件、法制建设、业务指导、档案馆工作、科技与信息化建设、服务社会功能等各个方面，注意体现当前档案事业发展的水平和与时俱进的时代要求，并力求对今后档案事业的发展具有前瞻性指导作用。开展档案事业发展综合评估，就是要通过扎扎实实地工作，建立符合科学发展观要求的档案事业发展评估体系，并在档案工作实践中充分运用评估这一手段，逐步完善评估体系，促进档案事业全面、协调、可持续地发展。"[1]

3. 评估式监督规范档案工作可以增强档案事业行政管理决策的科学性

"评估工作的主导思想是，通过制定定性定量的指标体系、科学公正的评估程序并实施综合评估，从而对各地区乃至全国的档案事业发展现状及存在的问题有一个更加科学、能够量化的认识，进而为评价、引导和推动档案事业发展提供客观依据和具体的数据支持。切实发挥综合评估的作用，可以在一定程度上提升档案事业科学决策的水平，使针对档案事业发展所制定的方针政策、制度措施更加能够符合科学规律、反映实际情况、发挥积极作用，并有助于最终实现档案监督指导工作从宏观

---

[1] 本刊评论员：《档案系统贯彻落实科学发展观的重要举措》，《中国档案》2007 年第 2 期。

粗放型向科学量化型转变、档案工作机制从行政命令型向自我约束型转变、档案管理模式从封闭管理型向开放服务型转变。"①

4. 评估式监督规范档案工作是对档案事业管理模式的新探索

"档案事业发展综合评估与以前开展的档案馆目标管理考评和档案行政执法检查既有联系又有所不同。档案事业发展综合评估是依据现行档案法律法规和相关制度制定评估指标体系，并据此对各地档案工作的整体发展水平进行全方位的综合评估。通过对大体同一时间段中各地档案事业发展水平的横向比较，使各地对自身档案事业发展在全国所处的位置和水平、存在的问题和差距有一个清楚的了解，从而不断改善档案事业发展的社会环境和工作条件，强化档案工作各项业务建设，促进档案工作在全面建设小康社会与和谐社会中发挥更大作用。评估工作对象主要是省级档案局（馆），同时也涉及当地整个档案事业，一些考察点还延伸到地、县级档案局（馆）、省直机关及企事业单位。通过评估可以促进、带动全省乃至全国档案事业发展。可以说，档案事业发展综合评估是继档案馆考评之后，在新的历史条件下推动档案事业向纵深发展的重要手段之一。"② "综合评估工作是在新的历史条件下探索实现档案事业科学发展的重要手段和创新形式。开展综合评估，既能正确判断档案事业发展的客观水平，又能明确发展的思路和目标，既是档案事业发展的一种新型管理模式，又是推动档案事业又好又快发展的一种动力机制，有助于促进档案监督指导工作从简单粗放型向科学量化型转变、档案工作机制从行政命令型向自我约束型转变、档案事业发展模式从封闭管理型向开放服务型转变。"③

（二）评估式监督规范档案工作的利与弊

1. 评估式监督规范档案工作的利

自 2007 年我国全面开展考评式规范档案工作以来，极大地提高了档案工作管理水平，有力地促进了档案事业的发展，对档案事业的综合性

---

① 本刊评论员：《档案系统贯彻落实科学发展观的重要举措》，《中国档案》2007 年第 2 期。
② 本刊评论员：《档案系统贯彻落实科学发展观的重要举措》，《中国档案》2007 年第 2 期。
③ 浙江省档案局：《运用综合评估机制 推进事业科学发展》，《中国档案》2007 年第 2 期。

工作、档案法治工作、档案馆工作、机关档案工作、经济科技档案工作、档案信息化工作、档案科技工作、档案教育工作和档案宣传出版工作等各个方面都产生了深远影响。

"2007年，国家档案局对甘肃、浙江、山东、河北、广东、重庆等省市进行了档案事业发展综合评估。其他地区档案部门也部署开展了对地、市、县档案工作的综合评估。湖南成立了由省委、省政府、省政协、省委组织部、省发改委、财政厅人事厅等单位分管领导参加的全省档案工作领导小组，各市县（区）也都相应成立了档案工作领导小组，从而建立起档案工作领导长效机制，为全省档案事业的发展提供了有力保障。"[1]

2008年，"国家档案局已先后对辽宁、福建、青岛、河南、新疆、广西等6个省（自治区）、市进行了评估。接受评估地区以综合评估为契机，狠抓档案事业发展的薄弱环节，促进了本地区档案事业全面发展，取得了可喜变化。北京、河北、福建等地由省市委办公厅、省市政府办公厅发文，提出进一步加强本地区档案工作的意见；上海建立市和区县档案局馆联动机制，这些都对推动本地区档案工作整体发展具有重要作用"[2]。

开展全国档案事业发展综合评估活动是创新档案事业管理的新模式，"不仅有力地推动了我国档案事业的发展，也标志着我国档案事业管理水平的一大提升"[3]。概括地说，其积极作用有三个方面：

（1）通过开展评估式监督规范档案工作，促进了《档案法》的贯彻落实。评估式监督规范档案工作将档案法律法规规章以及规范性文件与档案行政监督有机结合，使之更加具体化、实践化。而档案行政监督是以贯彻档案法律法规为目的的工作，其主要内容之一就是落实档案法律法规的各项要求和规定。如"自从2007年4月，自治区党委办公厅、自治区人民政

---

[1] 中华人民共和国年鉴编辑部：《中华人民共和国年鉴2008》，中华人民共和国年鉴社2008年版，第767页。

[2] 杨冬权：《以科学发展观为指导，推动档案事业更好地科学发展并为科学发展服务——在全国档案局长馆长会议上的讲话》，《中国档案》2009年第1期。

[3] 张锡田、车婷婷：《档案事业综合评估指标体系的理论思考》，《档案学通讯》2010年第6期。

府办公厅联合印发了《广西壮族自治区档案事业发展综合评估方案》，部署了全区档案事业发展综合评估工作。广西的档案事业发展综合评估工作就成为党委、政府的行为，这项工作的开展，推动了广西档案事业上了一个新台阶。2007年5月31日，自治区十届人大常委会第二十六次会议通过了新修订的《广西壮族自治区档案管理条例》，新修订的《条例》于8月1日起施行。不久前，自治区人大教科文卫委员会、自治区司法厅和自治区档案局联合印发了《关于认真学习贯彻新修订的〈广西壮族自治区档案管理条例〉的通知》，《通知》要求各市、县（区）人大教科文卫委员会、司法局、档案局，区直、中直驻桂各单位，各大专科院校、大中型企事业单位档案部门的干部职工要认真学习贯彻新修订的《条例》。我们有理由相信，这些举措，将会进一步强化全区的社会档案法制意识，使全区的档案事业步入快速发展的法制化轨道"[1]。

（2）通过开展评估式监督规范档案工作，促进档案事业的科学发展。"国家档案局印发的《档案事业发展综合评估指标体系及评分细则》，是根据现行档案法律法规、相关制度和当前经济社会发展对档案工作要求制定的综合评价各地档案事业的整体发展水平的基本依据，内容涵盖了档案工作的外部条件、法制建设、业务指导、档案馆工作、科技与信息化建设、服务社会功能等各个方面，蕴涵着档案事业全面、协调、可持续发展的内在要求和客观规律，既是较为全面科学的测评体系，又是档案事业科学发展的导航系统。"[2]

一是档案基础设施建设得到加强。如广西"开展档案事业评估工作以后，各级党委、政府加大了对档案事业的经费投入，档案基础设施建设得到加强。全区有22个馆立项建新馆；全区投入评估专项经费959.02万元，主要用于：有7个馆改建库房共计6010平方米，有2个馆扩建共计270平方米，有19个馆维修库房共计8959平方米，购置档案柜计2298组、密集架计1556列、空调机计165台、计算机计154台、

---

[1] 黄明初：《开展档案事业发展综合评估工作的效应》，《中国档案》2008年第3期。
[2] 浙江省档案局：《运用综合评估机制 推进事业科学发展》，《中国档案》2007年第2期。

去湿机计 64 台、复印机计 26 台、消毒机计 17 台、灭火器等相关设施设备，极大地改善了档案的保管条件，这样规模对档案事业的集中投入，也是建国以来最多的一次。确保了档案事业综合评估工作的顺利进行"①。吉林市"在全市两级档案部门的积极努力下，档案事业得到了市和县（市、区）各级领导的高度重视。档案事业经费投入力度不断加大，为促进档案事业发展奠定了坚实的硬件基础。去年，省人大常委会副主任、市委书记周化辰到市档案局（馆）视察，解决了档案数字化资金问题。目前，数字化设备已经全部安装到位，档案数字化招标工作也已完成，为建设数字档案馆奠定了基础。舒兰市、丰满区新馆建成后，市、区政府又投入专项资金，购置档案现代化办公设备，极大地改善了档案保管和利用条件"②。

二是档案基础业务建设扎实推进。"各级档案部门以档案业发展评估工作为契机，进一步建立健全档案工作制度。各级档案部门建立了档案行政执法责任制，并积极开展了档案行政执法检查。各地都加强了档案岗位培训工作，实行了档案人员持证上岗制度。"③

三是档案服务工作卓有成效。"各级档案馆普遍建立了现行文件查阅中心，面向公众开展现行文件提供利用工作。利用馆藏档案资料编研史料和举办档案展览，积极开展爱国主义教育基地建设。加强对重大建设项目档案工作和企事业档案工作的监督指导，组织对重大建设项目的竣工档案专项验收工作。积极支持和引导民营企业开展档案工作。合理处置国有企业在改制中的档案归属与流向，并接收改制破产企业档案进馆。档案利用工作取得较好成绩，为广西的经济社会发展，特别是解决人民群众的切实利益，为社会的和谐稳定发挥了积极作用。"④吉林市"树立良好的服务窗口形象，积极为群众提供优质档案服务。综合评估工作开

---

① 李彩丽：《档案事业综合评估的效应——以广西为例》，《档案学研究》2009 年第 3 期。
② 杨壮志、张琪：《周密部署 整体带动 奋力实现档案事业发展新跨越——吉林市开展档案事业发展综合评估工作纪实》，《兰台内外》2012 年第 1 期。
③ 李彩丽：《档案事业综合评估的效应——以广西为例》，《档案学研究》2009 年第 3 期。
④ 李彩丽：《档案事业综合评估的效应——以广西为例》，《档案学研究》2009 年第 3 期。

展以来，全市两级档案部门档案查阅利用环境得到极大改善，阅览室里触摸屏、电脑等现代化查档设备一应俱全，为群众利用档案提供了高效、快捷的现代化服务。据统计，近两年来，全市两级档案部门接待群众查阅利用档案资料万余人次。不断拓宽档案服务领域，建立起全市政府公开信息网络共享平台，实现了全地区两级10个档案馆现行文件网络共享，使群众足不出户就可以查阅到'红头文件'，切实解决了惠及民生的实际问题"[1]。

四是档案干部队伍得到了锻炼。"这次评估工作是我区档案事业发展史上规模最大、规格最高、范围最广的一次评估活动。为了搞好这次活动，全区档案部门从领导到一般干部职工，全力以赴，认真贯彻落实自治区党委办公厅、自治区人民政府办公厅关于《广西壮族自治区档案事业发展综合评估实施方案》，建立健全档案工作制度，加强对档案岗位工作人员的培训，开展了督促检查工作，进一步提高了档案部门干部职工的业务素质。尤其是通过各市组织的评估以及自治区组织评估，发现存在问题，及时研究解决，使广大干部职工提高了效率、转变了作风、增长了才干，干部队伍得到锻炼。"[2]

（3）解决了一些长期得不到解决的实际问题。如浙江省"一是促使各级领导进一步重视对档案工作实际问题的解决。许多地方的党委、政府听取了档案部门的专题汇报，对开展综合评估做出具体部署。在实地查评时，各市党委、政府的分管领导都亲自参加汇报会，听取检查组的反馈意见，研究落实解决档案工作实际问题的措施和方法。二是加速了一些重大工程项目的推进。如省档案馆新馆工程开始启动。2007年，根据省领导批示和省政府经济建设咨询委员会的建议，省发展改革委已同意开展省档案馆新馆建设项目前期工作，批准省档案馆新馆占地面积约33万平方米，总建筑面积约4.7万平方米，目前正在抓紧落实项目选址。三是一些进展缓慢的工作有了时间表。我们抓住综合评估的契机，

---

[1] 杨壮志、张琪：《周密部署 整体带动 奋力实现档案事业发展新跨越——吉林市开展档案事业发展综合评估工作纪实》，《兰台内外》2012年第1期。
[2] 李彩丽：《档案事业综合评估的效应——以广西为例》，《档案学研究》2009年第3期。

开展了省直单位档案信息化建设情况的调研，出台了《浙江省省直单位电子公文归档管理暂行办法》《浙江省省直单位纸质档案数字化实施细则》《浙江省档案馆纸质档案数字化成果接收暂行办法》，初步解决了省档案局在省直单位电子公文归档管理和纸质档案数字化管理上的长期缺位问题。四是解决了一些制约档案事业发展的突出问题。如杭州市、湖州市的城区解决了档案行政执法的主体问题，建立了档案局；许多档案局馆增加了档案事业经费等，都得益于评估工作的作用"①。

2. 评估式监督规范档案工作的弊

评估式监督有力地促进了档案工作的开展，但是随着时间的推移和这项活动的持续开展，其弊端和缺陷也日益显现。

最先系统地提出评估式监督规范档案工作存在问题的是薛顺梁，他认为，从宏观的角度看，档案事业发展综合评价存在的问题有以下几点：（1）民族传统的负面影响；（2）民主缺失；（3）流于形式；（4）理论准备不足②。

如果站在法律规范档案工作的角度来看档案事业发展综合评估活动，存在以下五个方面的局限性：

（1）偏离档案行政监督的方向。档案行政监督的目的是通过监督检查的形式，督促档案行政相对人按照档案法律法规的最低要求开展档案工作。档案事业发展综合评估活动的初衷，是通过评估的方式对某一区域内的档案事业进行监督检查，看看某一区域内的档案事业与档案法律法规要求的吻合度，寻找差距，提高水平。它本意是以评估的方式来查找问题，兼顾激励，但实际运行的结果却成了奖励式的活动，从某种意义上说已经失去了评估监督检查的意义。

（2）流于形式，变为"形象工程"。档案事业发展综合评估活动在一些地方已经变味，变为流于形式的"形象工程"。为了得到评估的奖励，一些地方按照评估标准搞临时突击，甚至不惜造假。评估结束荣誉

---

① 浙江省档案局：《运用综合评估机制 推进事业科学发展》，《中国档案》2007年第2期。
② 薛顺梁：《档案事业发展综合评价的问题与对策研究》，载国家档案局《建设与文化强国相匹配的"档案强国"论文集》，中国档案学会2014年版，第116—120页。

到手后，获奖单位存在的问题依旧，没有得到根本性的解决。

（3）评估标准超出法律法规规范档案工作的范围。档案事业发展综合评估活动应该是按照档案法律法规的最低要求来规范档案工作，但是许多地方的评估标准内容都大大超出了档案法律法规规范的范围。大量超出档案法律法规规范范围标准的存在就失去了评估方式的方法意义，而变成了纯奖励方式的方法。

（4）没有建立反馈机制。档案事业发展综合评估活动在蜕变成奖励式的活动后，其解决一些问题的临时性措施，随着评估活动的结束，也就意味着其措施的结束。由于缺乏反馈机制和跟踪督查机制，进而造成一些地方长期存在的问题无法得到有效解决。

（5）没有形成长效机制。全国开始档案事业发展综合评估活动持续时间不长，且多局限于省级单位，延伸至地市一级的不多，县区一级被遗漏，而县区一级恰是档案工作发展存在问题最多的地方，也是我国档案事业发展的薄弱环节，最需要通过评估式监督促进其发展和进步。

三　日常式监督对规范档案工作的影响

（一）日常式监督规范档案工作的利

1. 经常性

保持日常式监督规范档案工作的经常性，档案主管部门可以及时督促立档单位解决其日常档案工作中出现的各种问题，可以及时将问题消灭在萌芽状态。如在一年一度的档案执法监督检查工作中，就可以及时发现问题并随时督促解决。随时督促立档单位解决有关档案工作方面的问题是日常式监督规范档案工作的重要功能。

2. 制约性

日常式监督规范档案工作具有制约性。这是因为作为日常式监督规范档案工作主要形式的档案监督检查，是具有法律权威的行政（权力）行为，是由国家权力做后盾的行为，具有强烈的制约性。它对档案工作的规范都是档案法律法规的强制性要求，被监督单位必须按照相关规定去做，否则就是违法违规。日常式监督的制约性可以使档案法律法规在规范档案工作方面得到比较好的落实。

3. 督导性

日常式监督规范档案工作具有督导性。由于日常式监督规范档案工作具有制约性，这就使得档案监督检查工作以强大的国家权力做后盾，反复督导被监督单位按照档案法律法规的规定和要求去做，这样有利于档案工作水平的提高，有利于档案事业的与时俱进。

（二）日常式监督规范档案工作的弊

1. 不系统

在日常式监督规范档案工作中，大多数监督检查发现的都是比较容易出现的问题和比较容易发现的问题，而对于不易发现的问题或者深层次的问题以及系统性的问题就很难做到监督检查到位，可能会使这类问题长期得不到解决。

2. 反复性

在日常式监督规范档案工作中，可能有一些问题需要反复督导，才有可能获得比较理想的效果。对档案室工作的日常式监督检查，几乎年年都要重复，因为一些单位的档案工作人员调动频繁、兼职过多或者分管档案的领导没有将档案工作作为重点工作来抓，导致督促得紧立档单位就做，督促的次数少了，立档单位就会懈怠，使得档案主管部门不得不反复进行督导检查。

第三节　对档案行政监督影响档案工作规范体系建设的思考

档案行政监督是将档案法律法规规章及其他规范性文件的规定落到实处的重要环节。当然，它也可以检验档案工作规范体系建设是否真正适用，是否真正能够起到规范档案工作作用的主要领域和主要标准之一。

一　从评估式监督规范档案工作看档案工作规范体系建设

从《河南省档案事业发展综合评估指标及评分细则》涉及的档案法

律法规规章以及规范性文件的依据可以看出，在这29条标准中，有27条都有具体的规制依据，占93%。其他2条，如果仔细分析也都有依据。如第6条"人大、政协支持档案工作"，这也是加强档案工作领导的一部分；第26条"科技成果应用"，既是档案科研工作的继续，也是提高业务能力的措施。可以说从评估式监督规范档案工作来看，它是档案法律法规规章及规范性文件规制档案工作的系统化，在档案工作规范体系建设中具有重要的地位与作用。当然，还有一些小项没有具体的法律法规规章依据，而这些都是多年来档案部门提出和提倡的工作内容。如对重点建设项目进行档案管理登记，指导民营企业建立档案管理工作，与涉农部门配合、制定为"三农"服务的具体措施或办法等。对于这些内容，作为引导档案事业发展的方向，作为一种激励措施，应该说具有一定的积极意义。但作为评估式监督规范档案工作，如果是为了发现问题、督促后进的话，就有点偏离方向了。

（一）对改进评估式监督规范档案工作的思考

1. 存在的问题

评估式监督规范档案工作不仅存在着上述弊端，还产生了一个后遗症，这就是评估式监督规范档案工作对档案事业发展综合评估活动结束后，一些获得荣誉的地方和单位失去了前进的方向和动力，要么工作停滞不前，要么出现倒退的现象。可以说一旦荣誉到手，一切又恢复到老样子。这不利于档案事业的可持续发展。

2. 改进的建议

（1）将评估式监督规范档案工作的目的改为检查督促，改变现在的以奖励为主的活动目的。档案事业发展综合评估活动本来就是档案行政监督工作的一部分，是从宏观的角度来督促档案事业的发展。档案行政监督的本来目的，就是通过监督检查来督促相关地方和单位按照档案法律法规的最低要求来做好档案工作，满足档案事业发展的最低要求，而不是奖励少数。因此，应该还原评估式监督规范档案工作的档案事业发展综合评估活动的本来面貌，将其定位于检查督促，主要是督促后进。

(2) 将评估式监督规范档案工作的方式改为普遍定期督检制。现在档案事业发展综合评估活动采取的是自查申报制，这样就给一些希望"临时抱佛脚"、东拼西凑、蒙混过关的地方和单位留下了"钻空子"的空间。另外，一次性的综合评估活动，很容易造成其活动虎头蛇尾，可能会使一些档案工作做得不好的地方成为漏网之鱼。一次性的综合评估活动，如果再没有反馈机制，那么其效果就更难说。因此，应该建立普遍定期督检制的档案事业发展综合评估活动，作为宏观管理档案事业的一种措施长期坚持，这样才能起到档案行政监督应有的作用。普遍定期督检制包括两层含义：一是普遍开展。也就是要对省、市、县三级全面开展档案事业发展综合评估活动，不漏一个；二是定期督检。定期督检就是每隔一段时间就评估一次，其间隔时间以两至三年为宜。间隔时间太短，有些档案工作不是一两天就容易改变的，应该给予足够的改变时间。不论是对评估方还是被评估方来说，间隔时间太短，其工作量太大，反而影响正常的档案工作。间隔时间太长，又起不到督促的作用。

(3) 建立评估式监督规范档案工作反馈制。就是评估完成后，评估方要给出评估报告，在评估报告中指出问题，对于发现的问题，要求被评估方限期整改。被评估方整改完后，要写出整改报告，评估方再根据被评估方的整改报告，对相关地方的有关问题进行监督检查，查看整改效果，并根据整改情况，做出相应的二次反馈。

(二) 对评估式监督规范档案工作中"标准"的思考

1. 存在的问题

这里说的评估式监督规范档案工作的"标准"，不是指有关档案工作的规范标准，而是档案事业发展综合评估活动的指标"标准"，这也是引起评估式监督规范档案工作问题的一项重要内容。在以往档案事业发展综合评估活动中的标准有些是激励性的，许多地方的评估标准内容都大大超出了档案法律法规规范的范围。这些超出档案法律法规规范范围的标准是需要花大钱才能办到的"硬件"和"软件"，只有少数地方和单位才能做到，这样的评估实际上变成了少数档案工作做得好的地方和单位的"游戏",违背了开展评估式监督规范档案工作的初衷。

2. 改进的建议

要避免上述现象的发生,让评估式监督规范档案工作的初衷得以实现,建议如下:

(1) 分级分类细化评估式监督规范档案工作的"标准"。分级,即分为省、市和县三级;分类,即根据不同的省、市和县级的经济和社会发展状况,分别制定不同的"标准"。比如,对于档案馆建设和档案馆设施、设备的要求,不同的省、市和县级要有不同的要求,分别制定不同的"标准",以避免出现经济发达的地方可以轻松过关,而经济不发达的地方怎么努力都难以过关的现象。目的是根据当地的经济和社会发展状况来促进档案事业的发展。

(2) 以档案法律法规规章的最低要求作为"标准"。对非档案法律法规规章的要求,不作为"标准",尽量剔除。如果认为确实是档案事业发展的方向,对档案事业发展影响很大的内容,并且是国家档案主管部门正式发布的规范性文件中的要求,可以纳入评估的"标准"之中。但此类评估"标准"不宜过多,应当压到最低限度,真正使评估式监督规范档案工作起到档案行政监督的检查督促作用。

二 从日常式监督规范档案工作看档案工作规范体系建设

日常式监督规范档案工作的依据是档案法律法规规章及规范性文件,是将督促规范档案工作的规定落实到档案工作中的"最后一百米"。由于日常式监督规范档案工作具有经常性、频繁性、反复性,因而在规范档案工作中起着重要的持续推动作用,其功能发挥得好与坏,直接关系到档案工作实际水平和整体作用的发挥。

(一) 存在的问题

1. 档案立法方面存在的问题

(1) 立法滞后制约影响档案执法监督检查工作的开展。"《档案法》颁布以来我们围绕贯彻制定了一些规章制度,促进了档案事业的发展。但随着社会的发展,部分档案法律法规已经不能适应当前社会的需要，特别是当今社会人们观念的改变、档案载体、形式的多样化，以及体制、机制的改变造成在档案行政执法中出现了新的情况。例如：档案行政执法主体问题；微机的普及使用形成的电子文件可靠性问题；企业转制、破产企业档案的法律问题；等等。这些都亟待法律规范与调整，因此及时修改和制定适合目前档案行政执法工作开展的基本程序、制度和规范，真正实现以档案法律法规促规范，促发展，使其在良好的工作氛围中来完善执法工作的开展。"① 对于档案立法滞后制约影响，有些方面已经解决，比如上述所说的一些问题，在新《档案法》中都作了相应的规定。当然，其中有些规定都是原则性的，要落实还需要相配套的《中华人民共和国档案法实施条例》等其他档案法规作出更为详细的规定。

（2）档案法律法规之间缺乏有机衔接。"档案法律法规的配套，应该包括横向与纵向两方面的配套。横向配套指的是档案法律法规与其他相关法律法规之间的协调。现在的档案法规虽然涉及比较广，但仍然存在着一定'盲区'，如有些部门（系统）至今都没有关于档案工作方面的规范性文件。纵向配套指的是档案法规上下层之间相互有机衔接。我国以《档案法》为核心的档案法律法规体系已经建立，各地根据《档案法》及《档案法实施办法》，总结了档案法治建设的经验，制定了地方性档案法规或规范性文件，对档案工作作出了具体的规定。但是，由于市场经济体制在不断地探索中完善，新的矛盾、新的情况层出不穷，加之地域经济、科学文化发展不平衡，使得出台的地方性档案法规或规范性文件上下层级间缺乏有机的衔接。"②

（3）法律法规适用困难。"结合法院司法裁判文书进行分析，发现《档案法》在规范档案管理和协调涉档关系等方面发挥了重要作用，但司法适用实践暴露出该法评价、预测、强制、教育等法功能发挥不足，立法的利益协调性和实践回应性存在缺憾，司法的程序公正与实体公正

---

① 白晓军：《档案行政执法工作中存在的问题及对策》，《档案天地》2016年第10期。
② 谈有法、金健：《档案执法检查实践与思考》，载国家档案局档案科学技术研究所《兰台撷英——向建党90周年献礼》，国家档案局档案科学技术研究所2011年版，第6页。

彰显不够等问题。"①

2. 档案行政监督人员存在的问题

（1）档案行政监督人员法制意识淡薄。"档案执法人员的法制观念淡薄，存在有法不依、执法不严、违法不究的现象。除《档案法》以外对涉及的相关法律如《行政处罚法》《行政诉讼法》《刑法》《民法》等有关法律法规标准、制度的学习不够，知之甚少，更谈不上运用法律赋予的权利和履行法律规定的义务。如果档案执法人员自身法制观念淡薄，又怎么谈及宣传和提高全社会档案法律意识？这些都严重阻碍了档案行政执法工作的常态化开展。"②

（2）档案行政监督人员不熟悉法律，缺乏执法能力。"档案管理工作不仅是一项政策性很强的工作，还是一项专业性、技术性很强的工作。《档案法》颁布之后，又成为一项法律性很强的工作。档案工作的每一项业务都渗透着法律因素，都要接受法律的检验。然而，相当多的档案工作人员对法律知识却了解不多，不仅不熟悉档案法律法规条款和主要内涵，而且对其他法律法规也知之甚少。这样，他们在做档案工作时就不可能严格依法办事，在履行执法检查时也不会正确地、合理地、灵活地运用法律法规，直接损害检查的质量和效果。目前，多数档案管理人员是兼职，有的甚至身兼数职，工作时间和精力有限，很难做到知法和执法。如有的单位只重视文书档案，而忽视了科技档案、声像档案和实物档案，对这些档案重要的历史价值及其在档案工作中的地位、作用认识不够，有的甚至认为'声像制品实物'不是档案，结果收集到的科技、声像实物档案寥寥无几，即使有这部分档案也不齐全，与要求相差甚远。此外，档案人员因业务不精，导致归档文件在整理、分类和保管期限划分等问题上不够准确，档案不按时立卷归档和未及时移交综合档案室等等，既是技术问题，也关系到执法问题。"③

---

① 王群、李浩然：《〈档案法〉司法适用的实证与法理——以 647 份司法裁判文书为分析样本》，《档案学通讯》2023 年第 5 期。
② 白晓军：《档案行政执法工作中存在的问题及对策》，《档案天地》2016 年第 10 期。
③ 张建婷：《关于县级档案行政执法工作中存在问题的思考》，《山西档案》2008 年第 S1 期。

3. 档案行政监督对象存在的问题

主要问题就是档案法治意识不强。"尽管档案部门积极、努力地通过媒体、咨询、展览等各种形式向社会宣传《档案法》，对提高社会档案法制意识具有很大作用，但还有相当一部分单位领导认为学习宣传贯彻《档案法》与本部门、本单位的职能工作无关，只是档案行政管理部门的事。另外，'重经济、轻基础工作'的观念在这些单位普遍存在，各单位忙于应付上级的经济指标，而忽视了档案工作，认为档案工作只是一种具体的工作行为，而没有把它看成一种守法行为而必须为之，并未从依法管理的角度审视和处理档案事务，没有真正从守法用法、依法治档的高度给予重视和管理。而一些领导和部门对档案工作的认识也存在着一些误区，认为档案管理就是保管档案的事务性工作，不是政府和部门的重要工作，档案只要不丢失、不泄密，能应付查档就行了，因而未把档案管理工作纳入议事日程中，档案工作不研究没安排，档案问题得不到解决，场所、经费、人员没有保障。而有的档案行政管理部门领导和工作人员自身对依法治档、依法行政的重要性和必要性认识也不足，执法意识不强，认为《档案法》是部'软法'，制约力不强，处罚手段不多，惩罚力度不大，对档案执法检查工作不够重视。这样，档案执法检查工作无论是内部环境还是外部环境都有诸多问题需要解决。"[①]而且，"档案行政执法的对象往往是机关、企事业单位，各部门领导大多注重抓主干线、经济等成效显著、容易出政绩的工作，而忽视档案这项意识形态领域的工作，认为档案工作好坏无关紧要，对于档案行为违法与否视而不见，将档案工作置于其他工作之后。"[②]

4. 档案行政监督执法方面存在的问题

在档案行政执法监督检查中突出存在着"八多八少"的现象，即从执法检查的方式看，事先通知多，突然袭击少；从执法检查的处所看，面向单位多，面对市场少；从执法检查的对象看，国家所有单位的档案

---

① 邢蕾：《档案执法检查工作存在的问题及对策思考》，《上海档案》2010年第10期。
② 宋启红：《档案行政执法工作中存在的问题及对策》，《黑龙江档案》2015年第3期。

多，非国有企业和社会服务机构所有的档案少；从执法检查的内容看，业务指导多，依法检查少；从执法检查的力度看，口头劝勉多，实际处罚少；从执法检查的程序看，主观随意多，按规定办理少；从执法检查的开展看，一揽子活动多，专业执法少；从执法检查的目的看，以检查促各项工作多，就执法研究少①。

5. 档案行政监督检查方法存在的问题

（1）执法检查手段单一，力度不强。"一般是每年检查一次。只此定期检查，不定期检查很少；只做综合性检查，专项执法检查很少。检查方法上采取'一听，二看，三通过'，只要受检材料齐全，即可过关。泛泛要求得多，实际查处力度小，有时往往将严肃的执法检查和一般业务指导混淆起来，影响了执法检查的严肃性和实际效果。"②

（2）档案行政监督检查方式不多。"经过多年的实践，一些地区的档案行政管理部门已积累了一定的执法经验，但从总体上来看，档案执法的方式还不多，与人大、政府及法制部门等进行联合执法检查的多，档案行政管理部门独家执法检查的少；定期执法检查的多，不定期抽查的少；综合执法检查的多，专项执法检查的少。执法检查的方式比较简单，缺少明确可行的操作方式，声势较大，针对性不强；执法检查手续不完备，不能深入下去。久而久之，这样的执法检查会影响档案执法的严肃性，观看其他行政部门的执法工作，基本上都是独立执法，且针对性较强，如税务部门进行的增值税发票专项检查，工商、技术监督部门进行的打击假冒伪劣产品专项检查等，效果明显，对违法现象起到了有效的抑制作用，对违法行为人起到了震慑作用。档案行政执法工作能否借鉴他们的经验，值得研究。"③

（二）改进的建议

1. 建立与新《档案法》配套的档案法规体系

新《档案法》增加了对档案工作的新要求，完善了有关档案工作范

---

① 杨玉昆：《档案行政执法检查中的八多八少》，《兰台世界》2002年第2期。
② 张建婷：《关于县级档案行政执法工作中存在问题的思考》，《山西档案》2008年第S1期。
③ 赵敢：《对档案行政执法工作的思考》，《档案与建设》2000年第5期。

围的规范，弥补了档案法律的许多空白。如增加了第五章档案信息化建设，对档案信息化和电子档案相关方面的问题进行了规范；增加第十二条："按照国家规定应当形成档案的机关、团体、企业事业单位和其他组织，应当建立档案工作责任制，依法健全档案管理制度。"规范档案工作责任制和档案管理制度；增加第二十六条："国家档案主管部门应当建立健全突发事件应对活动相关档案收集、整理、保护、利用工作机制。档案馆应当加强对突发事件应对活动相关档案的研究整理和开发利用，为突发事件应对活动提供文献参考和决策支持。"规范突发事件应对活动相关档案；增加了第六章监督检查，具体规范对档案馆和机关、团体、企业事业单位以及其他组织的监督检查；等等。虽然新《档案法》增加了许多新内容，但大多数的条款还是比较原则，需要细化。因此，要做好与新《档案法》相配套的档案法规建设，如及时修订《档案法实施办法》和各省、市、自治区的地方性档案法规以及各个行业的档案规章等。在修订这些档案法规规章的过程中，还要注意与新《档案法》及其他相关法律法规的衔接。

2. 加强档案行政监督干部队伍建设

（1）提高档案行政监督人员的责任心。责任心是对档案行政监督人员的基本要求，提高档案行政监督人员的责任心是做好档案行政监督工作的前提。因此，档案行政监督人员应当恪尽职守，规范言行，依法履职，先做好守法者，然后再做好执法者。

（2）加强档案法律法规知识的学习，努力提高执法监督能力。档案执法监督检查不是随意性的，它有高度的严肃性和确定性的要求，档案法律规定不作为是违法，作为不正确同样也是违法。因此，需要有一支精通熟悉档案法律法规和有关法律专业知识、敢于执法监督、善于执法监督的队伍。档案执法监督人员要积极参加相关培训，深入学习档案法律法规，以适应档案监督检查规范档案工作的需要，适应新时代档案法治建设发展的需要。

（3）加强档案业务知识学习。虽然档案监督检查主要是依据档案法律法规来规范档案工作，但是这些档案法律法规来规范档案工作的条款涉及许多档案业务知识，不懂档案业务知识就很难履行档案行政监督的职能，就很难做好档案执法监督检查工作。例如，新《档案法》第六章"监督检查"第四十二条规定："档案主管部门依照法律、行政法规有关档案管理的规定，可以对档案馆和机关、团体、企业事业单位以及其他组织的下列情况进行检查：（一）档案工作责任制和管理制度落实情况；（二）档案库房、设施、设备配置使用情况；（三）档案工作人员管理情况；（四）档案收集、整理、保管、提供利用等情况；（五）档案信息化建设和信息安全保障情况；（六）对所属单位等的档案工作监督和指导情况。"[1] 这里面就涉及大量的档案业务知识，没有良好扎实的档案业务知识是很难胜任档案监督检查工作的。

（4）加强对档案行政监督人员的培训。通过培训提高他们的档案法律意识和档案专业知识水平，增强他们的档案监督检查的执法能力。

3. 切实加强档案法律法规的宣传教育，提高全社会档案法治意识

档案法治教育是普及档案法律知识、增强档案法治意识、推动档案依法行政的有效手段。由于多种原因，社会不知道档案的重要价值，对档案和档案工作不够重视，对档案法律法规了解得不够深入。因此，应加大宣传力度，宣传档案、档案工作和档案法律法规，努力提高档案工作的社会知名度，进而提高社会档案意识和档案法治意识。

（1）组织机关、团体、企业事业单位以及其他组织分管档案工作的领导和档案工作者参加专门的、有针对性的档案法治教育培训，学习基本的法治理论、行政法知识和档案领域法律知识，提高相关的理论知识和政策水平。

（2）重点做好社会的档案法治宣传工作。采取电视讲话、广播、报刊、网络、发放宣传单、悬挂标语、设立咨询服务站等多种形式，大力开展法治理念的宣传教育，提高全社会的档案法治意识，为依法治档创造良好的社会氛围。

---

[1] 《中华人民共和国档案法》，2020 年 6 月 20 日，http：//www.npc.gov.cn/npc/c30834/202006/14a5f4f6452a420a97ccf2d3217f6292.shtml，2020 年 9 月 28 日。

（3）充分发挥基层档案工作人员的作用。采取各种措施，调动基层档案工作者的积极性，使他们真正成为既是依法行政的工作人员，又是依法行政的宣传人员。

4. 丰富执法监督手段，加大检查力度

对档案主管部门来说，档案执法监督检查工作要常抓不懈，并使其规范化、制度化，这不仅是加强档案法治建设、依法治档的客观要求，还是规范档案工作的有效手段。各级档案主管部门对贯彻执行档案法律法规规章及其他规范性文件进行监督检查，是落实法律法规规范档案工作的必要手段，做好档案监督检查工作必然会对规范档案工作产生深远的影响。为此，要做到敢于执法、善于监督，采用集中性与日常性、综合性与专题性、监督检查与整改落实、处理违法现象与表彰先进相结合的方式进行监督检查，方法多样，力求实效。

三 对档案局馆分设后的档案馆进行档案监督检查的思考

（一）存在的问题

2018年的档案机构改革后，档案局馆分设，这不是名义上的分设，而是要分机构、分职能，理顺关系。总之，要开启各自依法履职的新模式。

在局馆合一的体制下，"档案局对档案馆开展档案行政执法时，还存在'既当运动员又当裁判员''自己对自己执法'的弊端"[1]，使得自己无法对自己下手执法。并且强调"将档案业务指导与档案执法检查结合起来进行，或者将档案业务指导作为档案执法检查的重要内容展开工作，纳入依法治档的轨道，会使档案业务指导工作更具有权威性，从而达到吹糠见米的良好效果"[2]。这就基本上将档案馆排除在执法监督之外。实际上从1988年后，"国家综合档案馆从被检查的范围内退出，不再是档案执法的对象。档案执法成了'手电筒'，只照别人，不照自己。"[3] 对

---

[1] 徐拥军、张臻、任琼辉：《我国档案管理体制的演变：历程、特点与方向》，《档案学通讯》2019年第1期。
[2] 张奇明、档童刃、魏新等：《档案业务指导工作，路在何方》，《档案管理》2009年第1期。
[3] 吴雁平：《1987年—2010年档案执法实践回顾与思考》，《档案管理》2011年第4期。

档案馆的执法监督检查就几乎成为档案行政执法监督检查的空白，甚至可以说档案馆一直游离在档案法治之外。

局馆分设后，档案馆成为档案主管部门（档案局）的管理对象，也就是被执法的对象。新《档案法》已经明确了档案主管部门对档案馆的监督检查职责，其第六章"监督检查"中第四十二条明确规定"档案主管部门依照法律、行政法规有关档案管理的规定，可以对档案馆和机关、团体、企业事业单位以及其他组织的下列情况进行检查……"，明确了档案主管部门（档案局）与档案馆的监督与被监督的关系。因此，档案主管部门不得不面对档案馆的执法监督检查问题，需要"真刀实枪"地执法监督检查。但是，由于长期围绕档案馆开展档案行政管理工作的原因以及不对档案馆执法监督形成的固定思维和工作模式，使对档案馆的执法监督检查问题变得复杂起来。如在局馆分设后，有的提出：档案局馆要"密切配合，牢固树立'分工不分家'思想"[1]，甚至已经出现将原有的工作模式带入新的管理体制的现象，如安徽"省档案局、省档案馆还建立了局、馆联席会议制度、重要事项通报制度、重大项目参与制度，确保机关联动、协同高效"[2]。在这样的思想和机制下，还能不能对档案馆执法监督检查？从对档案馆执法监督的角度看，"分工不分家"的思想和"建立局、馆联席会议制度"既不符合新《档案法》的有关规定，也不符合对档案主管部门依法治档、依法行政、依法履职的要求。显然，档案馆不能成为法外之地，在局馆分设以及新《档案法》施行后，如果档案主管部门不对档案馆执法监督检查，那就是渎职。以上问题，对于档案主管部门来说几乎都是全新的课题。

（二）改进的建议

1. 牢固树立分工分家、依法履职的观念

局馆分设就是要分工分家、各司其职。档案主管部门一定要明确自己档案行政执法监督者的身份，其职能就是对所有的档案行政相对人进

---

[1] 刘雪雪：《新时期机构改革后县级档案馆的发展展望》，《办公室业务》2020年第2期。

[2] 黄玉明：《关于在深化改革中加强档案工作的几点思考——以安徽省各级档案馆为例》，《档案学研究》2020年第1期。

行执法监督检查，包括分设后的档案馆，没有例外。对档案馆的执法监督检查是新《档案法》明确赋予档案主管部门的职能，不存在协商的问题。

2. 明确档案主管部门与档案馆的关系

档案主管部门与档案馆的关系就是执法监督与被执法监督的关系，新《档案法》已经作了明确规定，不存在协作的关系。

3. 正确认识对档案馆的执法监督

对档案馆的执法监督是档案行政管理部门的职责所在，并不是与档案馆过不去。对档案馆的执法监督是为了使档案馆更快地走向依法治馆的新轨道，更快更好地建设文化事业单位，更好地服务社会，并不是挑毛病、有"二心"。

4. 要把对档案馆的执法监督作为档案主管部门的一项重要任务来抓

档案馆是档案事业的重要组成部分，只要档案馆的工作做好了，就为档案事业发展奠定了基础。因此，抓好对档案馆的执法监督检查工作，对促进档案馆的发展有着积极的作用，同时也促进了档案事业的发展。

5. 深入学习有关档案馆的法律法规

以往档案执法监督检查的对象都是机关、企事业单位的档案机构，档案主管部门熟悉的也是有关档案室的法律法规条文，由于从来没有对档案馆进行过执法监督，因而对有关档案馆的法律法规条文相对比较陌生。因此，深入学习有关档案馆的法律法规条文，就成为档案主管部门的一项新的重要任务。在新《档案法》总共53条的条文中，提及"档案馆"的就有25条，可以称为明指档案馆的，占47.1%。如果加上暗指的，也就是没有直接提及"档案馆"，但是实际指的是档案馆的，或者主要指的是档案馆的，如第四十一条规定"国家推进档案信息资源共享服务平台建设，推动档案数字资源跨区域、跨部门共享利用"。这里主要指的就是档案馆。此类有10条，占比18.86%。两项合计共35条，占比66.03%，几乎达到了2/3。面对如此多的内容，学习熟知有关档案馆的法律法规的任务是相当繁重的，需要下大功夫才行。

6. 梳理有关档案馆的法律法规，有的放矢地对档案馆执法监督

对档案馆的执法监督检查与对档案室的执法监督检查有着明显的区别，最主要的区别就是对档案馆的执法监督检查内容要比对档案室的执法监督检查内容多且复杂，这从上述的档案馆条文占比中就可以看出。新《档案法》第四十二条已经规定了比较详细的检查内容和范围，这一范围既对档案室又对档案馆，但是其具体内容则是不一样的，对档案馆的应该对照新《档案法》的那近三分之二的有关档案馆具体规定理出详细而具体的监督检查内容。当然，还应梳理后续出台新的《中华人民共和国档案法实施条例》的相关具体规定以及有关档案馆的其他法规规定，列出清单，按照清单内容，分轻重缓急、近期长远地进行执法监督落实。

7. 改变固有思维

在以往的档案执法监督检查中，其执法监督检查对象单一，就是机关、团体和企业事业单位的档案室。现在增加了档案馆这个执法监督检查对象，固有思维显然已经不能适应新的形势发展要求，以往总结的档案执法监督检查经验也会显得有些片面。因此，放弃以往的执法监督检查视角，改变固有的思维，切换到档案馆与档案室都是被执法监督检查对象的思维上来。

8. 积极探索对档案馆执法监督检查的新模式

对档案馆执法监督检查是新课题，以往的一些执法监督检查的方法和经验显然很难运用到档案馆身上。因此，要积极探索对档案馆执法监督检查的新方法、新模式，以适应新的档案管理体制和新《档案法》规定的要求。

第八章　总结与展望

档案工作规范体系是一个由档案成文规则系统和档案成文规则落实推进系统动静结合的复合系统。档案工作规范体系建设是国家治理法治化在档案领域的具体体现，其价值导向、工具选择和实践进路受到国家治理法治化这一具体场景的约束，并在国家治理法治化进程中不断优化调整和发展完善。中国档案工作规范体系建设，反映了法治中国语境下档案工作走向依法治理的现实需求，也体现了我国档案工作在档案制度运行、档案治理法治化和档案业务生态系统优化方面的实践趋向。

第一节　研究结论

档案工作规范体系建设是一个由建设主体、建设对象、建设方式、建设场景等构成的复杂适应系统。从系统论的角度来看，档案工作规范体系由档案成文规则系统和档案成文规则落实推进系统两部分组成，是一个动静结合的复合系统；从过程论的角度来看，档案工作规范体系建设的内容与方式受到内外部技术环境、业务环境、需求环境和制度环境变迁的影响，具有反复性和阶段性特征，是一个动态发展的过程；从场域论的角度来看，档案工作规范体系建设是国家治理法治化在档案领域的具体体现，需要服从和服务于国家治理法治化的整体战略，两者具有深层互动关系和内在统一性。

一　档案工作规范体系是一个动静结合的复合系统

档案工作规范体系是指导、鼓励、调节和保障档案工作的规制系统，包含档案成文规则系统和档案成文规则落实推进系统两个部分，是一个动静结合的复合系统。前者表现为档案法律规范等"硬法"和公共政策、民间规则、专业标准等"软法"；后者表现为档案业务指导和档案行政监督等档案成文规则落实推进性工作。其建设内容包括两个部分：一是档案成文规则系统建设，也就是所谓的档案法律制度建设，即档案法律、档案行政法规、部门档案规章、地方性档案法规及其他档案规范性文件的创制，是档案工作开展的依据和指南。二是档案成文规则落实推进系统建设，也就是所谓的档案行政管理能力或档案治理能力建设，即档案业务指导和档案行政监督工作的转型与效能提升，它们分别具有助成性与强制性的特征，是档案成文规则可操作性的实践验证系统和信息反馈系统。档案成文规则系统与档案成文规则落实推进系统建设相辅相成，共同推动着档案工作的发展和进步。

二 档案工作规范体系建设是一个动态发展的过程

自中华人民共和国成立以来，我国经济社会发展经历了翻天覆地的变化，档案工作面临的内外部环境也发生了深刻的变革。这在客观上形成了档案工作规范体系调整优化和发展完善的基本动因。从我国档案事业发展的历程来看，档案制度范式经历了从"管控—恢复型"到"管理—保障型"的演进，并在国家治理现代化和高质量发展战略的驱动下开始向"治理—发展型"转型[1]。在此过程中，档案工作规范体系建设的重心工作和主要内容也在不断地调整和转向。从结构体系化的角度来看，基本形成了由档案法、档案行政法规、部门档案规章、地方性档案法规、档案标准、档案规范性文件构成的结构较为完整的档案工作规范体系，并在档案工作实践推动下不断对其进行细化和完善；从功能体系化的角度来看，档案工作规范体系的协调性和效能性还有较大的提升空间，还需进一步协调档案法律、行政法规、地方性法规、部门规章、档

---

[1] 常大伟：《理念、制度与技术：治理现代化语境下档案事业高质量发展的三重审视》，《档案学通讯》2022年第2期。

案标准以及其他领域相关制度的关系，形成相互衔接、互为支撑的档案工作规范职能。

三　档案工作规范体系建设与国家治理法治化具有内在一致性

法治是国家治理现代化的航标，依法治理是最稳定最可靠的治理方式，完备的法治体系为国家治理体系夯实法治之基，良好的法治能力推动国家治理能力的提高。国家治理法治化成为我国社会主要矛盾转化和应对的方略[①]。档案事业作为国家治理体系的有机构成，同样面临规范运作和依法治理的要求，核心要义是在构建完备的档案工作规范体系以及转变治理理念、治理模式、治理方式的基础上，实现档案事务的规范化、制度化、程序化和法律化。国家治理法治化的基本要求和现实指向，是档案工作规范体系建设的重要参考和实践依据。这在实质上形成了档案工作规范体系建设的场景约束，进而明确了档案工作规范体系建设的价值导向、工具选择和实践进路。与此同时，国家治理法治化的实现有赖于社会主义各项事业法治化的持续深入发展。但是档案制度意识薄弱、档案制度建设滞后、档案制度执行力度不足、档案制度监管机制不健全等问题，严重制约了这一发展目标的实现。推进档案工作规范体系建设，是进一步增强档案制度意识、完善档案制度支撑、强化档案制度执行、保障档案制度监督的法制基础，也是档案治理走向法治化的重要前提。由此可见，国家治理法治化是档案工作规范体系建设的实践场域，为档案工作规范体系建设提供了方向指引和方法参考；档案工作规范体系建设是国家治理法治化在档案领域的具体体现，为国家治理法治化提供了生动的实践案例和现实保障。

第二节　研究展望

中国档案工作规范体系建设，反映了法治中国语境下档案工作走向

[①] 付子堂、付承：《国家治理法治化的若干问题研究》，《兰州学刊》2022年第5期。

依法治理的现实需求,体现了我国档案工作在档案制度运行、档案治理法治化和档案业务生态系统优化方面的实践趋向。为进一步深化中国档案工作规范体系建设研究的内容,还可以从档案制度运行、档案治理现代化等方面展开新的探讨。

一 法律规制视域下档案制度运行研究

(一) 法律规制视域下档案制度效能提升研究

1. 档案制度效能提升研究缘起

国家治理体系和治理能力是一个国家的制度和制度执行能力的集中体现。推进国家治理现代化,需要不断增强治理主体运用制度治理国家的能力,实现党和国家各项事务治理的制度化和规范化[1]。为此,中国共产党十九届四中全会提出要"构建系统完备、科学规范、运行有效的制度体系,加强系统治理、依法治理、综合治理、源头治理,把中国制度优势更好转化为国家治理效能"。在此过程中,通过制度实施将制度效能及时全面地转化为治理成效,是国家治理能力现代化的关键所在。档案事业作为国家治理体系的重要组成部分,同样面临着规范化、制度化和治理能力现代化的发展要求。档案制度作为国家的重要制度安排,是国家意志在档案领域的具体体现,从根本上决定了人与档案活动之间应遵循的社会关系,是档案治理现代化的根本前提[2]。这就需要在国家治理能力现代化的视域下,探索档案制度效能转化的机制与路径,将档案制度内含的规范档案工作、调节档案社会关系、保障档案利用权利、促进社会公平正义等工具价值和实质价值外化为档案治理成效,从而更好地化解档案事业发展过程中存在的档案制度权威不彰显、档案制度执行不严格、档案制度程序不规范、档案制度监管不到位等问题,为新时期档案事业高质量发展提供全方位的制度保障。为此,如何以档案制度效能提升为抓手,更好地将档案制度优势转化为档案治理效能,是国家

---

[1] 《把我国制度优势更好转化为国家治理效能》,2022 年 6 月 1 日,https://baijiahao.baidu.com/s?id=1688722285682474117&wfr=spider&for=pc。

[2] 徐拥军:《"十四五"时期档案治理体系建设的内涵解析》,《档案与建设》2021 年第 6 期。

治理现代化背景下档案事业发展需要面对和解决的问题。这就要求在改革和完善档案制度的基础上，增强档案治理主体的制度运用能力和制度转化能力，切实提升档案制度效能，从而促进档案工作的制度化和规范化发展，助力档案治理现代化的实现。

2. 档案制度效能提升研究现状

档案制度作为在一定历史条件下形成的与档案事务相关的体系安排及特定成员在档案相关事务中共同遵守的行为规则，是档案工作有序开展的重要依据。为此，早在1955年国务院批准的《国家档案局组织简则》中就要求"建立国家档案制度，指导和监督各级国家机关和人民团体的档案工作"。经过70余年发展，我国的档案制度框架已经基本形成，成为档案工作制度化和规范化发展的重要支撑。但也应该看到，同档案治理现代化的要求相比，我国档案制度的公共性、开放性、整合度与成熟度还存在不足，档案制度改革和完善的需求非常迫切[①]。此外，在档案制度实施过程中"有令不行，有禁不止""上有政策，下有对策"的问题普遍存在，制度制定初衷与制度实施效果之间差距甚大[②]，削弱了档案制度的权威和效能。在此背景下，为了更好地发挥档案制度的调节、引导和规范作用，国内外学者从以下四个方面展开了研究：

（1）档案制度的功能与作用研究。例如，兰德尔·吉默森将档案选择视为国家权力控制社会记忆的重要手段，认为档案收集和鉴定制度关系到社会记忆权利的分配，要求通过重塑档案制度赋予社会更多记忆构建的权利；霍宇宇认为档案制度是档案权力和档案权利的中介，档案权利的实现有赖于档案制度的确认[③]；陆阳认为档案制度是档案权利分配的重要依据，社会治理背景下档案制度面临的主要矛盾已经由传统的档案制度逻辑中首要关注权利分配的问题，转变为首要关注档案权利生产的问题[④]。

---

① 常大伟：《国家治理现代化视野下的档案制度改革》，《档案学通讯》2019年第6期。
② 麻宝斌、钱花花：《制度执行力探析》，《天津社会科学》2013年第3期。
③ 霍宇宇：《论档案权力、权利及其中介——档案制度》，《档案管理》2018年第6期。
④ 陆阳：《"权利分配"走向"权利生产"：社会治理视角下档案制度的创新逻辑》，《档案学通讯》2018年第3期。

（2）面向档案事业发展的档案制度建设研究。例如，格雷格·贝克以加拿大国家图书档案馆可信数字档案存储项目为例，分析了档案标准建设和档案标准文化塑造在项目实施过程中的重要作用；周耀林等认为加强档案安全管理制度建设，健全人防、物防、技防"三位一体"的安全防范体系，符合档案安全体系建设和总体国家安全观的基本思想[1]；傅荣校指出档案机构改革并没有突破原有的体制框架，还需要通过完善《档案法》及相关档案法律法规体系，以便解决改革后档案机构行为规范法律供给不充分和档案行政关系不顺畅的问题[2]。

（3）档案工作中的档案制度失范与制度低效现象研究。例如，阿尔伯特·梅耶尔认为传统档案管理责任制度已经难以适应电子文件管理实践，需要结合电子文件管理流程重塑档案管理问责制度；梁国灿认为档案违法现象呈现普遍性，主要表现为档案收集制度、整理制度、归档制度与安全管理制度没有得到贯彻落实，严重损害了档案制度的权威性[3]；杨冬权认为在档案形成和利用环境发生重大变化的今天，《中华人民共和国档案法》呈现不适应现实需要的问题，已经到了非改不可的地步[4]。

（4）档案行政管理视阈下的档案制度监督与制度执行研究。例如，刘东斌认为完善的内外部检查监督体系以及档案行政权力清单考核和问责机制，是档案行政权力清单制度有效运行的基础[5]；陈忠海等指出面对新形势下档案守法的各种困境，推动档案法律法规的具体执行就成了实现档案守法的重要抓手，需要各级档案行政管理部门切实提高执法监督指导能力[6]；刘芸认为基层是档案治理的根基，是制度执行的"最后一公里"，要在构建基层档案治理现代化制度体系和体制机制的基础上，着力打通制度执行的堵点难点，提升档案治理效能[7]。

---

[1] 刘爽、周耀林：《档案安全制度建设研究》，《中国档案》2017年第8期。
[2] 傅荣校：《当前档案机构改革若干问题探讨》，《档案学通讯》2020年第1期。
[3] 梁国灿：《档案违法普遍性的成因及对策分析》，《浙江档案》2015年第7期。
[4] 杨冬权：《关于加快修改〈中华人民共和国档案法〉的提案》，《中国档案》2016年第4期。
[5] 刘东斌：《论档案行政权力清单制度的建设》，《档案管理》2016年第3期。
[6] 陈忠海、袁永：《论国家治理现代化视角下的档案守法》，《档案学通讯》2017年第1期。
[7] 刘芸：《坚持改革创新 努力构建现代化浙江档案治理新体系》，《中国档案》2019年第12期。

总的来看，档案制度问题已经引起国内外学者的广泛关注，并产生了较为丰富的研究成果，对进一步从国家治理现代化的视角重新审视档案制度的功能与作用、推进档案制度的建设与发展、强化档案制度的监督与执行有着积极意义。但也应该看到，目前档案制度研究还存在一些误区，如"注重档案制度建设的研究，轻视档案制度效果的考察""侧重行政管理视角的档案制度监督，忽视业务部门视角的档案制度落实"等。这在一定程度上割裂了"档案制度建设、档案制度执行、档案制度监督、档案制度效果评估、档案制度调整与创新"的连续关系，弱化了"档案制度制定主体、档案制度执行主体和档案制度监督主体"的有机联系，致使档案制度研究呈现出碎片化的特点。为此，有必要采取"目标导向，结果倒逼"的研究理路，构建以档案制度效能提升为核心的档案制度研究框架，通过综合分析档案制度建设、执行、监督、效果评估、调整与创新等影响档案制度效能提升的环节和因素，明确档案制度制定主体、执行主体、监督主体在档案制度效能提升中的作用和地位，从而为发挥档案制度优势，增强档案制度调整和规范档案社会关系的能力。

3. 档案制度效能提升研究的着力点

自觉尊崇制度、严格执行制度、坚决维护制度，是"坚持和完善中国特色社会主义制度、推进国家治理体系和治理能力现代化"的内在要求，也是新阶段档案事业发展的重要遵循。为此，需要在深化档案制度效能认知的基础上，从档案制度效能视角审视档案工作的制度化和规范化发展水平，考察档案制度设计初衷与档案工作实践运行的现实偏差，评估涉档主体维护档案制度、执行制度和监督制度的实际状况，构建档案制度效能评估的指标体系和档案制度效能提升的策略体系，加强档案制度效能提升的实证研究，为档案事业深化发展提供全方位的制度保障。这就要求立足国家治理能力现代化和档案治理实践发展的新场景，从制度效能转化和提升的角度系统考察档案制度的运用能力和实践效果，将"档案制度建设—档案制度实施—档案制度调适"这一连续的制度过程置于统一的框架内进行整体性分析，并对档案制度作用发挥的内在机制和档案制度效能转化的实践路径进行科学阐释，从而促进档案制度作用

第八章　总结与展望

的发挥。鉴于此，需要结合国家治理能力现代化的新场景和新要求，系统地考察影响档案制度效能转化的制度环境、制度主体、制度内容、制度过程与制度运行方式，探索档案制度效能转化的一般过程、内在机制和实践路径，为档案制度作用发挥和档案治理现代化发展提供支持。具体来讲，可将以下内容作为档案制度效能提升研究的着力点：

（1）档案制度效能提升研究的认识基础。夯实研究的认识基础，是课题顺利开展的重要前提。在明确档案制度、档案制度效能等基本概念和制度分析理论、制度绩效理论等理论依据以及课题研究范畴的基础上，对档案制度效能的形成机制和发展规律加以探讨，可以为进一步的研究提供认识框架和理论指导。

（2）档案制度效能提升研究的现状、需求与障碍分析。分析档案制度效能提升研究的现状、需求和障碍，有助于明确课题研究的方向和重点。结合档案制度效能提升的工作实践和理论研究两个维度的现状检视，从档案制度环境变迁、档案制度关系调整、现代档案制度体系构建和档案制度功能实现四个视角的需求分析，以及对档案制度设计、档案制度执行、档案制度监督、档案制度变革等方面障碍的剖析，可以明确档案制度效能提升研究的现实处境，并为课题研究的开展提供实践导向。

（3）档案制度效能提升的理论框架建构。构建档案制度效能提升研究的理论框架，可以进一步细化和充实课题研究的内容。课题通过识别归纳档案制度效能提升的关键要素，并对影响档案制度效能提升的相关因素的权重加以赋值，据此构建档案制度效能发挥的影响因素模型和档案制度效能评估的指标体系，形成档案制度效能分析的有效框架。与此同时，结合上述模型反映的档案制度效能提升的制约因素和驱动因素，构建档案制度效能提升的策略体系，是形成档案制度效能提升的方法工具。

（4）档案制度效能提升的实证研究。加强档案制度效能提升的实证研究，有助于提升研究成果的可行性。课题通过选择具有代表性的档案行政管理部门、综合档案馆、机构档案室等作为调研对象，分析档案制度运行过程中影响档案制度效能提升的关键要素和核心环节，在此基础上对档案制度效能的现实状况、存在问题加以评估和诊断，并有针对性地提出相应的应对策略和优化路径。同时，加强档案制度效能提升策略可行性和适用性的跟踪研究，及时修正并完善档案制度效能提升的策略，适时总结推广档案制度效能提升的实践经验和有益做法。

（二）法律规制视域下档案工作责任制研究

1. 档案工作责任制研究缘起

强化档案制度建设，推进档案治理法治化，是当前和今后一个时期我国档案事业发展的重要任务，也是档案事业实现高质量发展的有力支撑。档案工作责任制作为对档案工作责任的划分、追究、承担等内容的具体规定，是档案制度的重要组成部分，在推进依法治档、促进档案事业规范化发展方面有着积极意义。鉴于此，学界围绕档案工作责任制的相关问题展开了系列研究，如陈忠海介绍了档案工作责任的主体构成与落实建议[①]，王俞菲等分析了档案管理责任监督的主体、方式和策略[②]，曹玉讨论了档案管理责任的伦理意识与运行机制[③]，等等，为进一步分析档案工作责任制的完善与运行提供了有利条件。但也应该看到，在依法治档和档案治理法治化的大背景下，档案工作责任制的建设、落实、监督与调整是一个长期的动态过程，还需要从制度运行的维度分析档案工作责任制存在的问题与发展建议，从而更好地发挥档案工作责任制的制度效能。

在档案治理法治化的进程中，档案工作责任制建设和实施的本质是通过建立健全档案工作制度，为我国档案工作的开展营造良好的制度环境，进而促进档案事业的法治化、规范化、科学化发展。为此，档案系统各责任主体及其档案行政人员、档案工作者、其他社会组织成员，如何按照"统一领导、分级管理"原则和社会契约压实档案工作责任，完

[①] 陈忠海：《论档案工作责任主体与责任落实》，《浙江档案》2020年第4期。
[②] 王俞菲、曹玉：《新〈档案法〉视角下的档案管理责任监督问题探究》，《档案与建设》2020年第7期。
[③] 曹玉：《档案管理责任伦理认知及其实现机制》，《档案学研究》2020年第1期。

成时代赋予的历史使命是一个巨大的挑战①。从档案治理体系现代化的角度来看,新修订的《中华人民共和国档案法》和《"十四五"全国档案事业发展规划》明确了档案工作责任制的责任主体、责任事项、问责方式等内容,提供了档案工作责任制运行的法律与政策依据。在我国档案事业发展进入"十四五"规划的关键时期,档案工作责任制建设承载着档案事业高质量发展的期许。在此背景下,应顺应档案工作发展趋势,建设与档案工作相匹配的档案工作责任制,是促进档案工作走向依法治理、走向开放、走向现代化的重要举措。

2. 档案工作责任制运行状况

档案工作责任制的有效运行,需要在健全档案工作责任制度体现的基础上,明确档案工作的责任主体和责任事项,强化档案工作责任落实和责任监管。但从档案工作责任制运行的实践情况来看,当前档案工作责任制度建设、责任事项划分、责任执行落实和责任监督检查都存在一定的薄弱环节,制约了档案工作责任制的有效运行与功能发挥。

(1) 档案工作责任制度不完善。新《档案法》在明确我国档案工作实行统一领导、分级管理原则的同时,也赋予了档案主管部门、国家档案馆、机构档案室以及相关国家机关、团体、企事业单位一定的档案事务管理权力及相应的工作责任。从档案工作责任制度建设的角度来讲,新《档案法》坚持问题导向,对档案管理制度进行完善,首次提出建立档案工作责任制的规定,以保障和促进档案工作责任制的有效落实②。但从实践层面来看,档案工作责任制度在责任主体、责任范围、归责要求、责任落实、责任减免等方面存在不清晰、不完善的地方,还需进一步明确和规范档案主管部门、档案形成主体、档案保管机构等涉档主体在档案行政管理、档案材料收集与归档、档案利用服务、档案安全管理等活动中的责任要求,以便形成体系化的档案工作责任制度③。

(2) 档案工作责任划分模糊。在明晰档案所有权、管理权和利用权

---

① 陈忠海:《论档案工作责任主体与责任落实》,《浙江档案》2020 年第 4 期。
② 赵屹:《论新修订的〈中华人民共和国档案法〉的新意》,《山西档案》2020 年第 5 期。
③ 常大伟:《新修订〈档案法〉的立法导向与实施要点》,《档案与建设》2020 年第 12 期。

的基础上，合理划分档案制度主体的权责范围，厘清档案制度主体的权责关系，有助于强化档案制度主体的责任担当，提升档案制度实施的严肃性[1]。随着经济社会的快速发展与现代信息技术的不断变革，档案工作的环境、内容与方式产生了深刻变化，档案工作在组织形态、业务流程、管理模式等方面呈现出有别于以往的新的特点。这对档案工作责任的认定与划分形成了新的挑战，迫切要求构建完善的档案制度权责体系，提供档案工作有序运行的责任规制基础。从档案工作责任划分的实践状况来看，当前档案工作的领导责任、业务责任、监管责任等在具体界定上还存在一定的模糊之处，也未能以档案制度规范的形式对档案工作责任的划分加以固化，在很大程度上阻碍了档案工作向规范化、制度化的转型。

（3）档案工作责任落实不到位。档案工作责任制度能够发挥实效，与档案工作责任制的落实情况密切相关。新《档案法》提出建设档案工作责任制，并不仅仅停留在立法理论层面，更重要的是将档案工作责任制规定的责任事项、责任内容、责任方式等落实到档案工作的各个环节。但是从档案工作实践来看，一方面由于档案工作责任制度设计不成熟，致使档案工作责任与工作权限不对应，使得档案工作人员难以达成或者行使相应的档案工作责任，制约了档案工作责任的落实；另一方面由于个别档案工作部门或档案工作人员存在作风懒散、行为散漫、管理弱化等问题[2]，对档案工作责任制规定的责任内容缺乏深入的理解，对档案工作责任制要求的责任事项缺乏必要的敬畏，致使档案工作责任制没有得到严格遵守和有效执行，削弱了档案工作责任制的规范作用。

（4）档案工作责任监管机制不完善。新《档案法》和《规划》都明确要求建立健全档案工作责任监管机制，优化档案工作检查考核机制。这既说明档案工作责任监管机制在促进档案工作规范化发展中的重要价

---

[1] 常大伟：《国家治理现代化视野下的档案制度改革》，《档案学通讯》2019年第6期。
[2] 李扬新：《责任：档案开放困局的深层解读》，《山西档案》2013年第1期。

值，又从侧面反映出当前档案工作责任监督检查机制还有不完善、不合理的地方。结合档案工作实践来看，一方面部分档案机构还未形成结构合理、内容适宜、运行有序、监督有效的档案工作责任监管机制，在档案工作责任监管过程中存在无据可依、无规可循的情况；另一方面档案工作责任监管机制还存在不健全、不完善的情况，相关档案部门在档案工作责任监管中更多的是事后监督，事前监督与事中监督的能力与方式欠缺，致使档案监管效果不显著。此外，在档案工作责任监管方面，还存在相关工作人员监督防范意识薄弱，部分领导人员重视不足、指导人员不够，责任监督不会抓、抓不好等问题，影响了档案工作责任制的建设与落实。

3. 档案工作责任制研究的着力点

为了克服档案工作责任制运行中存在的问题，有效发挥档案工作责任制在强化涉档主体责任、规范档案工作发展等方面的积极作用，需要进一步明确档案工作责任主体范围、细化档案工作责任事项、促进档案工作责任落实、强化档案工作责任监督、严格档案工作责任追究等方面推进档案工作责任制的运行。

（1）明确档案工作责任主体范围。责任主体是确定责任归属的具体承担者，明确档案工作责任是建设档案工作责任制的核心内容。加快建设档案工作责任制，一方面，需要将具体档案工作的责任主体认定清楚，不明确档案工作各个环节的责任主体，便无法确定档案工作责任的承担对象，档案工作责任制的落实也无从谈起。为此，需要按照权责关系相统一的原则确定责任主体，确定档案工作中档案行政主管部门、档案原始形成部门、档案保管部门以及档案工作监督检查部门等责任主体。另一方面，在规范档案工作责任制的运行中，应当明确机关、社会团体、企业、事业单位及其他单位法人代表的第一责任人的主体地位。通过明确档案工作责任主体范围，进而确定档案工作责任的承担主体，为档案工作责任制的有效落实奠定基础。

（2）细化档案工作责任事项。细化档案工作责任事项，明确档案工作责任内容，是档案工作责任制有效运行的首要环节。这就要求根据档案工作的内容和流程，明晰什么样的行为不需要承担责任，什么样的行为需要承担责任，以及承担什么样的责任和如何承担责任的问题。针对当前档案工作实践中档案工作责任划分模糊的问题，应当对档案工作责任事项作出具体规定，确定档案工作部门领导人的领导责任、档案管理工作人员的管理责任以及监管部门的监督检查责任，以便合理规定其应当承担的政治责任、经济责任与法律责任，指明档案工作责任类型[①]。此外，为了进一步将档案工作责任融入档案工作内容，还需要结合档案工作的具体环节制定相应的责任事项，如档案归档责任、档案鉴定责任、档案利用服务责任、档案安全管理与保密管理责任等。

（3）促进档案工作责任落实。制度的生命力在于执行。档案工作责任制设计与实施的初衷就在于通过档案制度实践将档案制度内在的价值和作用外化为档案制度效能，从而达到规范档案工作、促进档案实践发展的目的。从这个意义上来讲，档案工作责任的落实是档案工作责任制运行的核心，也是档案工作责任制能否发挥实效的关键所在。在档案工作实践中，由于档案工作责任划分模糊、责任主体认定困难、责任监管机制不健全等问题，导致档案工作责任落实不到位，影响了档案工作责任制的运行。为此，需要从以下几个方面着手促进档案工作责任的落实：第一，细化档案责任内容，明确不同岗位的不同工作与职责，作为档案工作责任落实的基础依据；第二，增强档案工作责任感，提高档案工作人员的责任意识，促进档案工作人员尽职守则[②]；第三，加强档案工作责任落实的过程管理，通过工作考核对档案工作责任落实进行全程管理，以此保障档案工作责任落实。

（4）强化档案工作责任监督。档案工作责任监督是指档案工作监督主体以一定的监督检查方式，对相关责任主体在档案工作各个环节中所承担工作责任的履行情况进行监督检查的工作。完善档案工作责任监督机制，有助于增强档案工作人员的责任意识，既是促进档案工作依法依

---

① 管先海、李兴利：《建立、落实档案工作责任制》，《档案管理》2021年第1期。
② 梁艳丽、吴雁平：《责任·愿景·行动——档案利用服务的迭代升级》，《山西档案》2020年第5期。

规监督的重要途径，又是确保档案工作有序进行的重要支撑。具体来讲，健全档案工作责任监督检查机制，需要在明确档案工作责任监督检查的原则、标准、方式和程序的基础上，完善由内部监督与外部监督、法律监督与行政监督、常态化监督与回应式监督、事中监督与事后监督组成的档案工作责任监督检查机制①，化解档案监督工作实践中仅采取事后监督方式的不利局面，并通过完善的监督检查机制保障档案工作责任落实，为档案工作的发展提供充分保障。

（5）严格档案工作责任追究。档案工作主体的权利与责任是相辅相成的，有权必有责，责任是对档案工作实施的有效监督与制约②。构建科学合理的违法责任认定和追责制度，可以对相关档案工作责任人员起到警醒作用，是档案工作责任制有效运行的重要托底工作，有利于强化档案工作责任制的制度权威，提升档案工作责任制的严肃性。结合当前档案工作责任制的运行情况来看，档案工作责任制效果不显著除了档案工作责任制度不完善、档案工作责任监督机制不健全等原因，还有一个重要诱因就是档案工作责任追究制度没有得到有效执行，使得部分档案工作人员对其决策和管理活动可能造成的不良后果缺乏清晰的认知。这就要求实行相应的档案工作责任追溯制度，坚持"发现问题—找到源头—全程追溯—责任落实"的方式，在违法或失职行为发生时进行例查问责，厘清事故发生原因，严格追究相关人员责任，维护档案工作责任制的权威性和严肃性。

二 法律规制视域下档案治理现代化研究

（一）法律规制视域下档案治理生态优化研究

1. 档案治理生态优化研究缘起

推进国家治理现代化，是中国共产党站在"两个一百年"奋斗目标的历史交汇点上顺应时代潮流的重大战略抉择。档案作为战略性信息资

---

① 常大伟：《国家治理现代化视野下的档案制度改革》，《档案学通讯》2019 年第 6 期。
② 曹玉：《档案工作责任建设对策分析》，《中国档案》2011 年第 1 期。

源和独特历史文化遗产，在国家治理中具有基础性支撑的作用。然而，当前档案事业发展还存在机制不顺畅、制度不完善、发展不平衡、服务不充分等问题，致使档案治理生态失衡、治理效能低下，极大地削弱了档案和档案工作服务国家治理现代化的能力，应当引起档案部门的高度关注。促进档案治理生态优化，将是破解档案事业发展难题，实现《"十四五"全国档案事业发展规划》并"着力推动档案工作走向依法治理、走向开放、走向现代化，为开启全面建设社会主义现代化国家新征程、实现第二个百年奋斗目标贡献档案力量"战略目标的关键。档案治理生态是由档案治理主体、客体及其所处的内外部环境构成的动态网络系统，具有竞合并存、开放协同、共生演化、价值共创的特点和传递档案政策信息、汇聚档案治理资源、整合档案利益诉求、促进档案价值共创共享的功能。加强档案治理生态优化的理论和实践研究，有助于从生态学和治理生态系统角度拓展现有研究的视野，对档案治理的要素关系、运行机制等进行新的理论阐释；从构建档案治理生态结构模型、探究档案治理生态演进规律、评估档案治理效能等方面，丰富档案治理研究的理论内容。与此同时，在档案治理生态的整体框架内，揭示档案治理主体、客体及内外部环境的互动关系，可以为平衡档案治理主体利益诉求、促进档案治理与经济社会协调发展提供政策思路，为促进"十四五"时期档案事业高质量发展提供策略参考。

2. 档案治理生态优化研究现状

1989年，世界银行首次应用"治理危机"来解释撒哈拉以南非洲发展的窘境。此后，治理的内涵和外延不断扩展，应用领域迅速延伸，逐渐成为一种被赋予现代化色彩的词汇。2008年，第十六届国际档案大会将治理理念引入档案领域，提出了"档案、治理与发展：绘制未来社会的蓝图"的主题，旨在以良好的文档来管理提升政府效率、打击腐败、保护人权。受此影响，国内外相关学者围绕档案治理问题形成了多方面的研究成果，但是关于档案治理生态研究的专门文献尚未出现。

（1）治理语境下档案价值的多元阐释。该方面研究指出档案凭借其在法律问责、身份认同、公共服务等方面的独特价值，成为现代治理的有力工具，在促进良法善治、强化监督问责、增强社会信任、保障公共权利等方面具有多重价值。

（2）文档管理与社会有效治理的关系研究。该方面研究指出优化文档管理流程、提升文档管理的透明度、实施负责任的文档管理，不仅能够有效支持组织机构的良好运转，还有助于提升社会治理的有效性、合法性和包容性。

（3）档案机构治理困境与对策的研究。该方面研究指出治理环境变迁形成了档案机构治理模式转换、管理权力下放和数字化转型的外在压力，迫切要求档案机构通过健全问责机制、鼓励利益相关者参与、强化现代技术应用等方式加以应对。

（4）中国特色档案治理理论框架的建构。该方面研究认为西方治理理论与中国治理实践存在较大差异，档案治理研究应立足于中国本土化语境，对档案治理主体的地位和作用、档案治理体系的结构关系、档案治理能力的要素框架等进行新的阐释。

（5）档案治理现代化实践方案的探索。该方面研究指出推进档案治理现代化是新阶段档案事业高质量发展的内在要求，需要从制度建设、体系完善、能力提升以及协同参与、依法治理、技术赋能等方面进行统筹推进。

（6）档案治理服务国家发展大局的探讨。该方面研究指出档案治理应服从和服务于国家治理现代化的整体目标，从治理增效的角度发挥其在公共危机应对、社会治理变革、数字政府建设中的积极作用。

（7）治理视域下档案研究内容的拓展。该方面研究指出将治理理论应用于档案国际合作、档案数据管理、档案安全管理等领域，从新的视角研究全球档案治理、档案数据治理、档案安全治理以及档案馆文化治理问题。

总的来看，国内外学者从多角度对档案治理问题进行了有价值的研究，对更深入地理解档案治理的理论内涵、价值意蕴、实践路径和未来图景具有重要参考意义。但也应该看到，现有研究仍然存在一些欠缺，例如仅从组织管理视角分析档案治理的运行逻辑，缺乏生态系统视角下档案治理机制和发展规律的探讨；对档案治理主体、治理环境等共生演进关系认识不充分，尚未较好地揭示档案治理主体的互动关系及其与治理环境的交互作用；对档案治理的定性研究较多，定量分析极为不足。随着档案治理实践的不断推进，档案治理诉求多元化、治理过程复杂化、治理机制碎片化、治理效果差异化等挑战愈发突出，亟待从治理生态系统的视角对档案治理的参与要素及内外环境进行综合考察和统筹协调。

3. 档案治理生态优化研究的着力点

推进档案治理生态优化是一项系统性工程，需要从理论研究、方法研究、实践研究和策略研究四个方面展开。

（1）档案治理生态优化的基础理论构建。档案治理生态由主体要素、客体要素和环境要素构成。从多层次互动的角度来看，档案治理生态各构成要素在制度、技术和平台的支撑下，搭建起微观、中观和宏观层面的互动网络，并通过信息交换、资源整合、服务提供、利益博弈来实现档案治理生态的动态演化和价值共创。档案治理生态是一个包含微观、中观和宏观三个层次的嵌入关联和动态演化的互动结构。微观层面是档案形成者与档案管理者的二元互动，中观层面是档案形成者、管理者、利用者等利益相关者的多元互动，宏观层面是档案治理利益相关者以及内外部环境的社会化互动。档案治理生态运行机制是对各构成要素在实践层面如何关联、如何协同、如何分享价值的总称，主要涉及关系链接机制、网络嵌套机制、过程耦合机制、资源匹配机制和价值共创机制等。档案治理生态演化的实质是主体要素间的关系变迁。在需求拉动、政策牵引、技术驱动等外在动力的助推下，档案治理生态正在由以档案形成者、保管者和利用者为核心的链式管理结构转变为涉及更多利益相关者以及更多区域、更多环节、更多内容的社会化网络结构。

（2）档案治理生态运行状态评估的方法构建。客观准确地评估档案治理生态的实际状况并对其进行有效调控，是档案治理生态可持续发展的关键命题。需要在引入"健康度"和"效能性"两个概念的基础上，构建能够反映档案治理生态运行状态和运行结果的评估框架。识别和筛选评估指标是有效实施档案治理生态运行状态评估的核心、前提和基础，从健康性维度筛选能够反映档案治理生态运行状态的评估指标，如档案治理系统共生能力、组织能力、平衡能力、生长能力等；从效能性维度筛选能够反映档案治理生态运行结果的评估指标，如档案治理绩效、治理能力、制度保障、社会参与度等。具体来讲，需要结合档案治理生态的本质特征和要素间的互动关系，将评估内容分解为具有可操作、可度量的指标体系，明确评估指标体系构建原则、划分评估指标体系层次、细化和解释评估指标内容、确立各级评估指标权重。

（3）档案治理生态运行的实践分析。在档案事业发展的不同阶段，档案治理构成要素的地位、作用和相互关系具有不同的特点。一方面，对不同阶段档案治理生态的总体特征、深层动因、现实表现等进行整体分析，可以更好地把握档案治理生态的演进轨迹和发展趋向。另一方面，从微观二元互动、中观多元互动、宏观社会化互动等层面分析档案治理生态优化及治理效能提升面临的现实困境和主要问题，为进一步的制约因素剖析与发展路径规划提供指引。与此同时，档案治理生态作为一个复杂的多要素互动结构，其健康运行和效能发挥既受到系统整体运行状态的影响，又与系统单一构成要素功能和作用的发展互为关联，需要从系统功能视角对制约档案治理生态优化及治理效能提升的因素进行整体性考察。

（4）档案治理生态优化的策略分析。档案治理生态优化的构建应以策略科学、可行、适用为原则，以解决现实困境和障碍制约为着力点，以促进档案治理生态结构优化、功能提升、高效运行、效能彰显为目标遵循。从生态学和治理生态系统的角度来看，档案治理生态优化与档案治理场域、档案治理环境、档案治理结构、档案治理工具等密切相关。因此，可以从改造档案治理场域、完善档案治理环境、优化档案治理结构、提升档案治理结构功能、整合档案治理资源和多元利益诉求、强化档案治理工具的选择和使用等方面构建档案治理生态优化的策略体系。档案治理生态优化及治理效能提升策略的实施，既需要完善的体制机制和制度规范作为保障，也需要适当的合作平台、技术手段以及其他管理措施作为支撑。为此，可以在实践调研的基础上从机制构建、制度保障、平台支持、技术赋能、监督管理、典型示范等方面推进相关策略转化为档案治理实效。

（二）法律规制视域下档案治理法治化研究

1. 档案治理法治化研究缘起

推进档案治理现代化，是高质量发展背景下档案工作迈向新台阶的重要途径。从档案事业管理到档案治理转型，面临着条块分割的档案管理体制、强国家弱社会的档案权力分配模式、以单位制为核心的档案制度设计、内卷化的档案工作运行机制等挑战[1]，亟待形成与时代发展相适应的破解方案。作为社会共识最大公约数的法律在国家治理中起着主导作用，实行法治成为治国理政的第一选择[2]。档案治理作为国家治理现代化战略在档案领域的自然延伸，同样需要在法治轨道上加以推进。而促进档案治理法治化，就成为调节档案社会关系、协调档案公共利益、促进档案工作发展的必然选择。具体来讲，档案治理法治化是将法治理念、法治精神、法治原则和法治方法贯穿于档案治理实践并转化为档案治理成效的过程，内含依法治理、规范治理和责任治理的要求，是档案治理现代化的关键环节和重要支撑。

与档案治理法治化关系密切的两个概念是依法治档和档案善治。其中，档案治理法治化比狭义的依法治档（即档案依法行政）内涵更为丰富，是广义依法治档（即依法行政、依法管档、依法用档、依法监督）[3]在治理现代化语境下的新发展；档案善治是档案治理所能达到的最佳生态，其实现必须以档案治理法治化为基础[4]，可以说档案治理法治化与档案善治是工具与目的、过程与结果的关系。档案治理法治化是衡量档案治理现代化的重要标准，也是促进档案治理现代化的重要保障。档案治理法治化在推进过程中还面临着诸多问题，如机构改革后地方档案主

---

[1] 常大伟：《国家治理现代化视阈下我国档案治理能力建设研究》，《档案学通讯》2020年第1期。
[2] 张文显：《法治化是国家治理现代化的必由之路》，《法制与社会发展》2014年第5期。
[3] 陈忠海、刘东斌：《论依法治档》，《档案学研究》2015年第4期。
[4] 杨鹏：《善治视域下我国档案治理路径探析》，《浙江档案》2019年第10期。

管部门的工作重心进一步向统筹规划、组织协调和制度建设倾斜，监督和指导的职能履行有所淡化；档案法律规范调节档案关系的侧重点仍然集中在体制内的档案事务上，对社会领域档案事务的关注程度稍显不足；新技术变革提供了更多的治理工具和法治方式，档案治理主体应用现代技术手段促进档案治理法治化的探索尚未有效开展等。档案治理法治化命题的提出，正在推动档案工作进入一个新的阶段，也迫切要求从明确价值指向、健全制度基础、创新治理机制、强化技术应用等方面探索档案治理法治化的可能路径，形成具有中国特色和实践效用的档案治理法治化方案。

2. 档案治理法治化研究的主要内容

在良法与善治、权威与秩序、权力与责任、效率与公平的法治化框架内，档案治理法治化研究的主要内容集中在如何促进依法治理与有效治理相融合、秩序构建与服务供给相统一、权力配置与责任划分相匹配、行为规范与权益保护相协调四个方面。

（1）依法治理与有效治理相融合。依法治理是档案治理法治化的基本要求，体现的是档案治理法治化的权力来源、法律依据和治理策略，反映的是档案工作在依法治国和国家治理现代化进程中的法律遵从和实践导向。依法治理的语境下，科学立法、严格执法、公正司法、全民守法不仅就成为档案治理法治化的内在规定性，也是对档案制度制定主体、执行主体、监督主体的基本要求。相较于依法治理所强调的档案治理法治化的合法性与正当性，有效治理更侧重于档案治理法治化的效率、效果和效益，所突出的是档案治理实践成效的彰显和档案工作现实作用的发挥。大数据、区块链、物联网等新技术的应用和综合治理、公众参与、区域协同等新理念的变革，使得档案治理环境更为复杂，迫切要求档案治理主体能够在依法治理的原则下，根据治理实践的变化进行新的灵活探索，从而提高档案治理效能。

（2）秩序构建与服务供给相统一。秩序是一种相对稳定的关系模式和结构状态。由于公共权力载体的利益追求、公共权力效益的目标冲突以及公共权力的分化，致使公共秩序结构存在异化风险，这使得构建良好的公共秩序成为治理法治化的首要目标。公共秩序作为一种社会需求，是法律建构的结果，其类型与边界决定了档案治理主体的行为方式和权利范围。档案治理法治化的过程，本身就是档案领域相关秩序的构建过程，目的在于形成档案治理的活动规则。在一定的秩序空间和活动规则之下，档案治理法治化的成果能够在多大程度上转化为档案公共利益，取决于档案公共服务供给的丰富程度。因此，档案治理法治化在专注于档案公共秩序构建的同时，也应实现档案公共服务供给的制度化、规范化和精准化。这就要求在档案治理法治化的过程中，应以档案公共服务能力建设为重要抓手，通过突出档案服务的公共取向、深化档案服务的时代内涵、增进档案服务的公共价值、促进档案服务的价值实现，有助于顺应服务型政府建设、公共服务体系建设和档案公共服务发展的时代要求，彰显档案治理法治化的价值[1]。

（3）权力配置与责任划分相匹配。权力配置就是赋予不同档案治理主体相应活动权限和资源运用能力的过程，其实质是在分权和赋权的基础上明确档案治理主体的责任和义务。传统档案管理模式从权力结构上排斥其他治理主体对权利的实质性分享，在一定程度上造成了档案系统的权力、资源与话语权的垄断[2]。合理配置档案治理权力是档案治理法治化需要解决的关键问题之一，也是档案治理走向共建、共治、共享的权力基础。权责一致是档案治理法治化的应有之义，也是规范权力运行、落实主体责任的重要保障。这就要求按照权责一致的原则细化责任主体和责任事项，明确档案形成单位、档案保管机构、档案监管部门及其党政负责人、业务负责人等在档案工作中的主体责任、直接责任和监管责任[3]，确保有权必有责、有责必担当，实现权责结构的动态均衡。

（4）行为规范与权益保护相协调。从法的作用来看，法对行为的规

---

[1] 常大伟：《国家治理现代化视阈下我国档案治理能力建设研究》，博士学位论文，武汉大学，2019年。

[2] 徐拥军、熊文景：《国家治理现代化视角下新〈档案法〉立法理念的转变》，《中南大学学报》（社会科学版）2021年第1期。

[3] 常大伟：《新修订〈中华人民共和国档案法〉配套制度建设的基本思路与重点内容》，《北京档案》2021年第1期。

范具有明确的行为导向和后果导向，体现的是法的权威与公共意志。规范行为同样是档案治理法治化的重要目的，意在通过法的设立和运行来提高档案治理主体和治理活动的规范化程度，确保档案治理在预设轨道上有序运行。档案治理法治化是一个循序推进的过程，其特定时期内利益关注的焦点和利益服务的重心必然有所不同，也就使得档案治理法治化不可能在同一时期内满足不同档案治理主体的差异化利益诉求。这就要求档案治理应摒弃传统法治观并强调管理与服从的思想倾向，树立规范即服务、管理即保障的观念，以规范行为促进权益保护，从而将保护档案治理主体的利益诉求和合法权益放在档案治理法治化的重要位置，更加突出档案治理的公共价值导向和档案工作为民服务的基本宗旨。

3. 档案治理法治化研究的着力点

档案治理法治化既有治理的意蕴，又有法治的要求。一方面，治理具有价值导向、关系规范和技术工具的复合面向[1]；另一方面，治理法治化具有良法善治、公平正义、人民至上、制度之治的价值追求[2]。两者的理论逻辑与实践思路共同影响着档案治理法治化的未来走向，要求档案治理法治化在理念层面、制度层面、机制层面和策略层面进行新的探索。

（1）理念层面：从效率优先走向公共价值优先。效率优先体现的是一种基于工具理性的法治理念，强调档案法规的监控力度和调节效果，对档案法规应有的人本思想、人文关怀等价值理性关注较少。治理现代化语境下档案事业发展兼具国家主体性与社会公共性，要求档案治理秉持"以人民为中心"的价值取向，在效率与公平之间实现新的平衡。将"以人民为中心"的理念融入法治建设，关键要在治理实践中坚决捍卫人民地位、保护人民权利、实现人民利益[3]。这就需要档案治理法治化

---

[1] 常大伟：《理念、制度与技术：治理现代化语境下档案事业高质量发展的三重审视》，《档案学通讯》2022年第2期。

[2] 张炜达、郭朔宁：《社会治理法治化：生成逻辑、价值意蕴与中国方案》，《西北大学学报》（哲学社会科学版）2022年第3期。

[3] 叶静漪、李少文：《新时代中国社会治理法治化的理论创新》，《中外法学》2021年第4期。

在理念层面从效率优先走向公共价值优先，更加注重满足不同档案治理主体在档案事务参与、档案利用服务、档案记忆留存等方面的正当诉求。档案治理法治化在理念层面从效率优先走向公共价值优先，体现了治理现代化进程中档案事业发展的价值取向和治理思维正在从传统的管理秩序维护向现代的公共服务供给转型。

（2）制度层面：从法规建设走向法规体系建设。依法治理、制度之治都是档案治理法治化的重要特征，反映出完善的档案法规体系是档案治理法治化的根基所在。新中国成立至今我国档案法规体系从形式到内容、从数量到质量、从具体规范到体系创设，都取得了前所未有的成就。但也应该看到，在档案工作内外部环境加速改变和档案事业规模不断扩张的现实压力下，我国档案法规建设总体上呈现出回应式、碎片化建设的特点，档案法规的协调性与成熟度相对不足，降低了档案法规的整体效能。这就要求改变档案法规分散建设的传统模式，在新修订的《中华人民共和国档案法》的基本框架内统筹档案行政法规、档案规范性文件、档案标准等档案法规体系的建设工作，并注重强化与涉及记录、信息、数据等相关领域法规体系的协调与衔接，形成基于总体规划和功能集成的能够有力支撑档案治理法治化的现代档案法规体系。

（3）机制层面：从权力本位走向职责本位。档案治理法治化的实现，有赖于明确有效的职责体系。责任机制的作用在于保障责任体系起到预期的作用，使档案治理责任得以落实。职责体系划分的核心在于如何处理权力与责任的关系。在责任体系建设过程中，存在权力本位和责任本位两种典型的价值理念。其中，权力本位强调政治权力在职责体系中的支配作用，责任本位注重责任配置对于职责体系建设的关键性影响，坚持责任本位的价值理念要求以权责一致为核心原则、以协同高效为追求目标、以法治制度为基本依据、以究责问责为坚实保障[①]。权力本位下的档案治理容易受到"官本位"的干扰，弱化档案制度在档案治理中

---

① 田玉麒、张贤明：《从"权力本位"到"责任本位"：政府职责体系建设的理念变革》，《社会科学研究》2020年第5期。

的规制能力，致使档案治理的相关政策要求难以真正落到实处。将责任本位引入档案治理法治化实践，是对权力本位的纠偏，有助于发挥责任对权力的引导和制约作用，有助于明确档案治理的权责关系、优化档案治理权力的运行和监督机制。

（4）策略层面：从管理权威驱动走向制度权威驱动。在推进国家治理现代化的进程中，如何培育、塑造、维护国家治理体系中的制度权威是首要的、具有基础性意义的系统工程，也是制度优势转化为治理效能的基本条件[①]。制度权威表现为治理主体对制度的服从关系以及对制度的认同和执行程度。档案治理法治化是一个长期的动态的发展过程，依靠运动式执法、威慑式监管等管理权威来推动，难免会因领导注意力的转移而导致治理效果的短暂性。为此，需要在策略层面实现档案治理法治化由管理权威驱动转变为制度权威驱动。但是制度的建构与制度的执行并不是一种线性相关，还需要赋予已构建的制度体系一定的权威性，使制度由一种刚性规范内化为行为主体的自觉行动[②]。这就要求在档案治理法治化进程中，不断强化档案制度宣传，增强档案治理主体学习制度、遵守制度、应用制度的意识和能力，从而释放档案制度潜能、增强档案治理成效。

[①] 刘泾：《用制度权威筑牢国家治理体系的根基》，《新疆社会科学》2020年第4期。
[②] 黄建军：《中国国家治理体系和治理能力现代化的制度逻辑》，《马克思主义研究》2020年第8期。

参考文献

专著

陈兆祦、沈正乐主编：《现代档案工作实务》，中国档案出版社 2001 年版。

陈忠海等：《档案法立法研究》，中国出版集团、世界图书出版公司 2013 年版。

丁海斌、方鸣、陈永生主编：《档案学概论》，辽宁大学出版社 2014 年版。

冯惠玲、张辑哲主编：《档案学概论（第二版）》，中国人民大学出版社 2006 年版。

郭树银主编：《归档文件整理工作指南》，中国大百科全书出版社 2001 年版。

何嘉荪主编：《档案管理理论与实践》，高等教育出版社 1991 年版。

刘国能：《中国当代档案事业史》，中国文史出版社 2017 年版。

裴桐主编：《当代中国的档案事业》，中国社会科学出版社 1988 年版。

王景高、冯伯群、李向罡编：《当代中国档案事业实录》，档案出版社 1993 年版。

吴宝康主编：《档案学概论》，中国人民大学出版社 1988 年版。

俞可平：《论国家治理现代化（修订版）》，社会科学文献出版社 2015 年版。

赵彦昌：《中国古代档案管理制度研究》，人民出版社 2011 年版。

邹家炜、董俭、周雪恒编著：《中国档案事业简史》，中国人民大学出版社 1985 年版。

期刊论文

常大伟：《国家治理现代化视阈下我国档案治理能力建设研究》，《档案学通讯》2020年第1期。

常大伟：《合作治理视域下档案社会参与能力建设研究——以新修订档案法第七条为中心的思考》，《浙江档案》2020年第8期。

常大伟、罗瑞云：《新〈档案法〉实施背景下档案利用权利实现的影响因素与制度保障》，《北京档案》2021年第8期。

常大伟、马怡琳：《新〈档案法〉实施背景下社会力量参与档案事务的路径选择与制度保障》，《档案与建设》2021年第3期。

常大伟：《新修订〈档案法〉的立法导向与实施要点》，《档案与建设》2020年第12期。

常大伟：《新修订〈中华人民共和国档案法〉配套制度建设的基本思路与重点内容》，《北京档案》2021年第1期。

陈海玉、赵冉、彭金花：《新〈档案法〉背景下社会力量参与档案事业的推进策略》，《北京档案》2021年第9期。

陈惠霞：《新修订档案法立法理念研究》，《浙江档案》2020年第11期。

陈晋：《新〈档案法〉视域下公民档案权利和义务实现研究》，《档案与建设》2021年第8期。

陈向阳、胡卫国：《试论档案工作的政治定位——兼从新修订〈档案法〉谈起》，《档案与建设》2020年第11期。

陈永斌：《档案开放利用与档案公布权责问题研究——基于新修订档案法的思考》，《浙江档案》2020年第9期。

陈忠海、侯留博：《论新〈档案法〉对档案开放利用规制的进步性及现实意义》，《档案管理》2021年第4期。

陈忠海、侯留博：《论新修订档案法立法重心的转移——方向、动因与意义》，《浙江档案》2021年第2期。

陈忠海、宋晶晶：《档案治理：理论根基、现实依据与研究难点》，《档案学研究》2018年第2期。

陈忠海、宋晶晶：《论档案治理视域下的公民利用档案权利实现》，《北京档案》2018 年第 5 期。

陈忠海、宋晶晶：《论国家治理视域下的档案行政执法体制改革》，《档案管理》2018 年第 2 期。

陈忠海、吴雁平、刘东斌：《定原则、建组织、立制度、确规范、划范围——〈中华人民共和国档案法〉实施办法修订思路及修改建议》，《档案学研究》2021 年第 4 期。

陈忠海、张灿：《对〈中华人民共和国档案法〉修订草案（送审稿）的修改建议》，《档案学通讯》2018 年第 1 期。

陈忠海、张瑞瑞：《〈档案法〉之外的法律涉及文件、记录、数据规定的调查与分析》，《档案学通讯》2018 年第 3 期。

仇伟海：《新修订档案法对电子档案管理提出新要求》，《浙江档案》2020 年第 10 期。

慈波：《档案治理体系建设的探索思考——以嘉兴市为例》，《浙江档案》2021 年第 8 期。

单邦来：《新〈档案法〉背景下电子档案犯罪问题研究》，《档案与建设》2021 年第 11 期。

单邦来：《新修订〈档案法〉视域下电子档案刑法保护的完善路径》，《中国档案》2022 年第 1 期。

邓君、常严予、钟楚依：《基于立法技术视角的新〈档案法〉解读》，《档案管理》2022 年第 1 期。

方华：《兼顾四重维度：新〈档案法〉微信平台社会普法之"道"》，《档案与建设》2021 年第 3 期。

方雯灿、王协舟：《中国〈档案法〉与英国〈公共档案法〉的比较研究》，《档案学研究》2021 年第 2 期。

葛春丽：《新〈档案法〉实施背景下档案执法策略研究》，《档案管理》2021 年第 5 期。

宫晓东：《〈档案法〉修订局限性文化分析》，《档案学通讯》2020 年第 6 期。

龚静：《档案行政执法的策略探讨》，《档案管理》2021年第3期。

管先海、李兴利：《国家治理现代化视域下的档案行政管理》，《档案管理》2020年第2期。

郭若涵、徐拥军：《新〈档案法〉实施背景下我国档案法规体系建设要求》，《北京档案》2021年第5期。

国家档案局政策法规研究司：《新修订的〈中华人民共和国档案法〉解读》，《中国档案》2020年第7期。

韩云惠、周帆：《电子档案数据安全治理理论体系建构——以新修订〈档案法〉和〈数据安全法〉的实施为背景》，《浙江档案》2021年第11期。

黑子晴：《新〈档案法〉实施后档案开放面临的挑战及对策》，《档案管理》2021年第4期。

胡荣华：《强化档案宣传 彰显国家态度——对新修订〈档案法〉中档案宣传有关内容的思考》，《中国档案》2021年第1期。

胡文苑、周峰林：《扛起党管档案工作主责 打响档案法宣贯总体战》，《中国档案》2021年第2期。

华林、黄天娇、刘凌慧子：《档案行政监管视域下抗战档案服务国家治理研究》，《档案与建设》2020年第12期。

黄霄羽、张一：《服务社会化：〈档案法〉修订后档案利用服务的新格局》，《档案学通讯》2021年第5期。

黄新荣、杨艺璇：《基于新修订〈档案法〉的档案利用权与公布权权责问题研究》，《档案与建设》2021年第5期。

蒋卫荣：《跨入新时代，跃上新台阶：〈中华人民共和国档案法〉（新）文本试读》，《档案与建设》2020年第11期。

蒋云飞：《论档案行政执法与刑事司法衔接机制的完善》，《档案学通讯》2021年第5期。

金波、晏秦：《从档案管理走向档案治理》，《档案学研究》2019年第1期。

金波、杨鹏：《"数智"赋能档案治理现代化：话语转向、范式变革与路径构筑》，《档案学研究》2022年第2期。

瞿静：《谈新〈档案法〉对机关档案工作规范的新特点》，《档案管理》2021年第1期。

康胜利、丁海斌：《论新版〈档案法〉立法设计的完整性和法条表述的有效性》，《档案学通讯》2021年第3期。

康胜利：《关于〈档案法〉"修正"和"修订"的辨析与正义》，《档案管理》2021年第1期。

李红梅、卜鹤：《固定资产投资项目档案治理能力转型升级研究》，《北京档案》2021年第4期。

李孟秋：《档案治理的涵义、内容与内在逻辑——基于中外治理观的审视》，《档案与建设》2020年第8期。

李孟秋：《整合视角下多元主体参与档案治理的机制与路径》，《档案学通讯》2021年第2期。

李宗富、董晨雪、杨莹莹：《国家档案治理：研究现状、未来图景及其实现路径》，《档案学研究》2021年第4期。

李宗富、甘韶琪、张倩：《新〈档案法〉视阈下档案治理共同体的内涵、构成及建设研究》，《档案管理》2021年第4期。

李宗富、杨莹莹：《新修订〈档案法〉视域下档案馆治理研究》，《档案与建设》2020年第11期。

李宗富、杨莹莹：《新修订档案法中档案治理的理念呈现与要素分析》，《浙江档案》2020年第12期。

栗相恩：《全面依法治档：对新修订〈档案法〉"法律责任"章的理解》，《档案管理》2021年第3期。

梁艳丽、梁永萍：《变与不变：权力与权利视域下的2020版〈档案法〉》，《档案管理》2021年第1期。

刘冰：《新〈档案法〉背景下电子文件管理立法建议》，《档案学研究》2021年第6期。

刘东斌、吴雁平：《论档案治理法治化下的档案行政监管对策》，《档案管理》2018年第3期。

刘东斌：《依法行政，局馆分设后地方档案行政管理部门的当务之急与需补之课——新旧体制转换地方同级档案局馆定位与关系研究之三》，《档案管理》2020年第6期。

刘晓燕：《新修订档案法实施背景下档案工作数字化转型研究》，《浙江档案》2021年第10期。

刘芸：《"三个走向"是新修订档案法的重要思想灵魂》，《浙江档案》2020年第8期。

罗紫菡、乔健：《从档案行政管理部门到档案主管部门——探析新修订的〈档案法〉》，《档案管理》2021年第3期。

马海群、张涛：《基于文本计算的我国档案政策法律协同性研究——以〈中华人民共和国档案法〉（2020修订版）和〈"十四五"全国档案事业发展规划〉为蓝本》，《档案学研究》2022年第2期。

马秋影：《行政复议体制改革对档案行政管理工作的挑战及对策研究》，《档案学研究》2021年第3期。

马仁杰、潘文珂：《从档案利用角度论新修订〈档案法〉的科学性》，《档案与建设》2020年第11期。

马双双、常大伟：《开拓与展望：新修订〈档案法〉对档案事业发展的影响》，《档案管理》2021年第1期。

毛贤广、姚静、陆建春：《"互联网+档案行政监管"的实施现状与推进策略》，《档案学通讯》2021年第4期。

孟祥喜：《新〈档案法〉存在的若干问题分析》，《档案学通讯》2020年第6期。

倪丽娟：《档案治理问题思考》，《档案学研究》2021年第1期。

聂云霞、卢丹丹：《新〈档案法〉背景下档案监管的内涵与发展》，《档案管理》2022年第1期。

潘高志：《提升档案治理能力 服务县乡权责重构》，《浙江档案》2020年第7期。

钱毅：《全面保障档案信息化工作，助推社会数字转型——新修订〈档案法〉信息化条款述评》，《北京档案》2020年第10期。

任琼辉、刘东斌、吴雁平：《论法律规制下的档案"用有度"特征——

新修订〈档案法〉的规制解读之二》,《档案管理》2021 年第 1 期。

沈洋、赵烨橦、张卫东:《现代化档案治理体系构建研究——以国家档案馆为主体的视角》,《浙江档案》2020 年第 10 期。

孙大东、彭登辉:《〈中华人民共和国档案法〉域外适用问题探析》,《档案学研究》2021 年第 1 期。

孙大东:《新〈档案法〉尚需彻底解决的三个问题》,《档案管理》2021 年第 1 期。

孙军:《新〈档案法〉档案权属的立法缺陷及影响——以企业档案管理为视角》,《档案学研究》2021 年第 6 期。

谭必勇、章岸婧、吴芳、陈鑫:《基于场域理论的地方特色档案治理研究——以苏州为例》,《档案学研究》2022 年第 2 期。

田呈彬:《以新的档案法为根本遵循 谱写明清档案事业新篇章》,《中国档案》2021 年第 3 期。

仝其宪:《论档案行政执法与刑事司法衔接中的证据转换》,《档案学通讯》2020 年第 5 期。

王改娇、曹亚红:《层级鉴定:〈档案法〉修订后档案开放策略》,《档案管理》2021 年第 1 期。

王改娇:《从档案利用权视角考量新修订〈档案法〉》,《中国档案》2020 年第 9 期。

王改娇:《构建档案利用中的知识产权保护制度——对新修订档案法第二十八条第三款的评析》,《浙江档案》2021 年第 4 期。

王改娇、朱亚峰:《权责对等:国有档案公布权的属性与行使探析——兼评〈档案法〉第三十二条》,《档案与建设》2022 年第 1 期。

王海娟:《档案主管部门增强档案执法刚性的探索——对新修订档案法实施的思考》,《浙江档案》2020 年第 9 期。

王海娟:《新修订〈档案法〉为档案主管部门增强执法刚性提供契机》,《中国档案》2020 年第 11 期。

王辉:《各地掀起学贯新修订〈档案法〉热潮》,《中国档案》2020 年第 8 期。

王慧灵：《新修订档案法特点分析——兼论对档案馆工作的要求》，《浙江档案》2020年第11期。

王岚：《从档案事业发展体系看新修订的〈档案法〉》，《中国档案》2020年第11期。

王琦：《新〈档案法〉实施背景下档案法规体系建设的困境与出路》，《档案与建设》2021年第1期。

王茜：《从新〈档案法〉看〈归档文件整理规则〉》，《档案管理》2021年第6期。

王先发、吴雁平：《新〈档案法〉规制下司法档案开放利用优化研究》，《档案管理》2021年第6期。

王兴广：《关于档案工作责任制建设的思考——基于新修订〈档案法〉的视角》，《浙江档案》2021年第11期。

王英玮、黄峰：《〈建设项目档案监督指导工作指南〉的主要内容、实践价值和相关问题思考》，《北京档案》2021年第11期。

王英玮、杨千：《总体国家安全观视角下〈中华人民共和国档案法〉的安全理念》，《档案学研究》2020年第6期。

王俞菲、曹玉：《新〈档案法〉视角下的档案管理责任监督问题探究》，《档案与建设》2020年第7期。

王玉珏、吴一诺、凌敏菡：《〈数据安全法〉与〈档案法〉协调研究》，《图书情报工作》2021年第22期。

王玉玲、杨生吉：《新档案法视域下档案信息化管理应遵循的原则与创新举措》，《档案管理》2021年第2期。

魏斌、王晓通：《〈中华人民共和国档案法〉修订草案（送审稿）语言规范化分析》，《档案学通讯》2018年第3期。

魏振毅：《提升档案治理体系中监督与监察协同效果的路径研究》，《浙江档案》2021年第11期。

吴敏：《高校档案治理高质量发展的方向与路径——基于〈"十四五"全国档案事业发展规划〉的分析》，《浙江档案》2021年第11期。

吴雁平：《档案行政执法的"应然""实然""行然"》，《档案管理》

2018年第3期。

吴雁平、刘东斌、毕英：《对〈档案法〉送审稿中涉及档案馆条文的若干修改意见》，《档案管理》2018年第1期。

吴雁平、刘东斌：《"立有主、收有限、存有期、用有度、销有据"——新修订〈档案法〉的规制解读》，《档案管理》2020年第5期。

吴志杰、刘永、吴雁平：《档案信息化建设责任主体的职责定位——基于新〈档案法〉第五章的文本考察》，《档案与建设》2021年第9期。

向立文、杨楠：《突发事件档案管理机制建设研究——基于新修订〈档案法〉解读与思考》，《浙江档案》2021年第12期。

肖秋会、张博闻：《行政法视域下的档案征购制度研究——兼论新〈档案法〉第二十二条》，《档案学通讯》2022年第1期。

肖哲：《从〈档案法〉的修订谈档案开放政策的进步与完善》，《档案管理》2022年第1期。

邢变变、李欣钰：《新〈档案法〉规制下档案利用与公布中的法律法规衔接研究》，《档案与建设》2022年第3期。

邢变变、史灵敏：《工作下沉与全面规制：档案治理的精细化发展趋向与实现路径》，《档案管理》2021年第6期。

邢变变：《新旧〈档案法〉规制下档案开放利用在司法案件中的变化与应对——以中国裁判文书网39篇文书所涉案件为例》，《北京档案》2020年第11期。

邢栋：《习近平国家安全思想对新〈档案法〉"档案安全"条款的指导意义》，《档案学通讯》2020年第6期。

徐拥军、洪泽文、李晶伟：《关于〈档案法〉修订草案中档案定义与语言表述的修改建议》，《档案学通讯》2018年第1期。

徐拥军、龙家庆：《加快档案治理体系建设 推动档案事业高质量发展》，《中国档案》2022年第1期。

徐拥军：《"十四五"时期档案治理体系建设的内涵解析》，《档案与建设》2021年第6期。

徐拥军：《新修订〈中华人民共和国档案法〉的特点》，《中国档案》

2020 年第 7 期。

徐拥军、熊文景：《档案治理现代化：理论内涵、价值追求和实践路径》，《档案学研究》2019 年第 6 期。

徐拥军、熊文景：《国家治理现代化视角下新〈档案法〉立法理念的转变》，《中南大学学报》（社会科学版）2021 年第 1 期。

闫静、谢鹏鑫、张臻：《新〈档案法〉背景下机关档案室开放审核权责探析——基于机关档案室开放审核情况问卷调研》，《档案与建设》2022 年第 2 期。

杨茜兰、丁华东：《新〈档案法〉中现代民本思想的解读》，《档案与建设》2021 年第 1 期。

姚明：《我国档案利用的法治化空间探讨与展望——基于新〈档案法〉和国外档案立法的分析》，《档案学研究》2021 年第 6 期。

姚明：《我国档案行政诉讼案件研究——基于中国裁判文书网 545 份裁判文书的实证考察》，《浙江档案》2020 年第 9 期。

咏枫、刘子芳：《关于新修订〈档案法〉对地方同级综合档案馆法定监管的讨论》，《档案管理》2020 年第 6 期。

俞亮、罗来兵：《档案法修订与刑事诉讼法的协调衔接——以档案表现形式为视角》，《浙江档案》2020 年第 7 期。

曾洪周：《贯彻新法出实招 提质增效促发展——广东省自然资源厅宣贯新修订的〈中华人民共和国档案法〉工作实践》，《中国档案》2021 年第 6 期。

曾毅：《档案开放审核协同机制研究——基于新修订档案法的视角》，《浙江档案》2021 年第 8 期。

张帆、吴建华：《国家治理现代化视域下档案治理概念体系研究》，《档案学研究》2021 年第 1 期。

张健、汪若瑜：《省级档案行政权力清单制度规范化策略探讨——以 31 张省级档案行政权力清单为样本》，《档案学通讯》2022 年第 2 期。

张健、余文春：《〈档案法〉司法适用实证研究（1988—2019）：图景与法理》，《档案学通讯》2020 年第 5 期。

张卫东、李松涛:《面向现代化的档案治理——2021 年"档案治理"研究概览》,《情报资料工作》2022 年第 1 期。

张卫东、张乐莹:《我国档案治理能力评价体系研究》,《浙江档案》2021 年第 4 期。

张卫东、张乐莹、赵红颖:《我国档案治理研究内容与特征识别》,《情报科学》2021 年第 8 期。

张颖:《新〈档案法〉视角下企业档案法规遵从原则探究》,《档案与建设》2021 年第 12 期。

张臻:《新修订档案法背景下档案开放制度的完善》,《浙江档案》2021 年第 4 期。

赵春庄:《论档案治理的法治化建设——以新〈档案法〉为背景》,《档案与建设》2021 年第 9 期。

赵海军:《〈政府信息公开条例〉实施后学术界对〈档案法〉的误读以及〈档案法(修订草案)〉协调努力之浅析》,《档案学研究》2018 年第 4 期。

赵红颖、张卫东、左娜:《新修订档案法实施的实践诉求与回应——以第三章"档案的管理"为例》,《浙江档案》2021 年第 7 期。

赵嘉庆:《论档案治理体系》,《中国档案》2021 年第 7 期。

赵杰:《档案治理现代化的表征与进路》,《档案管理》2022 年第 1 期。

赵杰、宋国涛:《精准治理视角下档案治理的发展研究》,《档案管理》2021 年第 1 期。

赵晓、田人合、杨智勇、蔡娜、王会粉、黄静:《"十四五"时期档案治理效能提升路径研究》,《档案学通讯》2021 年第 6 期。

赵有宁:《以新修订〈档案法〉施行为契机推进甘肃档案事业高质量发展》,《中国档案》2020 年第 12 期。

郑金月:《从档案治理体系视角看新修订档案法》,《浙江档案》2020 年第 7 期。

郑金月:《为加快档案信息化战略转型提供法治保障——对新修订的〈档案法〉新增档案信息化建设规定的若干思考》,《中国档案》2020

年第 8 期。

郑志敏：《深入宣贯新修订〈档案法〉开创依法治档新局面》，《浙江档案》2022 年第 3 期。

周林兴：《〈档案法〉的效用困惑及完善路径》，《档案学通讯》2020 年第 6 期。

周秋萍：《修订档案法对档案职业能力的新要求》，《浙江档案》2020 年第 7 期。

周彤：《全省各级档案馆组织参加国家档案局"新修订档案法公益大讲堂"培训》，《档案与建设》2020 年第 12 期。

报刊资料

本报评论员：《切实贯彻实施好新修订的档案法》，《中国档案报》2021 年 8 月 5 日第 1 版。

本报评论员：《依法治档 开创事业发展新局面》，《中国档案报》2017 年 9 月 14 日第 1 版。

陈贻泽：《进一步找准围绕中心服务大局的着力点 加快信息化战略转型 推动档案事业高质量发展》，《广西日报》2020 年 8 月 21 日第 1 版。

崔珍珍：《以科技创新赋能档案事业高质量发展》，《中国档案报》2021 年 3 月 15 日第 3 版。

党办：《深入学习贯彻十九届五中全会精神 推动"十四五"时期档案事业高质量发展》，《中国档案报》2020 年 11 月 12 日第 1 版。

丁吉文：《强化档案法制观念 提高依法治档水平》，《中国档案报》2010 年 5 月 6 日第 2 版。

丁家栋：《全军档案工作规范化建设成效显著》，《解放军报》2014 年 11 月 22 日第 3 版。

段丽婧：《谋划推动档案事业转型发展高质量发展》，《中国档案报》2021 年 3 月 11 日第 1 版。

冯华：《提高政治站位 推动档案工作高质量发展》，《中国档案报》2020 年 1 月 9 日第 1 版。

胡蓝月：《奋力开创档案工作高质量发展新局面》，《中国航天报》2021年10月26日第1版。

胡荣华：《天津强化档案行政执法人员法治思维》，《中国档案报》2020年12月24日第1版。

黄金花：《浙江松阳 积极构建县域档案治理新格局》，《中国档案报》2021年11月15日第2版。

黄伟：《完善档案法规制度 提升依法治档水平》，《雅安日报》2016年12月6日第4版。

雷颖：《全面落实国家档案行政执法检查反馈意见》，《中国档案报》2017年3月2日第1版。

李瑞环：《看依法治档新进展》，《中国档案报》2022年4月18日第1版。

李兴平：《加大〈档案法〉贯彻实施力度 提升档案治理法治化水平》，《中国档案报》2019年1月14日第3版。

廉微：《国家档案行政执法检查组在琼开展执法检查"回头看"》，《中国档案报》2017年12月18日第1版。

梁小平：《在推动档案事业高质量发展上作出新的更大贡献》，《中国档案报》2021年3月4日第1版。

刘治华：《河南"八个一"活动促档案法落地生根》，《中国档案报》2020年10月5日第1版。

陆国强：《为新时代档案事业高质量发展提供坚强法治保障》，《人民日报》2020年6月24日第10版。

吕洁：《加强业务档案规范化建设 助推地方经济社会高质量发展》，《中国档案报》2022年1月24日第3版。

罗婷：《"十三五"期间将实现档案治理体系和治理能力现代化》，《中国档案报》2016年11月28日第2版。

马秋影：《国家档案行政执法检查组对北京开展执法检查》，《中国档案报》2016年11月7日第1版。

孟若冰：《档案工作服务中心大局职能作用凸显》，《天津日报》2021年11月9日第2版。

宋扬：《以法治方式推动档案事业发展》，《中国档案报》2015年6月22日第1版。

苏晓霞：《切实提升服务大局的能力和水平 推动档案事业高质量发展》，《中国档案报》2021年12月16日第1版。

孙昊：《加快〈档案法〉修改步伐 不断提高依法治档能力》，《中国档案报》2017年3月13日第1版。

伍洁：《推动党史档案工作高质量发展》，《邵阳日报》2021年5月29日第2版。

谢思佳：《继续全力支持基层档案机构建设》，《南方日报》2014年11月28日第A01版。

徐未晚：《以档案法颁布实施为契机 开启上海档案工作高质量发展新征程》，《中国档案报》2020年8月3日第3版。

颜晨：《以高质量党建引领档案事业转型发展》，《兰州日报》2021年9月13日第1版。

杨冬权：《〈中华人民共和国档案法〉的意义和影响》，《中国档案报》2017年9月11日第3版。

尹始学：《服务大局 厘清职责 全面提升档案工作水平》，《民族日报》2019年6月9日第2版。

袁光：《强化依法治档新定位 推进档案治理体系现代化》，《中国档案报》2014年12月4日第1版。

赵徐州：《全面推进档案治理体系建设》，《中国社会科学报》2022年4月15日第2版。

郑艳方：《国家档案局总结3年来全国档案行政执法检查情况》，《中国档案报》2017年7月10日第1版。

后　　记

　　《中国档案工作规范体系建设研究》是我主持的 2017 年度国家社会科学基金重点项目"法律规制视域下中国档案工作规范体系建设研究"（项目编号：17ATQ012）的最终成果，承蒙评审专家和全国哲学社会科学工作办公室的厚爱，给予了优秀的鉴定等级。

　　2007 年至 2011 年，我主持获批了第一个国家社会科学基金一般项目《档案法立法研究》，研究成果由上海世界图书出版公司出版。该书探讨了档案立法的演进、档案法的特点与立法导向、档案立法的原则、档案立法的理念、档案立法的衔接、档案立法技术的一般原理、档案立法技术与规范性文件制定技术分析、中外档案立法现状的比较、档案法体系的建设、依法治档的内涵等，建立起了相应的知识体系，并获得了优秀鉴定等次。这是国内专门探讨档案法立法问题的第一部学术专著，得到了档案学术界的认可和好评。

　　2013 年，我主持获批了第二个国家社会科学基金一般项目《依法治档研究》，这是对《档案法立法研究》课题内容的延续。成果重点探讨了档案依法行政的理论与实践问题，并从科学立法、严格执法、公正司法、全民守法四个角度展开研究，取得了丰富的成果。课题组成员发表该质量论文 42 篇，并于 2018 年由郑州大学出版社以《依法治档研究》为题结集出版。

　　2017 年，我主持获批了第三个国家社会科学基金项目《法律规制视域下中国档案工作规范体系建设研究》，该课题试图在过去研究成果的基础上，界定中国档案工作规范体系的内涵，将其分为档案成文规则系统和档案成文规则落实推进系统两个部分，辨析二者之间的关系，揭示各自的作用机理和作用途径，以及存在的问题与未来的建设方向。从法律的"立法—执法—守法—司法"循行路径看，本课题研究主要对应的是守法，即档案法律关系中行为主体的行为。在"有法可依、有法必依、执法必严、违法必究"社会主义法制建设 16 字方针的基础上，中国共产党第十八次全国代表大会提出"科学立法、严格执法、公正司法、全民守法"新的 16 字方针，表明我国社会主义法治建设进入了新阶段。在这个新阶段，从档案工作，特别是省级以下档案工作的实践出发，怎样完成从"档案法律规范"到"档案工作规范"的嬗变，使得档案工作规范体系建设"形神兼备"，既是本课题研究的方向，又是本课题研究的主要内容。

完成"档案法立法研究—依法治档研究—中国档案工作规范体系建设研究"之后，下一步就是开展对档案监督的研究，这是系统性研究的最后一步，也是最为薄弱的一个环节，应当引起学术界的关注。

对于该课题的结项，我提供了总体研究思路和研究框架，撰写了前言、第一章总论、第二章档案法律对档案工作的规范，常大伟副教授撰写了第三章档案行政法规对档案工作的规范、第八章总结与展望，吴雁平副研究馆员撰写了第四章档案标准对档案工作的规范、第五章档案规范性文件对档案工作的规范，刘东斌副研究馆员撰写了第六章档案业务指导对档案工作的规范、第七章档案行政监督对档案工作的规范。

衷心感谢课题组成员在项目申报、研究和结项等方面付出的不懈努力，感谢中国社会科学出版社及责任编辑刘艳的大力支持，希望该书的出版能够为该领域的研究起到一定的推动作用。

陈忠海
2023 年秋于郑州大学